给青年教师的 50 封信

王大伟　著

群众出版社

中国人民公安大学出版社

·北京·

图书在版编目（CIP）数据

给青年教师的 50 封信/ 王大伟著 . —北京：群众出版社，2018. 9

ISBN 978 - 7 - 5014 - 5862 - 2

Ⅰ. ①给⋯　Ⅱ. ①王⋯　Ⅲ. ①教学经验—文集　Ⅳ. ①G424. 1 - 53

中国版本图书馆 CIP 数据核字（2018）第 217185 号

给青年教师的 50 封信

王大伟　著

出版发行：群众出版社

地　　址：北京市西城区木樨地南里

邮政编码：100038

经　　销：新华书店

印　　刷：北京市科星印刷有限责任公司

版　　次：2018 年 10 月第 1 版

印　　次：2018 年 10 月第 1 次

印　　张：17. 75

开　　本：787 毫米 × 1092 毫米　1/16

字　　数：309 千字

书　　号：ISBN 978 - 7 - 5014 - 5862 - 2

定　　价：58. 00 元

网　　址：www. cppsup. com. cn　www. porclub. com. cn

电子邮箱：zbs@ cppsup. com　zbs@ cppsu. edu. cn

营销中心电话：010 - 83903254

读者服务部电话（门市）：010 - 83903257

警官读者俱乐部电话（网购、邮购）：010 - 83903253

文艺分社电话：010 - 83903973

感　恩

　　我当了一辈子教师，还是北京师范大学教育系的博士生。可是从当教师起，没人教我怎么在课堂上组织教学，也没有人教我什么是教学法，更没有人教我怎么搞科研。这一辈子都是跌跌撞撞，摸索着走过来的。当了近 40 年的教师，也没整明白多少。马上就要退休，真是：人将退休，其言也善。

　　记得我上大学的时候读过一本书，是前苏联苏霍姆林斯基所著的《给教师的建议》，书中苏霍姆林斯基给年轻教师写了一百条建议，这本书成为中国教师的一本教育学经典。至今记忆犹新。

　　2018 年 5 月，公安大学对新入职、新留校的青年教师进行上岗前培训，当时我给老师们讲了一门课，叫《王大伟授课八法》。学校党委非常支持岗前培训这项工作，于是我和有关部门共同商定做一个新教师培训课题。我把我这一生为师讲课的经验感悟进行了总结，同时结合《王大伟授课八法》写下了 50 封信并汇集成书，作为此课题的一项成果。课题成果得到了公安大学校领导的支持和鼓励，犯罪学学院的领导也对本书给予了具体指导。

　　本书包括六函五十篇：教学函（课堂、板书、课件、教具、语言、教学）；科研函（论文、专著、引进、学派、科普、创新）；媒体函（电视、微博、热点、纪律、言语、禁忌）；外语函（自学、出访、留学、论文、会议）；下派函（困惑、意义、科研、锻炼）；修身函（忠诚、奉献、纪律、古文、读书、素质、疾病、感恩)。

由于本人才疏学浅，加之时间紧迫，本书可能存在肤浅疏漏、错误不足之处，还请读者批评指正。但正所谓"岂能尽如人意，但求无愧我心"。本书付梓，也算完成了我报答学校培养之恩的一个心愿。

谨以此书，献给青年教师，献给我工作一生的学校，献给中国人民公安大学成立70周年。

王大伟
2018 年 9 月 1 日

目　录

教学函

科研函

附录

Chapter 1 教学区
The skills of teaching

教学铭

天地君亲师，师德比泰山。马融立绛帐，孔丘设杏坛。

青灯夜雨多，天池凤凰单。辟雍秋风起，泮水春漪澜。

行草推孟頫，楷书柳公权。黑板分阴阳，大纲列左边。

右侧写杂记，图表随时添。课堂现代化，首推是课件。

白底素花妙，字少是关键。古文谐凤背，文心雕龙观。

授课如评书，偶带小表演。慈不带兵易，朴作教刑难。

之推不言禄，和靖守孤山。剪烛与君话：课业大于天。

王大伟授课八法

课堂的调动是每五分钟必须达到一个高潮，特别重要的是开始的五分钟与结尾五分钟。

《一生为师说》

学为人师、行为世范、甘于奉献、不图当官。为师谦和、敬礼在先、板书整洁、秀美课件。早到教室、礼仪恭站、下课开窗、通气循环。少发脾气、适当称赞、学生如子、体贴冷暖、送医送药、资助贫寒。讲台神圣、课大于天。一生一世、宁静平凡。

亲爱的老师：

你好！

我是北师大七七级的学生，还在该校读了博士，可是仔细想一想，读了七年师范，我的老师并没有怎么教我教学法，也没有教我怎么控制课堂，怎么让同学们听得津津有味，怎么讲得引人入胜。

学教学法，就是在学一出戏，而不是学整个京戏，所以要从一门课入手，甚至要从一小段章节入手学习教学，完全拷贝，然后才能学会老师的那一点点真传。

我的一门示范课程——《平安是最大的智慧》，课长一小时零十分钟，PPT 近 60 帧。这门课讲了有 20 年，曾经是公安部警督升警监的主要课程之一，曾经是公安大学博士、硕士的课程，也曾经是公安大学军保学院十年以来的主要课程。它的部分内容曾经作为公安大学第一门国家级精品视频课而载入史册。

《平安是最大的智慧》这门课的主要特点是：

1. 理论框架。以 15 个理论为龙骨和框架，主要包括从预防犯罪到预防被害、情境预防理论、破窗理论、斯德哥尔摩症候群、犯罪的时空分布（犯罪地图和犯罪月历）。这门课以 15 个西方最新的理论为龙骨框架，支撑起一小时零十分钟的课程。

2. 案例为主。本课讲了有 20 个以上的案例，每个案例都找到了精华之所在，可长可短，说到动人之处，说到伤心之处，要让听众们落泪，说到高兴之处，又要让大家哄堂大笑。

以伤心的案子为例：我讲的吉林小女孩儿小西被性侵害和刺瞎双眼的故事，着重讲的小西被侵害之后，为父母着想，给爸爸妈妈做思想工作，说：爸爸妈妈你们不要难受，等到我眼睛好了，我们全家去天安门看升国旗。这一段情景的描述催人泪下。

以开心的案子为例：我讲了警惕性公式：警惕性与环境的熟悉与对人的尊重成反比，其中讲了潘金莲和西门庆的故事，最后导出一段警语，"王大伟说：男女独处一室不要超过 30 分钟。"这又引起了欢笑和掌声。

3. PPT 课件要反复修改。这门课讲了 20 年，PPT 课件大修在 20 次以上，小修几乎每月都有。课件中的案例、照片那都需要与时俱进，不断更新。

4. 视频与道具。视频与道具也很重要，这里边有视频，也就是"王大伟平安操"，有表演视频，还有教学视频，其中讲到报警器时，要拉响尖叫报警器，讲到身份识别卡时要给学生们展示身份识别卡。教具不一定多，但是一定要精。

5. 课堂的控制。古人说熟能生巧，一门课讲 20 年，基本上是倒背如流了，而且你会知道，讲到哪儿大家会笑，讲到哪儿会有掌声，讲到哪儿会有唏嘘声，甚至讲到哪儿会有泪水。

课堂的控制是有艺术的，总体有这么几个方面：

（1）课程开始讲的五分钟很重要。一定要理论和实践相结合，先讲个小理论，然后讲三个案例，反复强化，导出你这门课的中心思想，前五分钟讲好了，居高临下，势如破竹。

（2）课堂的调动是每五分钟必须达到一个高潮，一个班 100 个人，可以允许 1%～2% 的走神，但绝不允许超过 3%。如果，讲一门课有三个睡觉的，那就说明老师讲课的艺术、内容都有大问题。

（3）讲课可以坐一会儿，但是你要以站立为主，不管你有多老，老师不仅要在讲台站，还要走动、表演。我这门课里头有几个表演，比如说"发现坏人术""二龙戏珠术""在潘家园买大明万历年花瓶的故事"，这几个案例都要起来表演着讲，而且，要有眼神、有精神、有情节、有对白。所以有人说王大伟讲课，那叫"法制评书"。

（4）讲课不能快，语速要有起伏，要抓住学员的心，可以跟学生对话，要和学生共鸣。每次讲课都要和一两个学生互动，在一小时之内要问一两个学生问题。让学生回答问题，每一次和学生的对话，不要超过5分钟，恰到好处。

6. 课堂纪律。古人云："慈不掌兵"。凡是给公安机关上课一定要坚持报告制度，上课之前班长必须起立敬礼，然后说："报告老师，应到50人，实到50人，请您授课。"你给班长敬礼之后，然后说"坐下"，全班人才可以坐下。

上课一定要宣布课堂纪律，不许打电话，不许照相，不许录音，课下不留课件。为什么呢？你是来听课的，你就得积极，不是老师把课件留给你了，你不用听，可以睡觉，那坚决不行。上课之前，该板脸的时候板脸，该开玩笑的时候开玩笑。

7. 了解学员。上课之前，如果你对这个班级不了解，要让班长简单地用两三分钟介绍一下这个班的情况，大家是从哪里来？对象都是什么人？用一两分钟和学员进行沟通和联系。

8. 45分钟一节课，如果讲一小时零十分钟，就是授课最长的极限，如果要是讲两个小时课，中间一定要休息一次，最好在10～15分钟，为什么？有同志要吸烟，还有的要上厕所，不给大家休息的时间是不行的。再好的课，也不能超过两小时，超过一个半小时的课，同学们就坐不住了。

我在潘家园看到了一本清朝的书《净发须知》，震惊。古人理发前，先是喝茶，谈天说地；然后是对诗；再是按摩，肌肉放松，自然就睡了；最后才理发。这不是理发，是哲学。古人把茶道、按摩、闲话、人生都融入理发了。旧日理发学徒都必须会茶道、理发、按摩、背完《净发须知》小书，才算出徒。

一生一事，宁静人生。匠人精神，教师同理。

敬礼。

课件的制作和应用

《课件》

警服未解坐入睡，
三更惊醒笔耕泪。
忍笑失声扪心问，
明朝课件改几回？

亲爱的老师：

你好！

每次上课必须修改课件，即使轻车熟路，也要根据听众需要来增补最新内容。我在警监班上了十五年课，每期都要重新备一次课。每次做电视，写文案给编辑，决不信口来，直播更要有稿子，不许一句随口说；即使夜半，也要修改再睡。讲了近 40 年课越讲胆越小。对得起学生、对得起自己、对得起良心。

过去形容老师讲课叫"三尺讲台，一根教鞭"。那个时代已随风而去了。随着现代化的建设，越来越多的现代化的手段逐步在教室里出现。比如说麦克风，孔子讲课的时候肯定是没有的。我今天要说的就是 PPT 课件的制作和应用。

PPT 课件作为教师授课的重要辅助手段，已经被广泛应用。但是有很多人对此持有异议，认为 PPT 课件会影响授课，甚至会喧宾夺主。

首先，我是非常支持制作 PPT 课件作为授课的辅助手段的。其次，我还认为 PPT 课件要做好，要做得丰富多彩才行。可以这么说："不会制作 PPT 课件的老师就不是好老师。"

PPT 课件制作有十个要诀。

1. 白底小花。有的人认为把底板做得越花越好，有的人认为把底板用的色彩调得越深越好，这样都不是特别好的选择。底板花纹会影响学生的关注度，如果底板用黑色或者深蓝色，讲课时间长了学生容易犯困。所以 PPT 课件的底板最好是白色的，加一点点花纹装饰，形成独特风格：古典风格、现代风格、欧美风格等。

我做了一辈子 PPT 课件，一开始爱用深色底板，随着年纪越来越大，干脆就用白色的底板，这也是返璞归真吧。

2. 文字字数。课件不是把整个讲义都搬到 PPT 课件上，每一帧 PPT 课件上，字还是要越少越好，最好是"标题式的""语录式的"。我个人的观点是：一帧 PPT 课件的字数不要超过 100 个字。

3. 文字颜色与字体。文字颜色要和底板形成强烈的反差，如果底板是白的，那么文字就要用黑色、红色的深色调。PPT 课件是让学生看，让听众看的，所以一定要清晰，反差越大、越清晰越好。

文字字体。我的课件文字字体一开始也是变幻多端的，采用了各种字体，争奇斗艳。但是现在人老了，也不愿意文字字体换得太勤。

4. 插入视频。PPT 课件链接视频是一个很好的选择。由于技术难度稍微大一点，所以应用得不多。公安部警督晋升警监的培训班开办了 100 多期，在这个培训中我授课的名字叫《中西警务改革比较》。两小时的课程 PPT 课件儿大概有 120 帧，其中插了 7 段视频。包括：美国警察装备中的夜视仪和防爆机器人；日本派出所；西方非杀伤性武器的使用；以色列的警察训练片段；日本警视厅的接报案中心和快速反应机制等。

每个插入链接的视频不要超过 3 分钟。视频插入的效果取决于时间，时间越短效果越好。我认为现在抖音短视频等平台插入 PPT 里也是合适的。

5. PPT 课件的帧数。一节课要多少帧 PPT 课件呢？多少帧 PPT 课件是符合客观规律的呢？一般来说一分钟一帧 PPT 课件。一节课的话就是 45 帧，两节课的话就是 90 帧。课件的帧数多，说明老师备课认真负责。

6. 插入图片。所用图片要认真选择。不要有涉密的、色情的、暴力的图片。

7. 英（外）文概念。PPT 课件里所用的外国概念、西方警学和犯罪学的概念，都要加英（外）文。比如主动先发警务（Proactive policing）、被动反应警务（Reactive policing），都要加英（外）文原文，甚至有的外国警学家的著名的语录，可以全部用英（外）文。

8. 随时修改。PPT 课件做到每一节课修改一次可能难度大，但是起码要一个学期修改两三次。要把最新的科研成果、最新的案例加到 PPT 课件里。

公安部警督晋升警监的培训班的《世界警务改革大趋势》这门课，我每次授课都要修改一次 PPT 课件，绝不马虎，绝不偷懒。

我身上有一串钥匙，上边绑着三四个 U 盘，这是教师吃饭的家伙什儿，三四个 U 盘都用一根绳拴在腰里头，千万可别丢了，丢了以后不仅上课困难，而且还有可能泄密。所以 U 盘一定要保管好。丢了 U 盘，那就是丢了吃饭的家伙什儿。

9. 备听众。备听众就是备课。要根据授课听众的不同，选择课件的应用。比如说我到外地去，给家长和孩子们讲儿童安全。这里面既有家长，又有孩子，我平时的一个 PPT 课件是不行的。想让家长有收获，又要让孩子们跳起来、动起来，欢声笑语。所以每次有家长又有学生同时参与的课程，我都要准备两个或三个课件，把它们重新组合起来。当然，这样做难度很大，也很费力，但是要对得起做教师的良心。

10. 不传播 PPT 课件。我不主张把课件儿随随便便就拷给学生，拷给听众。为什么呢？要让学生们记笔记，你把课件都给他了，他什么也不用记，他光听，或者连听都不听，这样效果不好。我当老师之初，每次授课会把自己的课件刻成光盘，主动送给学生，但是后来我发现了，这样不行。这不就是纵容学生偷懒吗？有的课讲了一辈子了，把这课件儿免费送给学生，很多学生第二天就把课件发到网上去了。第一，这是知识产权的问题；第二，还有泄密的问题。

课件制作的水平，制作的档次是一面镜子，它所折射和反映的是教师的敬业精神和做教师的良心。

敬礼。

教师的板书

我年轻的时候在公安部工作，那些老处长都会写漂亮的毛笔字，老处长批文件的时候都是用毛笔。所批文件，字写得端庄秀丽，让我们年轻人肃然起敬。

亲爱的老师：

你好！

古人有两句话，第一句是：字如其人；第二句是：心正则笔正。

写什么字？选什么字体？用什么样信笺？黑板上怎么布局？这可不是小事儿，这是人的第二张脸，或许，这是人的素质的镜子。

第一句话：字如其人。我觉得这个虽然不是百分之百正确，但是起码有百分之六十的道理。

周总理是个谦虚谨慎的人，你看周总理的字，规规矩矩，一丝不苟。

最典型的是毛主席的字，你看毛泽东主席写的草书，他临的是怀素。气势磅礴，变化万千，龙跳天门，虎卧凤阁。毛主席的草书就是毛主席个性的体现。

第二句话：心正则笔正。你看小孩子写字，有的孩子一笔一画，咬着嘴唇，非把字写好了才行；有的孩子就是大大咧咧，坐不住，多动症，字就写得乱七八糟。只有心静下来，坐得住，屁股能放在板凳上，字才能写出样子。这在我们老家就叫："磨去火气。"

我当了一辈子老师，也没有人教我黑板上的板书要注意些什么。我仅根据我这一辈子的经验，跟大家讲一讲板书的注意事项。

一、板式的布局

1. 两块式。我们可以把黑板分成两块，这叫两块式。左手板块写讲课的提纲，从上往下。右手板块写你随时的心得补充和图画。左右各占50%，楚河汉界，谁也不侵扰谁的地盘。

2. 三块式。我把黑板分成三块：左中右。左边一块写大纲、写章节。右边一块写讲课的心得与随时想到的字句。而中间这块留白，可以画图，比如画中国地图，列公式分解图。

二、粉笔字选择字帖的建议

粉笔字和钢笔字、毛笔字一样，只是用的工具不同。字都要体现一种的字体乃至风格：欧颜柳赵四家，这是四种楷书。那么要想写好四种字体，就要选择临帖。

欧体，结构疏朗，秀丽端庄；颜体，笔力雄强，浑厚扎实；柳体刚劲有力："写字要用折钗笔法"；赵体，遒劲浑厚，小可秀丽，大可端庄。

那么老师板书选择应该用哪种字体？当然一定要用楷书，我们还有行书、隶书、草书，但它们都不太适合，老师讲课的板书，最好的选择就是正楷字，或者叫小草字，就是正楷和行书之间的过渡。

那么，欧颜柳赵这四种字体，哪一种更适合于老师写板书呢？不同的人有不同的看法。正所谓："有人爱八戒，有人爱孙猴。"但是我还是主张或者是建议大家临写赵体字，就是赵孟頫的字，我觉得这个是比较适合老师的板书。

赵孟頫的字虽然是正楷字，但是它里面兼有行书，所以写起来可能不呆板，而且速度比较快。

赵孟頫的字，小字可以端庄秀丽，大字可以遒劲浑厚。所以能练好这一个字体，既能写小字，又能写大字；既能快些，也能慢些，应该是老师板书的比较好的选择。

颜体，我认为那是最好的字。心正则笔正，颜真卿是个大忠臣，字也写得非常漂亮。可是用颜体做板书，虽然很漂亮，可是你写字就不能快，你要是写字很慢，就影响了教学。所以，既要写得正规，又要写得漂亮，还要写得速度快，颜真卿的字并不符合以上的三个要求。

如果老师上课，字写得很漂亮、很规整，就给了学生最好的第一印象。学生就会觉得你是个可信的人，很有修养的人。一手漂亮的小楷字、小草字或介于行书和草书之间的漂亮书法是做老师的一张名片。

三、平时书法

下了课以后，你还要给学生们写评语、给学生判卷子，还要指导学生的论文。这就需要你在课下，能写一手漂亮的钢笔字、毛笔字和铅笔字。

我年轻的时候在公安部工作，那些老处长都会写漂亮的毛笔字，老处长批文件的时候都是用毛笔。所批文件，字写得端庄秀丽，让我们年轻人肃然起敬。

四、文房四宝

字要写得好，你就要准备好文房四宝：笔墨纸砚。我有一个习惯，所用这些笔墨纸砚都是从潘家园淘来的旧货。如果你有一个清朝的砚台，再加个清朝的铜笔帽儿，那写字就会别有风雅；如果你恰好找到一块清朝的墨锭，清香扑鼻，里面有麝香和冰片，那更增强了你写字的含金量。

我还自己印写字的信笺。我有几块清朝的信笺印板，有山水的，有琴棋书画的，有花草的，如果用传统的宣纸印清雅的信笺，写字就别有情趣。

当老师的，特别是在大学当老师，应该算个文人。旧社会叫文化人，现在叫知识分子，就应该有点小情调、小修养、小涵养。

文人不能有傲气，但必须要有傲骨。坚守你的字，坚守你的课堂，坚守你的情操，坚守你奉献给教育的最伟大的情怀。

肃具寸笺，布覆并谢。

教具与历史文物的收集

古代辨别真假上吊的顺口溜："一路无尘知死后，尘氛乱动属生前。缢死脚下掘三尺，见炭方知地未迁。"如果自杀现场，脚印和尘埃只有一路，从门口一直走到了上吊挂绳的地方，这就是他杀伪造的现场。因为人在上吊以前一定会前思后想，既想父母，又想子女，要做激烈的思想斗争，就没有可能是一排脚印。

亲爱的老师：

你好！

> 九里山前作战场，
> 牧童拾得旧刀枪。
> 顺风吹动乌江水，
> 好似虞姬别霸王。

教具是教师授课的重要用具。往往一个有代表性的、有历史意义的教具能够使学生眼界大开，深受教育，甚至是难忘终生。

有历史文化印记的古代警用装备，或有一定的警察史的历史文物和书籍，不仅是老师授课的教具，而且也是犯罪学和警察学研究领域中必不可少的收藏。比如，我注意收藏最早的警察学著作：清光绪年间的警察学著作，对于研究警察学的引进和发展史，就有着特殊的历史意义。

因此，作为教师在业余时间内，应该做有心人注意收集各种各样的教具与历史文物。在警察学和犯罪学领域中，就包括以下几个方面：

第一，犯罪学史。古籍《洗冤录》所出版的各种版本；中国古代各种防盗锁的系列。

第二，警察学史。古籍《警察学》是我国清光绪年间所出版的警察学著作；旧社会更夫所用的打更巡夜用的灯笼和梆子。

第三，外国警察和比较警察研究。英国社区警务之父约翰·安德逊亲手画的社区警务树；英国警察的头盔；各国的警徽和警衔标志。

第四，教育史和教育学理论。古代戒尺实物，上面刻有"朴作教刑"训诫语；古代科举考试的实物考卷；古代科举中举后印刷报捷告示与印刷报喜捷报的木板"龙虎榜"。

第五，古代的历史典籍。《洗冤录》的各种历史版本；《保甲书》《刺字集》《大清律》等。

现在全国很多省市成立了警察博物馆，但它们共同的缺点就是照片多实物少。很多珍贵的历史文物都不能够进入博物馆，而留在了民间。作为一个普通教师，没有这方面的资金和能力，只能在日常生活中做有心人，点滴收集，不断积累。

比如，北京的一些古玩市场，像潘家园、琉璃厂、报国寺会出现一些过去的与警察有关的用具与装备。如旧社会更夫所用的打更巡夜用的灯笼和梆子；关于清末建立警察的印章；关于教育历史的一些书籍等。有的时候你会发现周围的朋友手里也有一两件关于警察的实物。

下面是几个关于我收藏授课的教具与历史文物的小故事。

1. 清光绪年间的《警察学》。某年大年初七，北京异常寒冷。我上午去潘家园，见到了一本书：《普通学速成法——第十六篇警察学》。打听价钱，老板说共四本，计200元。我问："一本不卖？"回答："不卖。"三十六计中有欲擒故纵，所以我走向市场深处。约20分钟后，又返回。见书后有"光绪三十三年四月发行，上海科学书局"字样。于是打电话问我弟弟，他说是1907年，整整一百年前的物件，实属罕见，价格也可。砍价到180元。于是，第二次欲擒故纵，又走向市场深处。又过20分钟，再返回书摊，以150元买了4本。又买一个锦盒8元，装好。心中窃喜。

（1）我由此确认：光绪三十三年四月，即1907年，我国就有了《警察学》，有实物为证。1905年10月8日（光绪三十一年九月初十），清廷下令成立"巡警部"，在1903年就已经出现了题署为《警察学》的专门著作。尤其是对于"警察学研究之略史"，作新社版的《政法类典》中所附件之《警察学》也已经做了详细论述。1907年，何继遭、谭传恺出版《警察学》，开中国警学的先河。

（2）光绪三十三年四月，即1907年，《警察学》已在我国是公认的学科了。该书为系列丛书：第十五编宪法，第十六编警察学，第十八编教育学。

大伟一生奉侍《警察学》，得此，也算新年开门见喜！

2.《洗冤录》的各个历史版本。《洗冤录》是宋代法医学家宋慈的代表著作，是世界上最早的法医学著作，在中国的法医学史和历史法医学史上占有重要的地位。我收集的《洗冤录》版本有七八种，上可追溯清初顺治的《洗冤录》。有木刻版本，也有石印版本。更为难得的是，我还收集到古代法医将洗冤录凝练为法医口诀的专门著作，证明历史上警察和法医也是说歌谣的。

好多人都说：王大伟是个"说顺口溜的警察"。但是大家知道吗？在中国古代就有"说顺口溜的警察"。

这两天我买了一本老书，名字叫《洗冤录摭遗》。

这本书里边就是古代法医勘查现场编的一些顺口溜，他把洗冤录里的法医的经验，都编成了顺口溜。从《洗冤录》诞生之后，它就是历代法医的教科书，所以《洗冤录》也在不断地修订，到了清朝的时候，就把这些法医勘查现场的原理、定律都编成了顺口溜。

古代法医辨别真假上吊的这个顺口溜是这么写的：

> 一路无尘知死后，
> 尘氛乱动属生前。
> 缢死脚下掘三尺，
> 见炭方知地未迁。

"一路无尘知死后"，这是什么意思呢？如果自杀现场，脚印和尘埃只有一路，也就是从门口，一直走到了上吊挂绳的那个地方，那么这就是他杀后伪造的现场，所以它是一排脚印。

"尘氛乱动属生前。"因为人在上吊以前一定要前思后想，既想父母，又想子女，所以他要做激烈的思想斗争，就没有可能是一排脚印。这个顺口溜前两句话非常正确，符合犯罪心理。这是《洗冤录》里的科学之处。

这个不仅在教学中作为案例，而且在此基础上我还写了两本关于《洗冤录》研究的著作，叫做《骷髅会说话》和《骷髅说话》，其中一本为中国台湾地区当年的法治畅销书。此外，在中央电视台和地方媒体，播过我关于《洗冤录》的系列讲座四次。

3. 女子防身用具的历史演变。我在给警监班和军保系讲授《世界警务改革大趋势》《各类案件防范》两门课时，最吸引人的道具，就是女子防身用具的历史演变。从最早的红山文化的青铜器"削"刀，到清代的女子防身器"笑里藏刀"，一直到最近世界通用的第三代女子防身"利器"：尖叫报警器，都受到了学员们的热烈欢迎。

　　祝福平安。

教师上课 12 件宝

> 过去乾隆六下江南，会带好多百宝箱，里边儿有各种珍奇的玩物，装在一个小箱子里，随身携带。其实老师上课也需要一个百宝箱。

亲爱的老师：

你好！

教师上课随身携带物品有个清单：

1. U 盘和课件。现在光盘已经很少使用，所以 PPT 课件一般都是用 U 盘存储。U 盘也许有两个，也许有三个，用绳子和钥匙拴在一起，系在腰间。因为 U 盘的丢失是一件很大的事情，而且还有泄密的危险，所以一定要保存好 U 盘。

重要的课程，U 盘和光盘要备份两份。以防有 U 盘打不开。

讲完课的时候要检查一下 U 盘随身携带了没有。注意，刚讲完课会有听众粉丝和你照相或要求签字，先把 U 盘装好，然后再照相。和粉丝照相而丢了 U（光）盘的事，我遇到过两次。

如果 U 盘储存的内容比较复杂，链接的视频音频比较多，一定要提前40 分钟到课堂，先调试好了课件再上课。我要强调的是，如果没有事先的调试，PPT 课件的音频和视频，80% 会存在这样那样的问题，甚至是打不开的。

2. 保温杯。保温杯有一个问题，就是如果太保温的话，反而喝不了多少热水。我一般不喜欢喝太热的水，是因为我有胃病，会烫伤胃黏膜。临时走在路上买一瓶矿泉水，也是不错的选择。冬天没来暖气前，天冷的时候我经常患胃病，经过仔细的摸索才知道，原来就是当年爱喝点热水，水太热的话就会伤害胃黏膜，引发急性胃炎和胃溃疡。

茶叶可以带一点，别喝浓茶，浓茶伤胃，要喝清淡的茶。如果老师带的杯子里有什么桂圆、枸杞、红枣，我觉得是可以的。但是可能会对学生造成不好的影响，认为老师生活奢侈，我这一辈子只喝白开水，很少带什么东西。

我有一个特点，就是带了水杯80%都会丢在课堂里，所以过了一段时间，我也不带水杯了，还是买一瓶矿泉水比较方便。

3. 书包里边放着教科书、教案、课程大纲等。书包不一定要求特别好。过去警察学校要求的书包都是统一制式的，现在好像也不要求了。有一次儿子从国外上学回来，说要买个提包，是参加工作用的，我带他到商场去，结果发现普通皮包就得两三千块钱，我这时候才意识到我这一辈子并没有一个手提包，别说是手提包，连钱包也没有。

我一般都是临时拿个纸袋子。赶上什么纸袋子，就拿上一个用。即使是出国也没有什么行李箱，也就是两个纸袋子。注意，出去带的行李越少越轻便，过去咱们有句话说：轻快轻快，带的东西越少，走得就越快。

4. 如果有病的话，随身携带药物是非常重要的，一般有胃溃疡的带胃药，有高血压的带降压药，就放在随身携带的袋子里。

有一次开会，李玫瑾教授告诉我手机上可以下载血压计。有慢性高血压的话，带上手机，如果有头晕眼花的现象，随时可以测量血压。

5. 手表是课堂教学中最重要的用具，如果没有戴手表，是一个很尴尬的事情，不用买什么好手表，我那块手表就70多块钱，还是电子表，能看时间就行了。

6. 教具应该分为主包和小包，如果有两门课需要教具的话，可以按课的内容分两个包。如果教具比较多，事先打个电话找个年轻的学生帮你搬到教室里去。

7. 如果早上真的什么都没吃，在杯里倒一杯牛奶是可以的，身上带两块儿巧克力或者牛奶糖，下课之后找没人的地方，千万不要当着学生的面喝牛奶吃巧克力。

8. 梳子很重要。公安大学教师的课是着装上课，老师的仪表是非常重要的，上课之前在洗手间里，梳梳头正正领带，这是老师应该做的事情。

男老师还要注意上课前拉一下裤子拉链，有一两次没拉拉链，下课才发现，这是非常尴尬的事情，这个事情我曾经跟央视某著名节目主持人聊过，发现很多电视节目主持人也有这样的体会，就是大型节目主持完了下来才发现，没有拉拉链。

9. 随身带个手绢是必要的，因为有的时候你衬衣上浸了饭渍，最好能用手绢沾着水擦掉，否则一上课衣服上有饭渍总会觉得心里不安。

随身带两张餐巾纸也是很重要的，如果鞋上有脏东西可以擦一擦，保持整洁的形象。

10. 外出讲课还要带几个小礼物，比如一两把扇子或者是小明信片。防备有粉丝见到你，让你签字或者要什么东西。此外，如果老朋友给你准备了一点小小的特产，力拒不行时，你可以回送一把扇子或者是一幅字，也是礼尚往来。

11. 外出最重要的还有身份证、工作证和随身携带的少量现金。出发之前要反复检查。

12. 在我的身份证夹子里还有一张母亲的照片。希望母亲能够永远保佑我的平安和健康。

祝福。

使用教具

　　警监班的学生见到我都说：十年前听的王老师的课，我们还记忆犹新，特别是您展示的更夫的梆子、灯笼，十年了我们都能记得住。"梆梆"一敲，既是更夫，又是最早的巡警，我们还记得你讲的那个理论："要更夫还是要机器人？"

亲爱的老师：

你好！

一、难忘的警督晋升警监班

　　公安部警督晋升警监班，现在到了 120 期了。在这 120 期中，我教了接近 100 期。什么叫公安部警督晋升警监班？就是公安局长从警督晋升警监的时候，必须在公安大学接受培训。然后才能穿上白衬衣，加入中华人民共和国高级警官的行列。

　　我在外面出差，坐飞机经常能够遇到公安部警督晋升警监班的学生。有一次我在南方某个城市下飞机，就有一个同学给我敬礼，说：王老师，我是警监班某某期的学员，我现在是这里的政治部主任，你这次出差，我就接你送你吧！我说不用了，你们都是我们的好学生，我是个低调的人，我还是自己打车到城里去吧。

　　公安部警督晋升警监班的学生见到我都说，十年前听的王老师的课，我们还记忆犹新呢，特别是您展示给我们的那个更夫的梆子，还有更夫拿的那个灯笼，十年了我们都能记得住。"梆梆"一敲，既是更夫，又是最早的巡警，我们还记得你给我们讲的那个理论："要更夫还是要机器人？"这就是西方关于现代警察定义的理论。

你看看，十年过去了，警监班的同学们记忆最深的，还是我上课的时候拿的那个更夫的梆子和灯笼，这就是教具的力量。

二、两派意见

用教具的问题有两派意见，一派的意见说，尽可能少用教具，因为教具会把学生的注意力给吸引过去，不利于课堂教学。另一派意见说，当然要教具了，教具能够让学生记住这节课，记住讲的东西。教具是辅助教学里面最好的工具。

在这两派中，我是支持后一派的，我是支持用教具的，但是用教具也要有限度，也不能无限地扩大化。

三、教具的作用

教具有什么作用呢？我认为它有以下几个作用。

第一，文物意识。很多教具都是现在不容易见到的，比如说更夫的梆子与灯笼，本身就是一件文物，就是百年以前的实用物品，这样就能加深同学们对传统更夫的认识。

第二，可以激发同学们上课的积极性。你知道吗？更夫的梆子一敲，声音很响，可能有的人走神了，有的人正要睡觉，正要打盹儿，可是更夫的梆子一响，他们的精神头就来了。

第三，加深记忆。你想一个实物，特别是你没有见过的实物，在你的眼前出现，不仅是有视觉的冲击，还有听觉的冲击，那就加深了你的记忆。

所以我认为，在讲课的时候巧妙、有节制地运用教具，将会提高教学的质量，让同学们看得懂、学得会。

这些年来，我所用的教具有很多，都是本着这么一个原则：新奇罕见，和课堂密切结合。

很多教具都是我在北京潘家园旧货市场买的。这些年来，我所用的教具有：

1. 更夫所用的灯笼和敲打的梆子；
2. 红山文化的青铜刀"削"，这是讲女子防身用的；
3. 尖叫报警器，这也是讲女子防身用的；
4. 我们国家最早的一套警衔，包括警衔标志；
5. 清光绪年间建警所用的满汉文关防；
6. 古书：《洗冤录》《刺字集》，还有清朝最早的《警察学》。

四、一具男性的尸体

我是北京师范大学毕业的，当时我们虽然是教育系，但是是心理和教育合系。大学毕业快40年了，可是当时心理学背的那些个东西，我还能略记一二，比如说人面部的神经，我就会：《神经系统一嗅二视三动眼》的歌谣："一嗅二视三动眼，四滑五叉六外展，七面八听九舌咽，十迷十一副神经，十二舌下神经完。"为什么呢？就是因为我们当时有一个神秘的教具，是一具尸体，那是一个男性的尸体，一条腿是瘸的，有人说他是病死的，有人说他是被枪毙的。他的胸口、肺部，都切成了一个个可以打开的小窗户，所以我们可以看到他很多的脏器。虽然我毕业快40年了，但这具尸体，我还是记忆犹新，正是这具尸体，教会了我认识身体上的很多神经，到现在还能倒背如流。

五、学会收集教具，展示教具

1. 所谓收集教具，就是要找新奇独特的教具，要多逛文物市场、古玩市场。比如，我曾经买过清朝的戒尺，上面还写着"朴作教刑"四个字，这在教育学上，就是一个难得的文物。后来，这把戒尺被朋友带到日本去，引起了日本教育学界的轰动。

2. 运用教具。要学会巧妙地运用教具，该用的时候用几分钟，然后马上把它收起来，不要让教具过多地干扰学生的注意力。

3. 传阅教具。有的时候我们上课，比如说清朝关于《警察学》的古书，不仅要让学生传阅，而且要把它复印下来，每个学生都给一本，这样，学生上课接触到了这本书，回家再去认真地读这本书，那收获就大了，而且能够将瞬时记忆变成永久记忆。

所以年轻的老师们，我真的希望大家要做有心人，爱岗敬业。用心收集教具，运用教具，把教具作为我们老师一生的朋友和助理。

即颂学祺。

表演和动作

儿科医生、院士张金哲的魔术技巧。一个人最高尚的品质就是热爱孩子，热爱孩子就要想尽办法让孩子高兴，而孩子们最不愿意的就是到医院看病和打针，张金哲给孩子看病的时候会变很多小魔术，一会儿把听诊器变走，一会儿又会变回来，和孩子们讲条件，摸摸小肚子，听听小胸脯。这根本不是技巧，这是菩萨的心肠。

亲爱的老师：

你好！

老师讲课，要不要表演动作？这也是一个有争议的问题。传统派的观点可能认为表演不是很好，轻浮；创新派里追求新生事物的年轻人，或者是很老到的教师，反而都有自己拿手的表演项目和"撒手锏"。在传统派和创新派两派中我支持创新派。

一、列宁是位天生的演讲家

我们这个年纪的人都看过这几部电影，叫：《列宁在十月》《列宁在1918》，列宁是位天生的演讲家。你还记得列宁讲演时的手势吗？时而伸向天空，时而张开双臂，时而把两只手叉在马甲的两边，那就是列宁演讲的风度。

二、难忘的日本老师

1995 年，我去日本学习青少年犯罪预防。当时在新宿参加培训。新宿的培训中心有一位老师，四五十岁，瘦瘦的，穿着一身贴身的西服。刚讲了两句话，就从上衣兜里掏出了一块红色的小绸子，一边讲，一边变戏法，引起各国留学生的极大兴趣。这次课讲得非常好，30 年过去了，我还能记得。

三、讲课中适当的表演和动作的好处

1. 可以使枯燥无味的课变得生动活泼，引起学生的互动，加深学生的印象。

2. 知识的传授和技能的训练，两者是完全不同的。现在我们的课堂往往偏重于知识的传授，而忽略了技能的训练。而一旦学生掌握了技能，便成为永久的记忆。知识可以忘记，但技能陪伴终生。

3. 做电视节目的有经验的导演都知道，一个电视节目如果要有收视率，就有三个要素：

第一个是要站起来，有动作表情；

第二个是要有矛盾和争议；

第三个是嘉宾要表演绝活。

如果有了这三个要素，那么整个电视节目的收视率就会飞速攀升。

四、表演和人体动作在授课中的具体应用

在公安部警督晋升警监的培训中，我讲的一门课叫做《世界警务改革大趋势》。其中我的表演有以下几项。

1. 传统更夫。利用道具梆子与灯笼表演，敲三下梆子，举起灯笼，然后喊：小心火烛，平安无事。

2. 西部牛仔。表演第二次警务革命中，美国警察与犯罪分子对射的场景。警察是牛仔，犯罪分子也是牛仔打扮，两个人你看我，我看你，谁都不能开枪，等待教堂的钟声。然后，双方迅速地掏出枪，谁出枪快，就把对方击毙，然后迅速地收回枪来，在嘴边一吹，两个字就是"潇洒"。

3. 在讲到社区警务中，有两个小表演。

（1）"发现坏人术"。两个手拍一个巴掌，一手在前，一手在后说：如果你一个人在夜间走路，后边有个男人尾随你怎么办？然后这个时候配一首歌谣：

身后有人很可疑，

走到马路对面去。

要是他又跟过来，

拔腿就跑莫迟疑。

如果他跟过来，那就是色狼，这个时候怎么办？我们再走回去，如果他跟过来，这个时候怎么办呢？跑起来逃命吧，这就叫"发现坏人术"。

（2）"二龙戏珠术"。左手抓一把土扬到坏人眼里，然后，右手两指插向坏人的眼睛。要转身右腿猛踢坏人的裆部，这样两秒钟发起三次攻击，百战百胜。

（3）平安操。在讲到社区警务的应用时，还有一段平安操：两个手伸出来做小熊很萌的样子，配歌谣：

> 小熊小熊好宝宝，
> 背心裤衩都穿好。
> 里边不许别人摸，
> 男孩女孩都知道。

表演和人体动作在公安部警督晋升警监的培训中深受欢迎，很多学生毕业多年以后说：王老师，你的课我们能记住的，就是你那个更夫的灯笼和梆子，你表演的那个小熊操。

在公安部警督晋升警监的培训讲课中，动作和表演并不要很多，大概每 10 分钟，就要表演，这样一节课，60 分钟的话，最少有 5 次小表演，每次小表演大概都在一分钟之内。这样既调动了学生的积极性，教会了学生的一些小技巧，又不至于让这些动作过于漫长，喧宾夺主。

五、因材施教

讲课的时候要看对象，如果你给三四岁的幼儿园孩子讲课，就不能够讲大道理，第一孩子听不懂，第二孩子也坐不住，所以这个时候就应该以儿童平安操为主。

最近我去幼儿园给孩子们讲平安课，40 分钟就足够长了。以讲故事为主，同时教孩子三节儿童平安操，孩子也跳，家长也跳，老师也跳，大家一起既活动了身体，又背了歌谣，还学习了防范的知识。在幼儿园和小学讲课，就要以活动和表演为主，这个没有商量的余地。如果只是正襟危坐，四平八稳喝一杯茶，给孩子们讲讲法条，他们是根本听不懂的。一没效果，二没兴趣，下次学校也不会有人再请你去讲课。

六、调动课堂

现在学校对老师讲课也分了等级，如果老师只是平铺直叙地讲课，满堂灌，学生没有反应，这门课基本就是失败的。所以，在讲课中一定要学会一些表演，学会一些动作。

七、上课表演和动作要避免扩大化与庸俗化

1. 表演和动作一般不要超过一分钟。
2. 表演和动作必须和授课内容完全吻合。
3. 表演和动作不能哗众取宠、喧宾夺主。
4. 要保持整个课堂的稳定和适当的尊严。

你还记得小学老师上课时的表演吗？

祝福。

语言美的八大要素与两条规矩

When we two parted, in silence and tears. Half broken hearted, to sever for years. ——Byron（拜伦）。见时容易别时难，欲道珍重又无言。两颗丹心同破碎，一行热泪落君前（王大伟译）。

亲爱的老师：

你好！

我做了将近 40 年的老师，做了 20 年的电视节目，形成了自己的语言风格。总结一下大家对我的评价就是：简明扼要、逻辑性强、没有废话，深入浅出。就是能把难懂的事情用很简单的方法说明白。

作为一个老师、一个警察或者是一个干部，一定要有语言表达的素质。语言表达的素质就是语言的感染力、语言的逻辑性、语言的文采，语言里要透着学问。

语言美要有八大要素。

一、背一百首古诗词

唐诗也罢、宋词也罢，最基本的要会背 50 首到 100 首古代的诗词。背会了以后，还要会用，要活学活用，信手拈来。

比如有一句诗叫"南朝四百八十寺，多少楼台烟雨中"。多少楼台烟雨中。这个讲的是矛盾的普遍性。演讲的时候，就可以用这句诗来描述。

二、背一本古人的格言书

我小时候住在 302 医院里，不知道怎么找到了一本小书叫《名贤集》，破破烂烂的，没头没尾。医院里待着也没什么事，我就把《名贤集》给背下来了，没想到这本书太有用了。

比如："贫居闹市无人问，富在深山有远亲。""白马红缨色彩新，不是亲者强来亲。一朝人死黄金尽，亲者如同歧路人。"孩子要是能把《名贤集》背下来了，语言的能力就会增强很多。

三、精读十本历史书

古文底子很重要，你最起码得精读十本以上的古书吧，像《论语》《诗经》《孙子》《淮南子》《荀子》都是古人必读的书。

有一年，我被评为"中国十大先生"，在孔子的故乡曲阜受奖，当时的评委是范曾，在饭桌上，范曾就露了一手他的"童子功"，他让我随意说一首诗，或说一首古代有名的赋，他都能倒背如流，老先生都80多岁了，所以大家都说他的"童子功"太厉害。

四、掌握专业英语

说到专业英语，有很多词汇必须用英文的原文大家才知道你说什么。而且中文和英文，要互相翻译，信手拈来，珠联璧合，天衣无缝。

比如说英文有一个词，叫情境预防（Situational Prevention）。中文对应的词就是"给小偷一个不偷你的理由"。这样老百姓能听懂。讲课的时候，课件上只要是有外国概念，都给标上英语原文，有专业英文大家就知道你在讲什么。

五、背五首英文诗

最少要背五首到十首的英文诗，而且能够信手拈来，运用自如。有一次，我们公安系统的一个代表团开着车在莎士比亚的故乡参观。山路崎岖，前面突然出现了大海，随车的有一位公安部的大才子，叫缴济东。他嘴里含着大烟斗，特有绅士风度，他一见到海就背了一句莎士比亚的名言，叫：Break、break, oh sea。"浪花破碎啊，浪花破碎，美丽的大海"，就这一句话把在场的那些个英国警察全给镇住，大加赞赏。

六、学会讲故事

讲课实际上就是一种讲故事的方式。你能把一个复杂的问题说得简单，说得扣人心弦，让大家都跟着你的思路走，能够记得住，最简单的方法就是讲故事、讲案例。

记得小时候的夏天，小朋友都在外边玩，那时候我的身边就聚集了七八个小朋友，大家都说："王大国（我小名），你再给我们讲个故事。"我就把我在书里看到的，什么《鲁滨孙漂流记》啊，什么《安徒生的故事》啊，还有《福尔摩斯侦探集》啊，都给小朋友们讲，这样就练出了讲故事的本事，悬念重重，引人入胜。

七、渲染气氛，不忘细节

讲防范犯罪侵害，教大家预防犯罪，核心就是讲案例。这个案例一定要讲得扣人心弦，比如说当时我讲的"吉林小西被强奸案"，小西两个眼睛被扎瞎的悲剧，每一次讲到这儿，我眼睛里都会流泪。细节你要把它讲清楚：小西的爸爸是个农民，小西的妈妈精神不正常。小西到北京以后，大家给她捐了 26 万块钱。医生说："小西，你把眼睛睁开？"小西说："我看不见，疼啊。"可是小西还要给爸爸妈妈做工作："妈妈你们别伤心了，我的眼睛一定能治好，到那时候你带我们去天安门，去看升国旗。"

八、英文授课

如果再要求高点的话，还要用英文讲自己的专业课。每个人，特别是高校的老师，都应该能讲一两门英语专业课。比如说我现在用英文讲的课有：《世界警务改革大趋势》《社区警务》《预防犯罪的新理念和实践》等，这样就能讲三门英语课程。

除了这八个要素的提高之外，还有两条语言规矩，这两条规矩必须要掌握。

第一就是说话要有逻辑性。说话不管长短，要讲三个点、五个点，一定要清清楚楚，不能重复，不能啰唆。

第二就是要有把复杂的问题简单化的能力。这是语言最重要的技巧。白居易写完了诗要念给那些老太太，老太太听懂了，他才认为写了一首好诗。所以你要是给那些个社区大爷大妈讲防骗，给小男孩小女孩讲防性侵害、防拐卖，那你就得用平安童谣、童话，讲到高兴的时候还得要手舞足蹈。

正式场合的发言，一定要讲好。但平时说话应越少越好，这要形成强烈的反差。一个好的演讲家，一个好的老师，在平时的生活中，反而是寡言少语的人，过去有句话叫："水深流去卖，贵人语言迟。"

仅此嘱托，并候近祺。

研究生文学素质的培养

　　有一个学生，我让他背 50 首诗，他不仅背了 50 首，他还把《千家诗》都背了，结果公务员考试就多得了 20 分，为什么呢？那些判公务员考试卷子的老师，已经判得头昏脑涨，可是一看到这卷子，时不时就冒句古诗，清秀典雅，不给高分怎么行？

亲爱的老师：

　　你好！

　　由于贫困与疾病，我小时候读书不多，所以对书籍产生了敬畏。我一直坚信：学生的素质是可以培养的；大师是可以被设计的；成功的模式是可以复制的。

　　我在公安大学，硕士博士带了四五十人，但是到老了，我真的不敢肯定，我上述的假设是否正确。

　　那么，我让学生课下要做些什么功课呢？要学点什么呢？

一、背古诗

　　相当长的一段时间，我给学生们找《千家诗》为课本，复印装订让他们背诵。《千家诗》的底本是清朝光绪年本，繁体字，竖排版，木刻的那一种。我曾经要求凡是我的学生，最好能背一本《千家诗》，如果背不下来的话，起码也要背上 50 首。

　　有一次和侯耀华做电视节目，我说到要让学生每个人都背《千家诗》，侯耀华很感兴趣，他说一定要让孩子们看这些竖排版、无标点的书，自己去断句。

　　古诗的力量是巨大的："随风潜入夜，润物细无声。"以公务员考试为例，大家都说公务员考试没法复习，有的人甚至说越复习，越考得不好。可是我发现了一个规律：有一个学生，我让他背 50 首诗，他不仅背了 50 首，还把《千家诗》都背了，结果公务员考试就多得了 20 分，为什么呢？那些判公务员考试卷子的老师，已经判得头昏脑涨，可是一看到这卷子，时不时就冒句古诗，清秀典雅，不给高分怎么行？

二、练书法

上课的时候，我给学生们布置作业，让他们每个人都去买笔墨纸砚；教会他们什么叫文房四宝：端砚、宣纸、徽墨、湖笔；教他们：欧颜柳赵四大家的字体；送给学生很多书法作品。我给很多学生买过砚台、墨和毛笔。作为小礼物送给他们，希望他们在学校的时候，能够练练书法，我也给他们复印过大量的古人字帖。

凡是我的学生都有我的书法作品，虽然我的书法作品写得也不好，但是起码让他们知道，有书法这一门艺术。我送给别人的书法作品，还有绘画作品，都是裱好了再送出，因为让学生们去装裱就得三四十块钱，他们哪有钱？所以凡是经我手送出去的作品都是装裱好的。

三、画国画

课余时间我会教学生们欣赏国画，画国画。教他们怎么画没骨画？什么是兼工带写？什么是大小写意？花怎么画，虫子怎么画？也送过学生们很多我自己画的画和扇子。

四、读古书

课余时间让学生们读古书。我给他们复印过《洗冤录》。还有清末民国的警察典籍。教给他们什么是版本、写刻本与局本。我还有收集古籍的最简单的基础知识，和同学们一起把一些发现的非常稀有的清末从日本引进的警察学资料、稀有的古代典籍打印成 word 版，然后作为教材再发给学生。

五、逛博物馆

读万卷书要行万里路。公安大学旁边，有几个值得去看的地方，一个叫首都博物馆，里边分为一座方楼和一座圆楼，有老北京的大戏台，老北京的民俗展，还有绘画馆、玉器馆、古代绘画馆。即使学生毕业了，回北京来看我，我都和他们在博物馆里见面。让他们感受一下老北京的味道和老北京的传统。

公安大学旁边还有座白云观，那是丘处机的道场，天下第一道观。军事博物馆离公安大学也很近，所以有来进修的各地的公安局的领导和学生，我都推荐他们去看一看。

六、读英文原版书

我说，作为博士生，你既然读的是警察学、犯罪学，就一定要读英文原版书。我在英国念书的时候，我的导师约翰·安德逊是英国警务改革的旗手，他送给我两本书，一本叫《自由警务论》，一本叫《警务原则论》，上面都有他的题词，非常珍贵，我带博士生时就把这两本书借给他们去复印了，没想到都被弄丢了，这件事情我真的非常心疼，这是我一辈子的纪念品，就让学生随随便便的遗失了。可见大家读书，首先要对书尊敬，要把书神圣化，如果你不尊敬书，随便就丢了的话，你怎么能读好书呢？

对于我的这种教育理念和方法，有成功的经验，也有失败的教训。我有一个学生，平时就爱读诗，经常给我发一首诗，也许是在火车上，也许是在回家的路上，一有感叹，就写首诗发给老师看。如今他已是中央某部委的处长、团总支书记，前途不可限量。

也有的学生，你让他背诗，他表面上答应你，其实心里头嗤之以鼻：我还得要公务员考试呢，我还要留北京呢！心里一肚子怨气。我给买的那些个笔墨纸砚，早就偷着扔了。我先把话放着，这种学生将来有出息的真的不会多。

过去清朝培养皇子，那都是很严格的。拜当朝最有名的大学者为师傅：太师太保。上午是读史书，下午是骑射，晚上是背诗词，一年365天就休息3天：老爹生日那天休息，春节放一天假，还有自己的生日放一天假，这就是一年的假期，大家看看大清朝的皇子，少有窝囊废。

即颂金安。

读古书

地球上任何一个物种，如果它们能写书，让后代读书，就可能战胜人类。

亲爱的老师：

你好！

说到带博士研究生，有一次博士面试，注意是公安学院的博士面试，我们出了一道题："你读过哪些中国古代的经典著作？"（《水浒传》《三国演义》《西游记》等不算）

结果这几个考生回答的都是一两本，很多人甚至一本古代的典籍都没有看过。可见现在的博士在传统文化的修养方面，可能还不如古代一个没考上秀才的读书人。当然他们数理化的知识和考试的技能是很高的，但作为一个现代的知识分子，在高校工作的大学教师，必须有古文功底。一个大学老师，一个带引号的知识分子，要是连几本古书都没看过，真的说不过去。

以下是我推荐的可以提高古文修养的书目。

一、初级（3～10岁）

1. 背诵类（3～7岁）：《三字经》《百家姓》《千字文》《弟子规》《唐诗》《千家诗》《朱子治家格言》《名贤集》。

我爱人是个护士，也没读过多少书。午休的时候就去打乒乓球，所以我就建议她去找一本《千家诗》背一背，没想到用了一年的时间，她居然把《千家诗》里差不多一半的诗给背下来了，人的整个素质提高了一大截。

2. 阅读类（8～10岁）：《论语》《孟子》《诗经》《水浒传》《三国演义》《西游记》《红楼梦》《东周列国全志》《聊斋》"十大才子书"［是一套"丛书"。这套丛书是我国元明清三个朝代小说的精华合集，最初刊行于1644年（顺治元年），从1658年（顺治十五年）起陆续编定，依序排列出版发行。十部书中包括《三国演义》《水浒传》《西厢记》《琵琶记》《好逑传》《玉娇梨》《平山冷燕》《花笺记》《捉鬼传》《驻春园》］。

《红楼梦》我看了三遍，但是不喜欢。相反，我比较爱看《水浒传》，可能因为我是山东人。我还在中央电视台和其他电视台做过《大伟说水浒》的系列节目，还出过好几本关于水浒的书，比如说《水浒人生手册》《大伟说水浒》。

二、中级（11～18岁）

《荀子》《庄子》《淮南子》《孙子》《芥子园》《遵生八笺》《幽梦影》《世说新语》《古文喈凤》。

小的时候《荀子》这本书比较流行，所以那个年代的人很多都会背。《荀子》对我的生活影响很大，如"青，取之于蓝，而青于蓝；冰，水为之，而寒于水。""积土成山，风雨兴焉；积水成渊，蛟龙生焉；积善成德，而神明自得，圣心备焉。故不积跬步，无以至千里；不积小流，无以成江海。骐骥一跃，不能十步；驽马十驾，功在不舍。锲而舍之，朽木不折；锲而不舍，金石可镂。"集中精力，专心致志去干一件事情，就是《荀子》教给我的。我父亲曾经对我有这么个评价，叫："走路不吃口香糖，"就说王大伟这个人吃口香糖就不能走路，他必须坐下来，专心致志地吃口香糖，这就叫精神专注。

三、高级（19～35岁）

《洗冤录》《梦溪笔谈》《刺字集》《高子遗书》《浮生六记》《本草纲目》《寿世保元》《天工开物》《营造法式》《九章算术》《读杜心解》《佩文韵府》《经世文编》《李义山诗集》《曾国藩家书》《六朝文洁》《事类赋》。

我们当警察的应该好好读读《洗冤录》，我曾经收集了古代的《洗冤录》的版本，有七八种之多。不仅有木版的，还有石印的呢。我在多个电视台中做过《洗冤录》系列节目，还曾写过两本研究《洗冤录》的书，其中有一本《骷髅会说话》是竖排版，繁体字的书，在中国台湾地区出的，还是那一年中国台湾地区法律类图书的畅销书呢。

《浮生六记》是我非常爱看的。书里讲的是乾隆年间一个穷困潦倒的秀才，和他的妻子芸娘两个人的爱情故事。据说林语堂曾经想回国到杭州去找芸娘的坟墓。芸娘真是我理想中女人的代表。

四、终身阅读

《二十四史》《两朝御批通鉴辑览》《楚辞集注》《黄帝内经》《朱批谕旨》《传家宝四集》。

这些不都是专业书，而是中华文化思想的一部分。如果我教子授馆，或给学生列书单，这些应是教育的必读书或选读书。

《二十四史》是一套好书，可是我们读这本书得用毕生的精力，毛主席把这本书读了一辈子。据说他老人家 80 多岁患白内障了，在手术做完一只眼有点儿光的情况下，还是认认真真重读《二十四史》。

如果读《二十四史》不妨先读《史记》，《史记》有 50 多万字，如果我们读不下来的话，有一个 10 万字的浓缩本，叫《史记菁华》。《史记菁华》是一本很好的书，孩子想读《二十四史》就让他先读《史记菁华》，再读《史记》。

以上书目，其实也是中国传统知识分子的一个传统书目。

读书的时候，要让孩子读一些木板古书，繁体字，竖排版，无标点的那种。同时有意识地培养孩子对古籍的认识，包括写刻本、活字本和书局本。

我小的时候没有条件，也见不到这么多的古代典籍，但是我在十几岁以前，中国的古书中有代表性的，我读了很多。没有书就管别人借，借回来就抄，还会画插图，自己订书，我自己抄的书和订的书有 100 多本。所以我到了中年以后读书更加如饥似渴。

你知道吗？在你读书的时候头上是有光环的，而且耳边还有叮叮当当美妙的音乐，安徒生的童话里就是这么说的。

肃具寸笺，布覆并谢。

演讲比赛得高分的八个秘诀

　　学生的那场演讲比赛有位女孩子，说她专程去英国瞻仰马克思的墓地时，她一回头看到了一个中国人，手里捧着黑色的相框。原来，这个中国人的爷爷过世了，他来替爷爷还个愿。万里迢迢抱着爷爷的相框，到马克思墓地代爷爷向马克思表示最崇高的敬意。

亲爱的老师：

　　你好！

　　上个礼拜公安大学举行了两次演讲比赛，一次是老师之间的，一次是学生之间的，题目都是：《真理的光辉——纪念马克思诞辰 200 周年》。

　　在这两场演讲中，我都当了评委。每次演讲完了我就琢磨一会儿，有些小收获。现在我就告诉你，演讲比赛能够脱颖而出的八个小秘诀。

　　第一，"演讲要想好，关键在写稿。"过去有句话："台上一分钟，台下十年功。"实际上一个演讲能不能讲好，关键是稿子写得好不好，在老师比赛的那场，有一位先生得了 96 分。在场那么多评委，平均打分 96 分，多么不容易，人家写的那个稿子真是行云流水，到最后排比句叠加，有如大珠小珠落玉盘。最后一打听，人家是公安大学校办的大笔杆子，所以你看演讲比赛实际上比的是背后的文笔，是你的文章能不能写好，你的文学素质、文化修养都是潜在的胜利因素。

　　第二，"要想打动评委，先得打动自己。"就是要有动人的故事。故事还不能是别人的故事，就是发生在你自己身上的故事。学生的那场比赛有位女孩子，说她去英国访问，专程瞻仰了马克思的墓地，手持着一朵鲜花凭吊历史的伟人。这时，她一回头看到了一个中国人，那人手里捧着黑色的相框，相框里的人是他爷爷，他爷爷说：这一辈子只有一个心愿，是想瞻仰一下马克思的墓地。可惜爷爷过世了，这个孙子来还这个愿。万里迢迢抱着爷爷的相框，到马克思墓地，代爷爷向马克思表示最崇高的敬意。作为评委，我听到这儿眼眶都是湿润的，这是多么好的一个故事。"要想打动评委呀，先得打动自己"，而打动评委和自己的一定是情感和故事。

第三，"感情是演讲的王冠"。我年轻的时候拜访过一位当时伟大的诗人臧克家，可能现在的年轻人都不知道臧克家了。如果你还不知道，我就告诉你一句诗，叫："有的人活着，他已经死了，有的人死了，可他还活着。"这就是臧克家的诗。我问臧克家什么是诗啊？臧克家说：情感才是诗，没有情感怎么会有诗呢？所以年轻的朋友们，什么叫演讲？演讲就是情感的流露：男女之间的爱情、人民对祖国的感情、妈妈对儿子的感情、祖父祖母对孙子孙女的感情。只要能抓住这些感情，而且把感情平铺直叙，不加粉饰和修饰地告诉观众，这就是最大的得分点。

大概是1976年，周总理逝世，我代表学校给邓颖超写过一封信，当时在学校礼堂的舞台上，深情地朗诵道：邓妈妈呵，邓妈妈……一连八个排比句，催人泪下。所以被大家认为是最好的一篇演讲。

第四，激情先行。激情非常重要。有的演讲是文字凝练得好；有的演讲的文字水平虽然一般，可是有激情了也好。学生竞赛的那一组里就有一位男孩子，他的文章写得不算太好，可是非常有激情，一张嘴都是排比句，声震寰宇。一般说来评委都是在演讲结束之后象征性地给点儿掌声，可是这个孩子居然能在演讲的中间获得评委的自发的掌声，最后他得了学生组的第二名。

第五，一定不能跑题。这次演讲比赛，我最大的收获就是凡是得分低的都是跑题了。有的不讲马克思的理论和故事，偏讲自己的工作。演讲的题目是：《纪念马克思诞辰200周年》，必须要紧紧地围绕着马克思的故事，马克思的理论来展开自己的演讲。

第六，就是不能让文章的思绪跑得太远，拽不回来了。比如说，有一个同学，他明明讲的是"纪念马克思诞辰200周年"，可是他却说到了××案，说了非常多，这样的效果就不是特别好。例子可以举，但是说到三言两语就要回到主题上去。这也是很多人得分低的通病。

第七，切忌咬文嚼字。有的人那文学功底非常强，题目就是咬文嚼字。重视辞藻的华丽，重视古文的修炼，可是内容空了一点，大家又听得似懂非懂，这样的也不会得分特别高。所以我说文章不仅仅靠文字的功底。一个是辞藻的华丽，另一个是真情的流露，如果这两者PK的话，真实的感情一定能够打败华丽的辞藻。

第八，演讲的姿态。站有站相，坐有坐相，上台之后，先给评委敬一个庄严的军礼，给听众敬一个庄严的军礼。自己能端得起来，拿得住架子。手势可以有，不要太多。眼睛要看着观众，不是看天花板。挺胸抬头，充满了自信："天生我材必有用，千金散尽还复来。"面带微笑，从容镇静。高兴，坚定，自信，热爱同学，尊重师长，尊重评委。一声谢谢，一个敬礼，举手投足，都是绅士风度，这还能不得高分吗？

真心地祝福你们能在演讲比赛中取得好的成绩。为自己的单位争光。好好准备，天佑赤诚。

预祝成功。

课比天大

——课程论、教学论的七个要点

小的时候从来没有想到会做教师，而且是警察的教师。小时候我是想做医生，还想做画家。直到今天我都坚信，如果做医生，一定是一个最好的，如果做画家，一定也是个最好的。可是歪打正着，鬼使神差，我居然当了近 40 年的警察教师。"只因误识林和靖，惹得诗人说到今。"

亲爱的老师：

你好！

从学校教育来说，教师是主体，学生是客体。教师通过课程和学生联系。就好像厨师和食客，厨师和食客的联系是通过饭菜而得以实现的。因此，学生对教师的评价，往往是通过课程来进行评价的。

课程论、教学论的七个要点：

一、无私奉献一生

教师这一生，都是通过课程奉献给学生的。

我从教近 40 年，始终坚守教学第一线，无任何行政职务。要想把课教好，就必须无私奉献一生。教师需要咬定青山不放松，在教学一线坚持 30 ~40 年。如果一个教师在基层工作坚持奉献 30 ~ 40 年，他一定是一个好老师。如果连这点评价标准都不能肯定的话，那太伤教师的心了。

如果一个人把一生都奉献给基层的教育事业，那么他一定要克服千难万苦。克服心理的障碍、生活的压力还要甘心寂寞、坚守清贫。

二、向最高等级的课堂攀登

课程是分等级的：初级的课程、中级的课程和高级的课程。我所教授的《公安学基础理论》，在 2003 年获北京市精品教材、北京市精品课程称号，2012 年被评为国家级精品视频课程。《公安学基础理论》也是全国公安系统第一门国家级精品视频课程。我连续 16 年承担公安部警督晋升警监课程，带硕士、博士四五十人，多次去边远基层公安机关授课。

三、课程的生命在于走向社会

课程分为学校内的课程和学校外的课程。有的时候，学校外的课程影响力要大于学校内的课程。如果学校外的课程影响力大于学校内的课程，学校也应该容忍，甚至是支持。你像纪连海老师，他是大家公认的历史课程讲得好的人。他是从《百家讲坛》上走下来的。每周除了在学校上课以外，我在电视上媒体上做了大量的工作。我创造全新的儿童平安童谣、平安童话、平安童操等自护方法；研发与推广"儿童平安吉祥三宝"；出版《平安童谣》《平安成长比成功更重要》等著作。我还是央视特邀评论员，2005 年中央电视台法治频道普法明星，巡讲平安大使。我深入街道社区，为中小学生普及自护知识与技能，教大爷大妈识贼防盗，被群众称为"说歌谣的警察"。

四、建立系统课程体系

课程是成体系的。它由不同的层次、不同的元素整合成为一个体系。一名教师在精通一门课之后，可以建立自己的教学和课程体系。

我曾经听过美国神探李昌钰的课程，李昌钰讲的是法医学与物证鉴定。李昌钰上课的时候把笔记本电脑打开，桌面上有十门课程，所以李昌钰就会说：我先把这些课程的名字念一遍，你们想听哪门课程？大家举手，你们想听哪门课程，我就讲哪个。

在将近 40 年的教学中，我讲的课分为几个大的类别。

第一类，警察学（公安学）专业课程。如世界警务改革大趋势、世界最新警务理论研究、新三论研究（反恐导向警务、危机警务和情报导向警务）。

第二类，预防犯罪的理论课程。包括国外犯罪学理论的最新进展、国际预防犯罪的理论和实践、欧美犯罪学基本理论。

第三类，学校安全教育的课程。如学校安全教育、学校预案的制订、学校安全、无事故学校。

第四类，各类案件的防范课程，如诈骗案的防范、强奸案的防范、盗窃案的防范、老百姓社区安全、中老年人防诈骗。

第五类，儿童安全教育课程。包括女孩防性侵害、儿童走失和拐卖案件的防范和应对、平安童操、平安童话、平安警语、平安童谣。

五、想尽一切方法提高课程的质量

教师要把提高课程的质量，作为一生的奋斗目标与兴趣所在。这包括：课件的制作、道具的收集和整理、演讲艺术、课堂表演、文学素质的提高、出国进修、专业进修。一门课要讲得好，必须要无限地热爱它，深深地痴迷它。"衣带渐宽终不悔，为伊消得人憔悴。"精益求精，锦上添花。

六、立志高远，敢做大师

教师不仅是做教书匠，而且要做教学的大师；上课不是简单的授课，而是各种艺术的综合体现。做一个平凡的人民教师是体现一个人理想奉献的最高境界，学校应该给这样的大师披红戴花，社会应该给他应有的地位和掌声。

七、抵御诱惑，坚守清贫

优秀教师会面临各种诱惑：晋升领导层的诱惑、下海捞金的诱惑、跳槽换工作的诱惑与出国定居的诱惑。

一个基层优秀的教师，如果把他的才能用到下海经商上，十有八九他是个好商人，能不能经得住金钱的诱惑，而坚持在清贫的三尺讲台上呢？很多高校的老师外语都非常好，又有专业技能，可以到国外去谋发展。在国外发展，起码工资要高于教师。是不是要把自己这一生学有所长的东西奉献给自己的祖国，报效给自己的学校呢，这就是算良心账，算忠诚账。这就是考验一个教师的良心、忠诚与奉献，而这些词都是闪光的、金子般的词汇。

这个社会有无数的闪光的职业，有无数自豪的名称。人们可以说：你看我父亲是将军，我父亲是大使，但是没有人会说，你看我父亲就是一个普通的教师，但是他是我们家族几代人道德的顶峰。如果我们这个社会，我们的学校能有这样的故事，那就说明社会在进步。我们这一生就是个普通的教师，但是我们要做一个最好的教师。

教师也许不是一个高贵的职业，但教师一定要有一颗最高贵的心。

仅此嘱托，并候近祺。

Chapter 2 科研篇

The method of scientific research

双玉铭：女孩平安

月隐云梦，凤栖梧桐。家有女孩，藏在闺中。

如珠捧手，如眼护瞳。冰清玉洁，天使凌空。

性别教育，三岁启蒙。背心裤衩，不可触动。

洗澡有别，厕所不同。拒绝亲吻，不说真名。

不贪糖果，带走不成。人无生熟，车无顺风。

平安童谣，擦亮眼睛。平安童操，伴我长成。

循安处善，如履薄冰。嘒彼小星，三五在东。

窈窕淑女，关雎之声。长成美女，终生太平。

双玉铭：男孩平安

玄鸟陨卵，弄璋玉金。家有男孩，送子麒麟。

安全教育，三岁用心。父母电话，烂熟于心。

回家之路，自己会认。问我叫啥？还没起名。

棒棒糖好，我才不跟。爱派哄我，我也不亲。

忠厚传家，诗书立身。男孩穷养，体验乡村。

吃千般苦，养怜悯心。家出孝子，国有忠臣。

少看手机，预防网瘾。校园欺凌，戒急用忍。

青青子衿，悠悠我心。长成帅哥，保国为民。

科研自查十件事

　　有一个学生的在图书馆看到中国台湾地区学者写了一篇论文，他们说："大陆出了王大佛，写了一本《英美警察科学》，让我们的学者汗颜。"为什么叫王大佛呢？他们不认识简体字，把简体字的"伟"字误认成"佛"字。

亲爱的老师：

　　你好！

　　我是从公安部政治部，自己主动要求到公安大学当老师的。说句实在话，当时我的科研意识并不强，也没有人告诉我怎么去搞科研。我这一生的学术生涯，搞的科研都是跌跌撞撞，摸着石头过河。现在60岁了，总结经验的话，大概有这么几条，也不怕年轻的朋友们笑话。

　　如果你想做一个科学工作者，或者说在高校里当个老师，实际上是非常辛苦的。这里要有十件事去做。

　　科研自查十件事：

　　1. 核心期刊论文，著作（专著、译著、其他）；

　　2. 学术创新与技术创新；

　　3. 服务社会、群众与祖国；

　　4. 出国留学；

　　5. 科研课题（国家级项目、部级项目）；

　　6. 职称（教授、博导）；

　　7. 社会兼职（学会、团体）；

　　8. 获奖（省部级以上）；

　　9. 组建学术团队（研究机构）；

10. 占据媒体宣传阵地（国内外话语权）。

第一个是核心期刊的论文、学术专著和译著。现在你所发表的所有论文，如果不是核心期刊的话，都没有用，都不算成果。作为一个学者恐怕还要发表几十篇核心期刊的论文，出版十几部以上的学术专著，才能开创自己的学术领域。十年磨一剑，写出一本扎实的理论研究专著，开创一个学术研究领域，并使自己成为这个研究领域的领军人。磨刀不误砍柴工。

我写的第一本学术专著叫《英美警察科学》。1991 年我从英国埃克塞特大学学习回国，带回来 70 公斤外国警学的最新资料，然后"潜水"了四年。我用了四年时间，把它们翻译、整理、归纳，写出了当时我们国家第一本关于外警理论的研究专著，叫《英美警察科学》。

当时周围有一种理论：50 岁以前不要写书。因为你是个年轻人，你是个毛头青，你是个愣小伙，你有什么权力写书呢？可是我们就不信邪，就是要写学术的理论专著，就是要写大部头的书。

《英美警察科学》这本书用了四年时间写完，送到出版社，用我的岳母给我的 5000 块钱出的第一本书，这相当于我半年的工资。我们还是咬着牙把这本书出出来。刚一问世，就预订了 6000 本，《英美警察科学》曾经出版了三个版本，最近，又被列入了"一百部名家著作"的目录。

第二个是要有独特的学术创新和技术创新，发表论文和专著不是目的，目的是要有所创新。作为社会科学的工作者，就是要改变人们的思维，改变人们传统的思维定式，创造出新的形式来服务公众。

所谓的学术创新，就是要做前人没有做过的事情。以《英美警察科学》为例，中国在清末就开始引进西方警察科学，但是这些研究成果在 1949 年就被带到了中国台湾地区，新中国的警察学，严格意义上来说是第二次引进。而这副重担就落在了新中国青年警察学者的肩上。当我用了四年时间，把《英美警察科学》写出来的时候。震动了海峡对岸，我有一个学生在图书馆看到中国台湾地区学者写了一篇论文，他们说："大陆出了王大佛，写了一本《英美警察科学》，让我们的学者汗颜。"为什么叫王大佛呢？他们不认识简体字，把简体字的"伟"字误认成"佛"字。

社会科学的创新，特别是公安学的创新，一定是实证研究，一定要从基层做起。"凌霄羽毛轻无力，掷地金石自有声。""无冥冥之志，无昭昭之功。"就是要沉到派出所里去最少工作一年。调查几百个基层民警，和基层民警同吃同住、同巡逻、同上堵截点，这样才能有所创新。比如，我写的《中西警务改革比较——从济南市派出所改革模式到世界警务改革的大趋势》，这本书就是在派出所由厕所改造的屋子里写的。

第三个是服务社会、公众和祖国。创新的目的是服务，要服务老百姓、服务社会，最终报效祖国。这是中国知识分子忠诚的表现。

你的书里有理论创新，那么就必须是你比别人吃的苦要多，你比别人研究的样本要多，你比别人根扎在土壤里要深厚。我这一生写过 250 首平安童谣，这 250 首平安童谣大家都会觉得很肤浅，但是每一个童谣后面都是一个真实的案例，可以说，这 250 首平安童谣是用 250 个孩子的生命和鲜血换来的。

如果你不接触案子，如果你不向基层民警学习，你就干脆别搞科研课题。

第四个是一定要出国留学。学习外语，是每个立志于理论研究的青年教师的首要任务之一。十年磨一剑，吃得苦中苦，同时要尽可能早地申请到公派出国留学的机会，到国外深造学习。

回顾中华人民共和国成立以来的学术研究史，其中的领军人物大都具有出国留学的背景，这些出国留学的先驱，能够把国外的先进知识引进中国，有所创造、有所发明，再结合本土的实践，使西方的理论本土化、大众化。他们是中华民族的学术精英，比如钱三强、钱学森、华罗庚、费孝通等人。他们也是我们学习的楷模和榜样。

第五个是要有国家级或者是部级的科研课题，国际研究合作项目也要有，现在衡量一个大学教师的主要指标之一就是有多少课题和多少科研经费。

第六个是职称。分为副教授、教授、博导、院士，一步一步地往前走。

第七个是作为学者要有社会兼职。比如，国家一级学会中的会长、副会长和常务理事。要把整个中国从事你这个行业的所有专家团结在一起，经常讨论共同关心的问题，互相学习，取长补短。

第八个是获奖。现在衡量获奖必须是省部级以上的奖励，国家奖及国际奖励，比如：安徒生奖、诺贝尔奖。"不想做将军的士兵不是好士兵"，社会科学得奖的机会很少，但是一定要瞄准省部级的课题、国家级的课题拼搏。其实在心里还应该暗暗下决心，向那些国际大奖，甚至向诺贝尔奖冲击。

第九个是建立自己的学术团队、研究所甚至研究中心。

第十个是要占据媒体宣传之地，在国内外的专业领域有自己的话语权。

一定要把握本学术领域中的话语权。犯罪学会有很多热点。警察学也有很多热点问题，由于犯罪学和警察学的特殊性，可能别人说话的权利不多。话语权包括：电视媒体的话语权、微博新媒体的话语权。

当一个案子出现，一个热点问题出现，那么人们首先想到的是公安大学，想到的是公安大学的专家教授，如李玫瑾老师、陈刚老师……这就是掌握了话语权。现在高校排名有很多种，但是里头有一个不科学的地方，就是没有把话语权作为一个要素。比如，教育的立法、教育政策的制定，北师大就有话语权。那么在对犯罪的研究方面、对社会治安热点问题的分析方面，公安大学就应该牢牢地把握住（或分享）社会的话语权。而在这些领域中，就是那些排名靠前的高校，也未必能独占话语权。

即颂学祺。

科研论文写作的六种方法

1979 年上大学二年级，我曾经给中国 500 个名人做过性格心理测定。这里面有画家李苦禅、舞蹈家陈爱莲、诗人臧克家、武术家李连杰等。结果发现：这些人大部分都受过磨难，平均文化水平是小学，性格类型千差万别。但都有一个共同闪光的东西：锲而不舍，愈挫愈奋，卧薪尝胆，卷土重来。

亲爱的老师：

你好！

古人说："无冥冥之志，无昭昭之功""凌霄羽毛轻无力，掷地金石自有声。"做学问是苦差事，得沉下来，低下头在基层认认真真地工作一两年，带着问题做问卷、做实证，才能写出好文章来。一方面顾家，一方面带孩子，一方面还要打点领导，还要想着晋升，把学问放在第二位、第三位甚至是第四位的人，是永远也不可能写出好文章，做不出好学问的。

如果我是一个高校的教师，如果我是一个科研所的工作人员，从年轻时开始，就要学会写科研论文。科研论文要写得好，就要掌握做科研论文的方法。

一、两类文章

文章一般分为正式的科研文章与科普，或者是议论性的文章。那么一个科研工作者、一个教师，一生要发多少篇文章呢？

1. 正式的科研文章。我们一般称之为核心期刊，或是在核心期刊上的论文。评职称也好，统计科研成果也好，是以核心期刊上的论文为标准的。一辈子做科研工作者，做教师的话，发表 30 篇核心期刊论文应该是一个较为理想的目标。

2. 科普或议论性的文章。这些文章一般不算科研成果。发表几百篇，也没关系。

说到写科研的文章，应该有两个层次，一个就是写科研文章的哲学，称为科研哲学，或者科研人才学。还有一个就是具体怎么写？即科研论文的写作技巧。

二、科研人才学（科研哲学）

1. 理想与信念。从事科研和教学的年轻人，一定要立下雄心壮志，选择一个科研的目标，苦干三年，如果不成功，再苦干三年。这就是写论文的第一要素。

1979 年，那就是我上大学二年级的时候，我曾经给当时中国 500 个名人，做过性格心理测定。这里面有画家李苦禅、舞蹈家陈爱莲、诗人臧克家、武术家李连杰等。结果发现：这些人大部分都受过磨难，他们的平均文化水平是小学，性格类型千差万别。但是他们都有一个共同闪光的东西：锲而不舍，愈挫愈奋，卧薪尝胆，卷土重来。

2. 社会需要，社会承认。看到自己的长处，看到社会的需要，我设计的公式是这样的：

社会需要—社会承认—别人不干—我能干好—苦干十年—社会承认

社会需要某一项科研课题，如果我们做好了，成为社会的第一，那么社会就会承认。而选择这个科研目标的判断标准就是，我能干，而其他人不能干。

既然选定了目标，就不用乞求任何人，不用患得患失，不要幻想有什么捷径。咬紧牙关，十年生聚，十年教训。

三、初级写作的六种方法

第一种方法，阐述定义和概念的方法。以恐怖主义为例。什么是恐怖主义，实际上关于恐怖主义的界定，可以说是多种多样的，缺乏准确的、全面的、细致的、有层次的定义。如果我们能够博览群书，结合自己的观点，形成一个全新的、全面的、逻辑性强的、层次分明的概念，就是一种创造。

阐述定义和概念的方法中应用文献法与综述法。比如，警察这个概念，有历史的、有今天的、有中国的、有外国的。那么我们就坐下来，认真地做一个文献研究，把古今中外、中文、英文、法文、德文……所有的警察概念

——列出来，按照逻辑进行排列，就能得出一个最全面、最细致的概念。

第二种方法，问卷法。我一直认为问卷法是一种实证方法具体的延伸。问卷法是科研工作者，特别是社会科学工作者必会的初级的研究方法，然而就是这样的一个方法，很多人都不愿意吃苦，不愿意去做。我带了四五十个硕士生和博士生，在写论文的时候，几乎没有人采用问卷法。因为要费时间、费精力，还要费金钱。现在网络这么发达，东抄抄西抄抄就解决问题了，干吗要去做实证？但是请记住一条，东抄西抄的文章，就算你发表，不出两年就被人们遗忘了，因为你没有新的创作法。

《性格心理调查》这本书是我上大学二年级写的。我调查了500个中国名人，就是用的问卷法。当时一个问卷要花一块钱，500块钱相当于什么呢？相当于我五年的生活费。

在济南杆石桥派出所下派锻炼的时候，我写的《中西警务改革比较——从济南市派出所改革模式到世界警务改革的大趋势》也是用的问卷法，调查了100名民警，调查了100名派出所所长。

第三种方法，特性分析法。把不同的模式进行比较，找出它们的特性。比如说，在警察体制分类方面，公认的有大陆派和海洋派，也就是，盎格鲁－撒克逊派。那么，我就把这两派分析一下，找出它们到底有哪些共同点和区别？在写《英美警察科学》这本书的时候，我找出了在警察体制分类方面10个不同。从领导体制、训练模式、经费来源、工作重点、服务哲学等方面找出的。

第四种方法，公式总结法。公式总结法就是我们面对社会科学错综复杂的现象，面对错综复杂的犯罪现象，就要总结出简明易行的公式。

比如说，"警惕性公式"。你对一个人越熟悉，你对一个环境越熟悉，你的防范意识就越低。谨防"半熟脸"。就是这种人对你既熟悉，又不熟悉，你对他了解甚少，或者是只有一面之交，而这种人在性侵害案件中，作为加害者的可能性很大，甚至说这种人对女性的威胁最大。这就是我在大量案例的基础上总结归纳的公式。

第五种方法，阶段分析法。区分事物发展分为几个阶段，比如，我在西方学习警察学历史时，就是一头雾水，抓不住重点。西方警察的诞生只有不到200年的历史。其间警务改革如潮起潮落，也很难把握重点。经过反复思考，我突然顿悟，提出了"四次警务革命的学术概括"。第一次警务革命罗伯特·比尔建立伦敦大都市警察；第二次警务革命，美国警察专业化运动；第三次警务革命，警察现代化；第四次警务革命，欧美社区警务运动。

　　四次警务革命的理论归纳，对西方警务改革就一目了然，居高临下，势如破竹。

　　第六种方法，蹲点分析法。在社会科学研究领域，有著名的费孝通三访江村。我是学教育学的，近代教育学的鼻祖是陶行知，他的实验基地是晓庄师范。2000 年我在济南杆石桥派出所下派，撰写了《中西警务改革比较——从济南市派出所改革模式到世界警务改革的大趋势》一书。这书是在派出所由厕所改造的屋子里写出来的。我共发了 200 份问卷，调查了 200 个基层民警和派出所长，调研历时一年。我和保安睡大通铺，白天工作，晚上上堵截点巡逻，半夜开始写作，历时一年完成了中国第一本实证性的比较警察学著作。

引进西方警察科学

> 我用了 4 年的时间，搭建了研究英美警察科学的框架，梳理
> 了英美警察科学的脉络。后来这本书送到出版社出版，这就是我
> 们国家第一本外国警察理论研究专著的出版。

亲爱的老师：

你好！

一、60 个创译的外国警学词汇

从英国留学回来时，我带了 70 公斤书，这 70 公斤书需要一个漫长的
翻译过程，所以从 1991 年回国一直到 1995 年，我闭门却扫。用了 4 年来
翻译这些书，当时唐三藏到西天取经的时候，他取回的梵文经卷，实际上
中文没有对应的词汇。例如，"刹那"，中文里没这个词，它实际上是打一
个响指的十万分之一，它描写的是一个很短的时间，可是中文里没有这
个词。

当时唐三藏采用梵文的发音就译作刹那。唐三藏在翻译佛经的时候创
造了大量的与梵文相对应的中文的新词汇。我是第一批到英国学习警察的
中国留学生，西方的警学里大量的概念中文也没有对应词，所以翻译的第
一步是要创造大量的中文词汇。一共创造了多少，有 60 多个。比如说社区
警务、邻里守望、主动先发警务论、被动反应警务论、擂鼓鸣金捕盗制、
太兴保甲制等。

在翻译这些新的英文词汇的时候，一定要忠实原意，而且还要文雅，
这就是"信达雅"。比如说英文中有一个词叫 Hue and cry，它的原意是哭
喊着发出叫声，这个词要翻译成中文没法翻译，你必须要先搞清楚它是怎

么回事，这就叫"信"。在欧洲中世纪小偷进村了以后，村长骑在马背上吹起号角，发出 hue 的声音，然后村民听到号角声就放下手里的活计，钉马掌的不钉马掌了，锄地的也不锄地了，大家都去抓贼，而且嘴里喊出了 cry 的声音。第一步先要搞清楚它的原意是什么，这叫"信"。第二步要"达"，那这就是村长发令，全村老百姓抓贼的这么一种制度，但是这个不好记，然后我们再用中国古代的成语叫"擂鼓鸣金捕盗制"，非常形象，大家也好背。这第三步，叫"雅"。这就是一个专业警察英语词汇创造的规律。

二、《欧美警察科学》的出版

《欧美警察科学》是 1995 年出版的，这是我们国家系统研究欧美警察科学的第一只春燕，当时我是公安部第四研究所中外警察比较研究室的主任。这本书的出版费尽了心思，实际上我是用了 4 年的时间，结合在英国学习的笔记写了这本书，搭起了研究英美警察科学的框架，梳理了英美警察科学的脉络。后来这本书送到出版社出版，这就是我们国家第一本外国警察理论研究专著的出版，这本书刚一出版就卖了 6000 本，是一本非常好的畅销书。从这本书里，中国人，特别是中国的警察才第一次知道西方警察学到底研究了什么，他们到底有哪些东西。一个是厘清了英国警学研究的家底，第二个是追踪了世界警务改革的大趋势。这本书成为当时很多基层警务改革的范本。比如，山东济南铁路警察就以这本书为蓝本，制定了 1996 年的济南铁路公安处的警务改革大纲和模式。

三、公安部第四研究所中外警察比较研究室

1995 年，公安部第四研究所搬到了公安大学，和公安大学合并了，我被任命为中外警察比较研究室的主任。在这之前我们对外警研究都是叫外警研究，比较警察这个词是我们第一次用，而且用比较警察这四个字命名了一个研究室，这在世界上恐怕也是第一次。这个研究室当时有七个人，会集了一批外语人才，定期地有选择地翻译西方警务改革的文件和情报。同时研究室负责翻译和出版两本杂志，一本是中文的《世界警察参考》杂志（月刊），有固定书号的，把当时我们能收集的外国警察的理论和实践的英文都翻译成中文，为公安部的决策提供参考，为公安一线的实战和改革提供了强有力的支持。同时我们还有一本好的杂志，是英文的蓝皮本，叫《中国警务研究》。这本书是不定期刊，卖到美国去，八美元一本，也使得我们中国警务改革走向了世界。后来这两个杂志都夭折了，现在想起来非常痛心，也非常惋惜。但是我们毕竟在那个艰难困苦的场合，中国警

察勇敢地走向世界，打开了一扇窗口去看世界，现在想起来还让我感到激动不已。

四、比较警察硕士研究方向

比较警察硕士研究方向或许是世界上第一个培养比较警察研究专门人才的硕士方向，2000 年前后由我提议在公安大学公安基础部设置的。到现在为止已经招生 15 期，培养了 150～200 位硕士研究生。学生系统地学习了中国的公安学的理论和实践，而又把着重点放到了外警研究上，特别强调外语的重要性。因为早期我们的考试都是英语口语的面试，也就是跟学生坐下来，不用写考卷，面对面的导师和学生的英语对话。所以，对学生的英语有着严格的要求，也使得学生的英语有了飞速的提高。

时至今日，这 150 多位学生已经供职于公安部、国家安全部、林业部和各地的公安机关，很多人都成为优秀的领导者，这也是我引以为自豪和光荣的事情。虽然现在比较警察研究硕士方向已经被公安基础硕士方向所替代，但是它毕竟在这个世界上存活了 15 年，仅这一点就使我们欣慰。而且我们现在还招收了博士，现在已经招了 3 个博士生，他们的主要研究方向也是偏重外警研究。比如，我第一位警察博士研究生叫邓宁，她的论文题目就是《美国校园警察的研究》。

五、警监班和《世界警务改革大趋势》课

我当了一辈子老师，教了一辈子书，现在全国的警察只要是穿白衬衣的，就会步入高级警官的行列，而在他们步入高级警官行列之前，都要在公安大学接受一段时间的警督晋升警监的培训。到 2015 年警监班已经办了 101 期，我已不记得我是从哪一期开始教的，大概是在 1999 年，也就是警监班刚刚开始的时候。那个时候我一根白头发没有，这 15 年走下来已经是满头的华发，岁月易逝。

警监班坚持授课 15 年的一门课程，就叫《世界警务革命大趋势》。它的一部分内容是讲四次警务革命，把英美警务革命的主要的四大事件给大家讲一遍。第一次警务革命是 1829 年罗伯特·比尔建警，第二次警务革命是美国警察专业化，第三次警务革命是欧美警察现代化运动，第四次警务革命是欧美警察社区警务运动，底下是四次警务革命的十大警务改革趋势。

这门课在很早以前，就为中国高级警官打开了一扇了解世界警务改革的窗口，追踪世界警务改革大趋势。比如，当时南京的社区警务曾经是中

国警务改革的排头兵，南京的社区警务是怎么搞的？当时南京市公安局局长要搞社区警务改革的时候，他也不知道欧洲的社区警务是怎么回事，正好有两个处长在警监班学习，就赶快到公安大学向我要了这些材料，这就成了南京社区警务改革的蓝本。后来，我们把南京社区警务改革的经验总结出来，称为"从埃克塞特到南京的社区警务改革"，这个经验我曾经在香港地区的国际警学理论研讨会上作过英文的发言，受到了世界各国警察学者一致好评。更重要的是警监班为高级警官奠定了学习西方警察理论的基础，使得基层的警察领导者和组织者用警察哲学的思维武装了自己的头脑，以至于当他们和外国警察交流的时候，很多外国警察都会感叹中国人对世界警务改革的了解和把握远远超出了欧美一般警官的水平。

还有一个趣闻，有一年香港警察到公安大学来培训，这中间有几个香港警察的高层领导是英国人，我当时给他们开了一门课，叫《世界警务改革大趋势》。这门课是用英文讲的，是讲英国的警务改革，这些英国人都感到非常吃惊：作为英国警察好多事都不知道，你怎么比我们还了解英国警察。咱们帮他们去梳理他们警察学理论的家底，这也证明了我们中国警察是很下功夫的，中国人是一个认真求学、虚心学习的伟大民族。

六、《理想警察——安德逊与王大伟关于警察哲学的对话》

20 世纪 90 年代初，我在英国埃克塞特大学学习期间，最大的收获就是结识了英国社区警务之父约翰·安德逊。当时安德逊不仅是伦敦大都市警察的第二把手，他还是德文郡的警察局长，他是英国社区警务改革的伟大旗手。老头子长得又高又帅，戴着贝雷帽，眉宇之间透着军人威武的气概，他是参加过"二战"的老兵。

这个人太了不起了，他写的书都是用英文的文言文写的，文化水平太高，他的专著叫《自由警务论》。这本书我带回中国尝试着翻译过五次，都不成功，你知道为什么吗？他是用英文文言文写的，咱就得用半文言文的中文把它翻译出来，非常难。例如，他那本书里有一段原话，叫"警察不仅是打击罪犯的，警察也要弘扬社会正义，所以我们现代的警务改革必须要和 1829 年罗伯特·比尔的警务改革传统相看齐。"你要把这段话翻译成文言文，我是这么翻译的："返璞归真，警察哲学，善保忠义，严惩奸恶，祖制昭昭，未敢忘也，"

这本书整体都是用半文言文翻译的。书出版之后很多基层公安的领导都非常喜欢，有一个县的公安局长给县里的每个民警都买了一本，成为他们那一年警务改革的理论蓝图。这也是我这一生学术专著里比较得意的一本，现在这本书已经卖完了，还没有再版，多多少少有点可惜。

七、《警察英语》的出版

《警察英语》是公安大学本科生和硕士生的必修课，这门课我大概讲了 15 年。这是我们第一次把外国警学的概念总结出来，把理论梳理一遍，让学生掌握这些英语的概念和理论，我们叫它专业英语。

《警察英语》为普及警察专业英语提供基础教材，旨在加强人民警察的英语学习和应用。此书包括初级、中级、高级三个基本层次。

在初级层次上，我们编写了人文警察常用的 200 句专业英语。兼顾教学与自学两种形式，简便易学。实用性强，突出人民警察的服务职能。内容包括：1. 制服与武器；2. 警衔；3. 出入境；4. 参观警校；5. 报警；6. 巡逻；7. 急救；8. 警察 9. 消防；10. 预防犯罪；11. 交通管理；12. 处罚；13. 问路与指路；14. 饮食。在警用英语 200 句的基础上，配合其他教材，可以在大中城市公安局的外事、边防、巡逻、交通等警察中，结合日常工作，有重点、有步骤地开展短期培训、岗位练兵与自学活动。社会招警时，可考虑特殊警种的外语。

在中级层次上，根据外事工作的实际需要与多年专业外语的教学经验，我们选编了外国警察学、犯罪学的基础背景知识与专业外语词汇分类。

在高级层次上，我精挑了十几篇国际刑警会议、国际学术会议的发言稿及论文，为高层次的学术交流提供翔实资料和比较可靠的口径，在基层警察中普及警用外语，是提高人民警察素质、完善人民警察国际形象的重大步骤。"长江后浪推前浪"，愿在我们光荣的人民警察队伍中，出现一批精神抖擞、外语过硬的中华人民共和国的"穿警服的大使"。

这里面大概有多少个概念？有 200 多个英文的概念，概念和理论加在一起我都要求学生用英文来背诵，而且我设计了很多口语练习的环节。正好我们有一批学生学了这个课以后就被分到出入境管理局，我们在课上就专门练过出入境登机这些对话单元，所以学生们到了公安的实践中就纷纷反映说这门课太重要了。有好多学生把这个教材丢了，但是到了工作岗位上又回来要这本教材，甚至有的学生说这本书是我唯一的大学这四年舍不得扔的书。

八、《第五次警务革命》的出版

《第五次警务革命：十论世界警务大趋势》是我对世界警察警务趋势的最新研究，分十大理论进行研究，引出了第五次警务革命的猜想，将引发警察学理论的又一次波澜。《第五次警务革命：十论世界警务大趋势》共分十章，内容包括：追踪趋势使命论、警察发展沙漏理论、进程决定风格论等。

九、《外国警察科学》的出版

现代西方警察科学究竟有多少概念与理论？《外国警察科学》给予梳理，发现确定了 200 个理论与概念。该书主要内容包括：欧美警察科学概论、对欧美警察科学认识上的误区、欧美警察科学的历史与现状、警察科学作为大学学科诞生的标志、欧美警察科学的特点与启迪、警察科学的研究方法与警察教育学、比较警察学、警察哲学、警务论、警务革命论、古代治安等，是《英美警察科学》一书的延伸与补充。

敬礼。

敢于冲刺世界学术前沿

我小时候生活在解放军军事医学科学院，当时的院长叫蔡翘，那时他已经 80 多岁了。蔡翘是从美国留学回来的学者，他在人的脑子上发现了一个定位区，叫蔡氏区，获得了世界的承认。10 岁的我就从心底发了一个宏愿，一定要在人的脑子里找到一个王氏区。

亲爱的老师：

你好！

公安大学的办校定位是国内一流，世界前茅。不要以为这是国家的事，公安部的事，公安大学的事，这也是每一个青年教师的分内的职责。

那么一个青年教师，敢不敢问鼎学术的世界前茅呢？这就关系到理想、信念、情怀和初心。如果一个年轻人，在走上工作岗位最开始的阶段，就有这样的雄心壮志，那么，他一生的科研道路一定不是平凡的。

一、蔡氏区

我小时候生活在解放军军事医学科学院，当时的院长叫蔡翘，那时他已经 80 多岁了，我在操场见到他，心怀崇敬。蔡翘是从美国留学回来的学者，他在人的脑子上发现了一个定位区，叫蔡氏区，获得了世界的承认。

面对蔡翘。10 岁的我就从心底发了一个宏愿，那就是我一定要在人的脑子里找到一个王氏区。

二、两条道路

那么问鼎世界科研前茅的事情，怎么去做呢？

两条道路：一条是由外而内的道路；另一条是由内而外的道路。

1. 由外而内的道路。由外而内的道路比较顺畅。其模式就是学好外语，到国外去念书，获得国外的学术职称、结合中国的国情创造发明。比如钱学森的道路、邓稼先走过的路都是属于这一条道路。

2. 由内而外的道路。由内而外的道路也是可以走的，不过可能会稍微艰辛一些。这就是瞄准世界本领域的尖端，在中国埋头苦干，脚踏实地，从零做起，从基层做起。做实证做研究，填补空白，赶超世界先进水平。像屠呦呦发明青蒿素，莫言得诺贝尔奖，走的都是这条道路。

三、几件具体事情

当一个年轻人步入职场的时候，就要立下雄心壮志，赶超世界先进水平。有几件事情要去做，供大家参考。

1. 认真学习外语，争取到国外留学的机会，特别是公派留学的机会。学会世界本领域的基本概念、基本理论、改革趋势、发展动向等。从国外引进本学科的最新成果，开创中国在本领域的研究，注意：一定是开创性的。

要想赶超某一学科的世界最先进的水平，就要先了解、掌握该学科的基本概念、基本理论和发展趋势。我于 1991 年在英国学习警察科学，回国后，开始警察科学的研究工作，创造性地翻译了 80 个英美警察的核心概念。例如，无增长改善论、擂鼓鸣金捕盗制、主动先发警务论、被动反应警务论等。

在此基础上出版了一系列学术著作，搭建了研究西方警察学理论框架。

2. 引进一项技术或一个学科。1992 年春节，当时国家领导人，在人民大会堂宴请出国留学人员的先进代表。江泽民同志在人民大会堂接见留学生的代表，照相时我就站在江泽民同志的后面，我旁边是同仁医院的院长。这位院长就是从日本引进了一个最新的耳鼻喉科的内窥镜，开展小创伤手术技术，开创了国内在这个领域中的新的研究，造福于广大病患。

3. 在某一领域，进行 30 ~ 40 年不间断的科学研究。到基层去锻炼，到基层公安机关去调查研究。"无冥冥之志，无昭昭之功"，俯下身来，沉到底下。不要想做官，也不要想名利，扎扎实实地做一件科研工作，仿费孝通三访江村；仿陶行知晓庄师范。总结经验，上升为理论。

在此期间，不要怕冷嘲热讽，为事业献身，不忘初心。

在儿童安全教育理论方面，我结合从英国学习的社区警务的理论，创造了平安童谣、平安童话、平安童操。开创了在这个领域中，中国人的全新的研究。"平安是最大的智慧，孩子平安大于天。"

4. 社会需要，社会承认，利用电视节目与新媒体，宣传自己的科学理念，改变人们传统固有的思维。只要你是为了孩子们做事情，就应该是正确的事情、光荣的事情。就不能退步、不能退缩。当社会需要的时候，社会就一定会承认。

在此基础上，将你的科研成果翻译成英文，介绍到欧美，向全世界推广你的理念、你的实践操作。

屠呦呦发明青蒿素。这一故事应该成为激励和鞭策广大青年学者和教师的事例。

屠呦呦不是博导，不是院士，也没有在国外长期留过学，但她是完全根据中医学理论和现代科学的结合，脚踏实地，勇于创新，是中国第一个诺贝尔科学奖的获得者。

青蒿素具有治疗疟疾的效果，这在中国古代医学典籍《肘后急备方》中就有记载，但是，屠呦呦在提取青蒿素时发现，青蒿素对治疗疟疾没有作用，反过来仔细研读《肘后急备方》后发现，古人提取青蒿素，是用温水浸泡。屠呦呦颇有启发，用低温提取才获得了成功，这一药物在非洲不发达地区拯救了几百万疟疾患者的生命。

那么，在警察学和犯罪学领域，我们有没有可能赶超世界先进水平？我说是有可能的，而且历史上我们曾经和这一赶超有一段擦肩而过的经历。这就是1985年前后的"中国现阶段犯罪问题研究"，这是国家一个"七五"科研项目。当时，我们在公安大学建立了我国最早的犯罪学统计研究中心，历时五年，将几万个基层的犯罪案件录入计算机。又用了两年分析，获得了非常大的收获，发现了犯罪的时间分布规律，空间分布规律。1998年，我在联合国欧洲和犯罪研究所学习期间，发现犯罪的时空分布是欧美犯罪学实证研究的最新成果，而我们曾经领先西方十年以上。在这一领域中，我们的样本大，分析的结论明确，总结了大量的公式，走在了世界的前列。

我说这一些，都是告诉年轻的教师和科研工作者，我们中国学者是有能力、有信心的。只要选择好的目标，咬紧牙关，脚踏实地，经过几代人的努力，就一定能够赶超世界最先进的水平。

加油。

木樨地学派

芝加哥学派最后一个掌门人叫沃尔夫冈，1985 年我在日本念书的时候，沃尔夫冈就是我的老师。

亲爱的老师：

你好！

无论是犯罪学还是警察科学，大家可能都知道一个美国的学派叫"芝加哥学派"，它是20 世纪20 年代美国形成的学派，主要研究的是：城市和犯罪的关系，最有名的理论就叫"同心圆理论"。"芝加哥学派"认为城市犯罪比较高的地方往往是城乡接合部，也就是我们说的四五环的位置上。

芝加哥学派最后一个掌门人叫沃尔夫冈，1985 年我在日本念书的时候，沃尔夫冈就是我的老师，可见我和芝加哥学派还是有一定渊源的。

但是大家并不知道，在 20 世纪 80 年代前后，北京市西城区木樨地曾经酝酿了一次学术的爆发和革命，这就是有人称之为的"木樨地学派"的缘由。

当时在木樨地的位置上，也就是今天公安大学的附近，聚集了公安大学、司法部劳改劳教研究所、公安部第 x 研究所等几家关于犯罪学的研究单位。出版了很多学术研究杂志，比如《公安研究》《世界警察参考》《劳改劳教研究》。出版了一系列学术专著，承担了最有名的国家"七五"课题，被称为"中国现阶段犯罪问题研究"。

我要重点介绍的就是"中国现阶段犯罪问题研究"。这是改革开放以后第一个最重要的犯罪问题科研项目，当时在公安大学建立了当时中国唯一的，也是最早的犯罪数据统计研究中心，有 15 个年轻人参加这项研究，我有幸成为其中的一人。

在这些研究中，我们做的主要是实证研究和犯罪数据统计研究，在我们国家的十五个省市公安厅，建立相应的组织机构，把新中国成立以来大量的犯罪统计数据、原始资料输入计算机，这在当时的中国是非常超前的，仅输入计算机这一项就干了五年，随后又分析数据两年。这段时间，我们十五个人什么都没有干，也不教学了，就一门心思在做这个犯罪学研究，其中的成果是非常巨大、非常辉煌的，甚至是空前绝后的。

如果你采用的是实证研究和数据研究，一定能发现很多犯罪学中前人没有发现的规律。

一、犯罪时间分布规律

犯罪时间分布规律又称"犯罪月历"。各类案件在每个月份中的分布是不一样的。这里面输入计算机的数据有几万个，经过分析研究之后，得出了这样的结论。

比如，我们现在在讲课中常用的那个小歌谣：

> 平平安安三月三，
> 四月五月往上蹿。
> 夏天多发强奸案，
> 冬季侵财到峰巅。

这是根据当时总结出来的一系列数据与图表得出的。

全国气温最高的一天，再过 15 天，强奸案统计达到最高峰。这些发现在以前的犯罪学研究中，都是没有的，而且我们还总结，这一现象、这一统计数字规律背后的十种可能性。

首先，夏天青纱帐长了起来，犯罪分子容易隐藏和接近女性，另外，在农村夏天晚上很热，所以女孩子有时睡觉不关门、不关窗。

其次，在城市有的时候太热了，特别是在被称为"三大火炉"的地方，有的时候人们甚至会在街上睡觉，在街上乘凉。

这种现象的背后，有社会学的、气象学的、民俗学的诸多因素，都会导致犯罪的小幅上升，尽管是上升，但是比例不大，一般都在 8% 左右。

这一结论，曾一度遭到别人的攻击，但是这不要紧，这就是科学统计数字做出的，而不是凭空想象的，是 15 个专职研究人员、15 个省市公安局数百人协作，用七年时间得出的结论。

二、犯罪空间分布

犯罪空间分布又称"犯罪地图"。包括"凶杀通道"分布与"贩毒铁锚"分布。

1998 年，我去芬兰留学，在赫尔辛基"欧洲和北美犯罪预防研究所"学习和工作，那个时候，研究所的所长马蒂鸠森对我非常好，他说："大伟，你来我们这儿看，我就把我们最新的成果展示给你。"他们展示的就是研究犯罪的时间与空间分布，很多结论与我们的研究趋同。

但是我一看到心里就笑了，我们的数据样本比他们多得多，而且我们的结论、公式不是一两个，是几十个。这时候我才知道，中国的犯罪学研究，特别是实证研究和统计数字的研究，曾经领先于世界十年以上。

"木樨地学派"不仅限于中国的犯罪学研究，还是引进西方警察科学的中心。当时公安部第×研究所与公安大学合并，成立了世界上第一个比较警察的研究机构，叫"中外警察比较研究室"。

我们出版了《公安研究》《世界警察参考》等学术杂志，更重要的是当时还出了一个英文版的《中国警务研究》，我们叫做小蓝皮本，这个《中国警务研究》曾经卖到美国，很受欢迎，八美元一本。几十年过去了，"木樨地学派"逐渐被人淡忘了，公安部第×研究所搬回公安部，司法部劳改劳教研究所也搬走了，木樨地只剩下公安大学一家了。

我要强调的是，请历史永远记住这个伟大的学术时代，那是一个需要巨人而又哺育巨人的时代。请历史记住"木樨地学派"。

我是一个老人，可能就要退休了，但是我要把这一段学术研究，原原本本地告诉大家，特别是那些研究犯罪学和警察学的后起之秀，请不要忘记并尊重这段历史。

拜托。

科普也是科研：儿童平安吉祥四宝

十句平安警语：1. 背心裤衩不许摸。2. 向陌生人说不。3. 坏蛋可以骗。4. 坚决不打黑车。5. 小小秘密告诉家长。6. 发生突发事件可以自己逃生。7. 一定要走斑马线。8. 火灾来了，弯腰捂嘴往下逃。9. 学会见义巧为。10. 紧急避险时可以打破常规。

亲爱的老师：

你好！

有的人对科普工作有偏见。其实，儿童安全的科普是最大的科研。发一篇核心期刊，发一篇"C刊"，有多大的阅读量？有多少印数？顶多就是几千份，可是科学普及工作，仅卫视一次电视节目，就会有几千万的受众。因此要正确地处理好科普和科研之间的关系，一共是两句话：

第一句话：科普和科研，两者要相辅相成；

第二句话：向老百姓普及安全知识，就是最大的科研。

经过30年不断地摸索，我自己创造了吉祥四宝，这是全新的、成套的科普教学形式，不仅在国内领先，在世界上恐怕也很少见。

一、吉祥四宝之一：平安警语

平安警语是向英国警察学习的，英国警察的平安警语的特点是：1. 一句简单的话，用词越少越好；2. 具有可操作性而不是空泛的话；3. 平安警语必须是从犯罪的案例中提炼出来的，绝不能是凭空想象。要有具体的防范对策和科学的依据，这是制定平安警语的前提。我比较一下中国警察的平安警语和英国警察的平安警语。

面对盗窃犯罪。中国警察的平安警语："民警同志提示你注意钱财。"

英国警察的平安警语是"不带今天不用的钱"。面对性侵害：中国警察的警语是"看护好自己的孩子"。英国警察的平安警语："小裤衩、小背心儿神圣不可侵犯。"我们根据儿童的特点，仿照英国警察的平安警语，在多年的教学实践中总结出十句平安警语。

十句平安警语：

1. 背心裤衩不许摸。2. 向陌生人说不。3. 坏蛋可以骗。4. 坚决不打黑车。5. 小小秘密告诉家长。6. 发生突发事件可以自己逃生。7. 一定要走斑马线。8. 火灾来了弯腰捂嘴往下逃。9. 学会见义巧为。10. 紧急避险时可以打破常规。

二、吉祥四宝之二：平安童谣

"送你一只小灯笼，平安童谣记心中。记得有人祝福你，默默送你去远行。"

孩子，下雨时愿为你撑起雨伞，危险时愿把你护在怀中。可是你们要长大，要独自走夜路。送你一只小小的灯笼——一本平安童谣，让这小小灯笼伴你远行。记得身后永远有人目送你长大，他们是爸爸妈妈、老师，还有所有善良的人。

平安童谣是一种很好的方法，它每句话是七个字，每个童谣只有四行，第一句、第二句和第四句押韵，相当于中国古代的七言绝句。小孩在三岁的时候很容易就能把这些个平安童谣背下来，既朗朗上口，又学了中文，还在自觉和不自觉中学会了平安知识。例如：

1.《不搭顺风车》：背心裤衩不许摸，慎坐别人顺风车。小秘密告妈妈，问我名字不能说。

案例：近来一周，四起侵害女童案曝光，校长带女生开房案，更令人发指。我提示大家：生个女孩要操心！（1）背心裤衩覆盖的地方不许别人摸。（2）男孩女孩独处一室不要超过30分钟（小学生高年级以上）。（3）慎坐别人的顺风车。（4）心中的小秘密要告诉妈妈。（5）走夜路女孩要有尖叫报警器。（6）决不去宾馆开房。（7）对熟悉的人也要提高警惕。（8）遇人尾随走到马路对面去。（9）学会二龙戏珠自卫术。

2.《小公主》：小公主小公主，一朵花，人见人爱娇惯她。传说女孩要富养，过头反而害爸妈。

案例：女孩是穷养还是富养？我在录法制节目时，有两个服刑女性与家人见面，哭如泪人。两女均判刑期十几年。甲女出官家，娇生惯养，零花钱以万元计；乙女家贫寒，父母管教严，常遭惩戒。我提示大家：故大富、大贫者都不对，夸奖与惩戒兼而施教方可成才。

3.《小小秘密藏心里》：小小秘密藏心里，谁也不会告诉你。坏人要是欺负你，告诉妈妈要牢记。

案例：坏蛋欺负女孩，一般会说：这是咱们两人的小秘密。我提示大家：每个女孩子心里都有一点小秘密，一般是不会跟别人说的。但是不跟别人说，一定要跟妈妈说。尤其是受了欺负，放学回家以后，一定要跟妈妈说。

4.《被侵害后救助》：保守秘密找医生，毛发体液要取证。受到侵害告亲人，平复心理再报警。

我提示大家：第一，生理救助。被害以后要告诉亲人，同时要去找医生，取证的方面有：毛发、精斑、体液、抓痕和现场遗留物，要把它们保存好。第二，法律救助。要有专门的人给你讲怎么报案，在整个审理过程中，特别是中小学生，是要严格保密的，姓名和真实身份是不允许向外界透露的。第三，心理救助。包括家庭的关怀、心理的救助和志愿者的交谈，在国外有性侵害救助中心。

三、吉祥四宝之三：平安童话

"鼻涕熊和口水狼，欢乐故事天天讲。妈妈坐，宝宝躺，说着笑着入梦乡。"

平安童谣再进一步发展，就发展成了平安童话。为什么呢？有的时候我们到幼儿园小学去讲案例，一讲到小女孩被性侵害，一讲到小男孩被坏蛋劫走，很多小孩马上就说：我不听啊，我不听啊，有点儿害怕。怎么办呢？我们把现实生活中血淋淋的案例变成童话，让小朋友听着口水狼和鼻涕熊的斗争，哈哈一笑，既学了平安知识，又讲了欢乐故事。我的儿童安全百科绘本有三种：1. 小石头、电饭煲与汽车警察；2. 四季平安歌——《小石头与屁屁狼：在那难忘的一年里》；3. 鼻涕熊与口水狼。

举例：背心裤衩不许别人摸的童话故事：

第一页。景山东侧，有一条东西走向的街，别看它只有300多米，可名气却不小，一处院落曾是清朝的公主府：和硕公主府。爷爷说，过去旗人贵族女孩叫格格，端庄贤淑，笑不露齿，规矩可多了。

第二页。花狐狸到田仔家找田仔玩，可是，田仔和姥姥出去买东西了，电饭煲就跟花狐狸两个人玩起了游戏。正在这时，门口有敲门的声音，说是来查电表的。电饭煲就把门给开了。

第三页。查电表的叔叔看到屋里只有花狐狸一个小女孩，就对花狐狸说，我们一块玩个游戏好不好？这个游戏就是先要把背心裤衩脱下来。

第四页。查电表的叔叔刚想玩这个游戏，一块积木就从玩具箱里飞了出来，正好砸在叔叔的头上，叔叔一回头，又一辆小汽车飞了过来，砸在叔叔的鼻子上。叔叔觉得很难受，一边哭，一边跑了。积木和汽车一定都是汽车警察扔的。

平安警语：汽车警察说，背心裤衩覆盖的地方不许别人摸。

四、吉祥四宝之四：平安童操

"踢踢腿，弯弯腰，一块做个平安操。小小屁股扭一扭，我是平安小花狗。"

平安童话再进一步发展，又诞生了一个新的平安教育的方式，就叫平安童操。欢迎大家一块儿来做一套儿童平安操。

"小花狗，小花猫，一起学个平安操，爸爸放心去上班，妈妈点头哈哈笑。"

这就是儿童平安操。儿童平安操是怎么诞生的？

1. 英国警察的启示。儿童平安操，不仅在我们国家是首创，在世界上也是首创。我年轻的时候是在英国埃克塞特大学学警察学，当时我们看了英国警察巡逻的时候带个小玩具，这小玩具上面，可能是个小熊，小熊后面有个白色的缎带，上面写着一句话叫 SAY NO TO STRANGERS，把它翻译成中文叫："不和陌生人说话。"还有的小熊后面白色的缎带上面写的一句话是："小裤衩，小背心儿神圣不可侵犯"。我们又学会了，学会了以后，我还编了一个小童谣："小熊小熊好宝宝，背心裤衩儿都穿好。里边不许别人摸，男孩儿女孩儿都知道。"

2. 北师大教育系读博士经历。我年轻的时候在北师大教育系读博士，我的博士学位论文是《中小学生被害研究》。过去我们的教育学家不研究这个问题，教育的核心词是发展，没有安全，怎么发展？好多年以前福建南平出了一件事，一个坏蛋早晨跑到一个小学门口，看见一个小姑娘，就问这小姑娘，你们学校几点开门？那小姑娘说 7 点半。案发当日，门口有 100 多个小学生。到 7 点半一开门，那个坏蛋抱起一个孩子来两刀，53 秒钟杀了 13 个孩子。有的孩子不会跑，甚至有的孩子从远处，冲着犯罪分子跑过去。这个时候我们怎么办？编一个儿童安全操，所以我连夜就编成了儿童平安操。儿童平安操这三五年发展得越来越好，它有什么特点呢？

（1）以平安童谣为基础。这个平安童谣，四句话，朗朗上口。

（2）配上音乐，配上动作。手眼协调，培养性格。

"我家有个小花狗，生人接它它不走，摇摇头，摆摆手，不见妈妈我不走。"

孩子从两岁半开始，我们强调要有大动作与小肌肉动作训练，这个在心理学上叫手眼协调配合。我们在幼儿园发现，哪怕是小班的最小的学生，他跳起来以后大家都会哈哈笑。每个孩子都性格开朗，与人为善。

这些年的科普工作，受到了广大群众的认可，也获得了一定的荣誉。首先，多次获得省部级以上奖励和国家级励；其次，老百姓对平安四宝都很认可，都称我为："说歌谣的警察。"

怎样用英文写作与发表学术论文

> 这篇文章在写作过程中，我曾经给系秘书、退休的警察，还有扫街的英国老太太念过。我说你们听得懂吗？他们都说：听懂了，很有意思啊。这我就放心了。白居易每写一首诗，都先给老太太念，她们听懂了，这才算好诗。

亲爱的老师：

你好！

怎样用英文写作？怎样在国外学术期刊发表学术论文？对普通老师而言，用英文写作发表犯罪学、警察学的学术论文难度是很大的。这既是对你的专业知识的考验和挑战，也是对你的英文写作能力的全面的检查。

我曾经在国际学术会议上和在国外的学术期刊上发表过9篇文章。这9篇文章都是用英文写的。

第一篇英文学术文章叫《中国青少年犯罪的理论探讨》。这篇文章是在日本联合国远东犯罪研究所出版，并且在大会上作为国家报告用英文宣读的。当然，现在看这篇文章，无论是从研究内容，还是从英语的写作水平上来说都有很多需要改进的地方。

第二篇英文文章是在当时英国的《今日中国》杂志上发表的，写的是《被害虫侵蚀的花朵——中国青少年犯罪问题研究》。当时我的一个英国朋友叫周海伦，他在当地当编辑。他说你这篇文章我能看懂，英国的读者未必能看懂，需要重新改写，所以那篇英文的论文，是周海伦帮我改写后发表的，从这里就可以看到我的写作水平与在国外学术杂志上发表还是有距离的。

最具挑战的一篇论文，就是我在英国埃克塞特大学警察研究所学习期间发表的《社会震荡与个人失衡的犯罪理论模式》，研究的是中国传统哲学思想对现代犯罪学的启示。

这篇文章没有人帮助我，是我自己用英文一个词一个词写出来的。

当时我在英国念书，我要写一篇英文大论文。学校有一个杂志，叫《布克菲尔德学术论坛》，它是国际统一书号的正式著作。这是一个很大的挑战。在那之前没有一个亚洲国家的学者能够以这种形式、这个书号来发表学术著作。

经过认真思考，我觉得一篇能够被英国人认可的论文，必须要有这么两个要素：

第一，必须具备扎实的犯罪学和警察学的功底，所幸在这之前我曾经参加过国家"七五"项目《中国现阶段犯罪问题研究》。在这个研究中建立了中国最早的数学统计中心，历时五年录入大量犯罪真实案例，取得了一批成果，并在此基础上总结了很多有用的理论和公式。

第二，要用中国古代传统哲学，来分析现阶段的犯罪问题。英国的学术界，特别导师 Bill Tupman 对中国的《道德经》，老子的思想和周易的思想特别感兴趣，所以我就选择了用太极和八卦作为切入点。

以上两个切入点，我认认真真地写了一年。最后终于如愿，在《布克菲尔德学术论坛》上，用国际统一书号单行本的形式发表。

这篇文章要点如下：

一、导言

东方古老的太极图和八卦正在引起现代自然科学和社会科学的重新认识，成为启迪思维的源泉。犯罪太极图把产生犯罪与遏制犯罪的两种力量分为"邪气"与"正气"，认为在阶级社会中两者相互对立、相互影响，同时又相互渗透和转化，从而揭示了"犯罪率恒定值"的概念，它把现代犯罪学流派中的社会学、心理学、生物学理论进行综合，提出犯罪成因综合分析。此外，运用八卦图表示社会震荡与个人失衡理论。下三爻表示社会震荡与刑事发案高峰的理论模式（三爻为社会震荡、社会生态失衡与道德规范多元化），上三爻表示个人失衡理论模式（三爻为社会震荡对个人的冲击、自然条件对犯罪的触发与生理、心理因素对犯罪的潜在危险）。上下三爻形成 64 种不同组合，试图揭示形形色色犯罪个体的内在奥秘。

二、犯罪太极理论

太极图被称为"天下第一图"，产生于 5000 年前的中国。它以科学、对称、形象、旋转的图形表达了复杂、深奥、抽象、基本的人类智慧。

1. 犯罪太极图

我于 1991 年在英国埃克塞特大学警察研究所提出了"犯罪太极图"的理论，并出版了英文单行本《犯罪太极和犯罪八卦》。太极图中的"阴"表示产生犯罪的诸因素；"阳"表示遏制犯罪的诸因素。此外，阴阳可表示犯罪与法律的对立；犯罪集团与群众的对立；罪犯与警察的对立；犯罪意识与社会公德的对立；等等。

2. "犯罪率恒定值"

"太极生两仪、两仪生四象、四象生八卦、八卦生万物。"在原始社会，在阶级和法律产生之前没有犯罪。犯罪一旦产生，犯罪与法律不仅对立而且共生共存。现代社会中，犯罪存在的规模与数量是社会产生犯罪与遏制犯罪诸因素彼此作用，形成动态相对恒定的结果。各国的警察部门无不在力图消灭犯罪，以遏制犯罪的力量去消灭犯罪。这种努力无疑是积极的，但是犯罪的产生、发展和运动有其自身的规律性与法则。

3. "带犯罪发展论"

受"犯罪率恒定值"的启发，笔者提出了"带犯罪发展论"。即与一定社会相伴生的犯罪，不可能在一夜之中消灭掉，犯罪并不可怕。尽管社会有犯罪，但整个社会还要发展，不可能等消灭了犯罪再发展，只能"带着犯罪发展"。1977 年英国警务改革的旗手约翰·安德逊提出了《犯罪不可避免论》，认为犯罪（在阶级社会中）是必然的，要使整个社会与犯罪达成平衡，就必须"容犯罪"。

4. 儒教文化与低犯罪圈

犯罪太极图中阴阳两种势力的稳定不是孤立的，它与整个社会太极图的稳定相一致，与道德规范太极图的稳定相一致。亚洲远东地区是世界上发案率最低、犯罪趋势长期恒定的地区。如日本的犯罪率为 130 件/万人，我国台湾地区为 45 件/万人、香港地区为 150 件/万人。这些国家或地区虽然是资本主义制度，但犯罪率大大低于 20 世纪 90 年代资本主义国家 600 件/万人的平均值。社会生态的稳定（如重家庭、重学校教育）与东方特有文明与儒教文化的决定作用是分不开的。

为了让英国人能够懂得中国古代的哲学思想，懂得我用英文的表述，这篇文章在写作过程中，我曾经给系秘书、退休的警察，还有扫街的英国老太太念过。我说你们听得懂吗？他们都说：听懂了，很有意思啊。这我就放心了。白居易每写一首诗，都先给老太太念，她们听懂了，这才算好诗。

　　不过，千万别过于执着在国外的什么权威杂志上发表英文论文，它们也不一定就比中国的论文强。

　　一笑，祝福。

写书秘籍六种

一三五偷，二四六不偷，阴天下雨不偷，心情不好不偷，偷

风偷雨不偷雪。四听八看。这是《贼经》里的"绝活"。

亲爱的老师：

你好！

我小时候最大的梦想，是能写一本自己的书，而现在我已经写了
54 本。

我出版第一本著作，距今已有 36 年。在这 36 年里，出版了学术专著、
著作 54 种（80 本）。这些书包括了六个方面：

第一，专业学术类。包括警察学、犯罪学、被害人学。1985 年我出版
了《英美警察科学》，这是我国第一本系统研究西方警察科学的专著，搭
建了研究西方警察科学的框架。

第二，预防犯罪类。我出版预防犯罪的书籍，最早源于央视《今日说
法》的普法实践。包括教老百姓防盗、防骗、防性侵害的书籍，其中以
《给小偷一个不偷你的理由——新概念安全防范手册》等著作为代表，深
受老百姓的喜爱。被公众称为"大爷大妈的守护神"。

第三，儿童安全教育类。平安童谣、平安童话和平安童操是我儿童安
全教育的特色。2010 年 6 月出版了《孩子平安大于天——王大伟新平安童
谣 100 首》，2014 年出版了《平安小灯笼：王大伟送给孩子和妈妈的安全
宝典》（平安童谣 50 首），2015 年出版了《平安童谣平安童话系列》（《平
安童话：鼻涕熊猫历险记》）。特别要指出的是，我捐出了《平安小灯笼：
王大伟送给孩子和妈妈的安全宝典》的全部稿费，并捐出了价值数万元的
《平安童话：鼻涕熊猫历险记》书籍，奉献给幼儿园小朋友和打工子弟小学

的学生们。在大多数情况下，我在幼儿园和小学的安全讲座都是免费的。

第四，国学古典文化类。治学之余，我还把传播国学和古典文化视为己任。2009 年 2 月出版了《中国人的十二种高贵》，这是中央电视台教育频道《师说》系列节目的文字总结。2008 年 1 月出版了《大伟品水浒》，2011 年 10 月出版了《骷髅会说话——洗冤录与奇案侦查》。这是总结中央电视台《法律讲堂》系列节目的书籍。这本书后来还在我国台湾地区出了繁体字版，并成为当年台湾地区的法律畅销书。

第五，外语教学翻译类。早在我留学回国之后，1992 年就编写了公安大学的教材《警察英语》，并出版了多个版本。我还翻译了 3 本西方警察刑事司法方面的专著。其中，《芬兰刑事司法》《欧美刑事司法撷萃》都是联合国、欧洲及北美预防犯罪研究所项目。

第六，自传人生感悟类。我注重人格的修养和人生意义的追求。先后出版了三本相关著作：《王大伟家书》《观雪听雨——养心十要诀》《孤馆雨留人——王大伟人生笔记》。三本书抒发了我对祖国的忠诚，对教师道德的坚守与对真善美的向往。

写书秘籍六种：

1. 理念："早生孩子，多写书"。

20 年以前，在公安大学有一群年轻人，他们当时提出一个口号，就叫："早生孩子，多写书。"早生孩子，可不是生真的孩子，就是要创造自己的科研成果，要多写书。那时候有个理念：50 岁以前是不能写书的，你还没有知识，没有经验，你凭什么写书？可是就有一群年轻人不信邪，在二三十岁就写出了自己的大部头学术专著。

2. 理念：抢占自己的学术领地。

我从很年轻的时候就认为：每个人都要有自己的学术处女地，这就是抢占自己的学术领域，或者用通俗的话就是："跑马圈地。"40 年的教师生涯告诉我，我当时的想法是对的。一个人越早进入自己的科研领域，他出成果的可能性就越大；一个人必须要有自己的科研领地，划清楚自己的科研边界，使得自己成为在这个科研领域中的领军人物。而这些所有的标志中最明显的就是一本学术专著。

3. 理念：勇于创作，敢为天下先。

科研的精髓在创作，科研的生命力是善于创作。"人过留声，雁过留名""天生我材必有用，千金散尽还复来"。你写十本书，都是在来回抄，那不如写一本有创造性的书。什么是创造性？就是别人没法写，你能写。你写的这本书，是人类历史上的第一本，而且这本书是社会需要的，那么社会就会承认你的创作，就会给你发奖章，就会给你披红挂彩，就会承认你的学术地位。

4. 方法：一喜一书，一悲一书。

人一生，有顺境有逆境，但是无论你做任何事情，遇到一件事情，就可以写一本书，这就是我写书的原则。

比如我到英国留学，写了四五本学术专著；比如说我到芬兰的欧洲和北美犯罪研究所学习，翻译了三本学术专著（欧美犯罪学领域中最新的书）。有人说那你是出国留学，"春风得意马蹄疾"，那么下派锻炼可能在一些人看来是吃苦去了，但是我也写了一本派出所警务改革的理论书，名为《中西警务改革比较——从济南市派出所改革模式到世界警务改革的大趋势》。

我们教师出国的机会并不多，但是基本上我出一次国，就要珍惜这一次短期出国的机会，就要写一本书。我去美国十天，写了一本书，叫《第五次警务革命》，我去埃及出访了短短的一周，写了一本书《警察教育研究》。

5. 方法：一事一书，积土成山。

写书有个好方法，就是积累，一点一点地积累，你要说，我写一本大书：50万、70万至100万字，那多累，不干那种累的活儿。其实，我们农村有一句话叫：轻快轻快。就好比你搬砖，搬两块砖很轻，你走得就快，所以我有写微博的习惯，有写博客的习惯，每天不管多累都写上几千字的微博，时间长了，把微博变成书。比如说我在写微博的基础上，汇总出了三本书：《王大伟家书》《孤馆雨留人》《观雪听雨》。

6. 方法：一生一书，盖棺定论。

我最佩服的人，那就是用一生写一本书的那些人：比如李时珍，当了一辈子医生，最后在临死前写了一本书《本草纲目》，实际上他都没有看到本草纲目的印刷。蒲松龄一辈子，也没考上一个像样的科举功名，他一辈子写了一本书叫《聊斋》。人家这本书是用一辈子写的，所以被翻成十五六种外文啊，在全世界广泛地传播，被人称为"短篇小说之王"。

我这一辈子虽然写了54本书，还在以每年五本的速度在往前推进……实际上这些书的内容还不算完善。我想等我退休了，闭门却扫，收招"魂魄"，用一生的精力写一本中国警察学的书，叫《王大伟警察学》，我再写一本书，是中国犯罪实证的书，叫《王大伟犯罪学》。

我这一生在电视台点评的案例，成千上万，我对小偷怎么偷，骗子怎么骗，那可真是了如指掌，我敢这么说：一般小偷的经验都没有我多。比如说

《贼经》，小偷他总结不出来，小偷他没有文化，可是我给他总结出来了：

> 一三五偷，二四六不偷，
> 阴天下雨不偷，
> 心情不好不偷，
> 偷风偷雨不偷雪。
> 四听八看。这是绝活。

我真的想在离开这个世界之前，用毕生的精力把这两本书写好。一本书最少都得 100 万字，这也就算我对一生的总结，对一生科研的总结，也是对社会的报答，对母校的奉献。

忠厚传家久，书贤继世长！

祝福。

Chapter 3 媒体区

Facing TV and new media

媒体铭

混沌初开，清升浊降。金文钟鼎，甲骨殷商。

白盘虢季，克鼎孝王。商有乱政，汤刑始昌。

教化万民，恶抑善扬。今日说法，首开时尚，

一十九年，责任担当。平安童谣，教子预防。

说妇孺话，无为官腔。境外媒体，嗔对采访，

敏感话题，巧妙避让。小事请示，勿自主张。

观歃周庙，拾履张良。诸葛谨慎，吕端坦荡，

霜威节铖，警服淡妆。长笛倚楼，渔歌沧浪。

王大伟 写

做电视嘉宾的八个秘诀

任何事情都要积极主动（Everything is positive）。

亲爱的老师：

你好！

作为一个高校教师，需要拥有媒体的话语权，高校教师必须勇敢地走向荧屏，必须要拥有本专业的话语权，这是和科研同等重要的一种力量。科研的最终目的，就是要让大众知道你的研究成果、你的先进理念和思想。

有很多人对上电视、做节目点评本专业的事嗤之以鼻。这里面除了有嫉妒的心理之外，更多的是对荧屏话语权的认识不足。

有一次，我介绍一位先生到央视去做节目，那个节目是关于古董收藏的。我找了三四个朋友，他们都不去，觉得丢人。我找了最亲近的一个朋友，我说你去做个节目吧，他的回答居然是："那以后我怎么在这个行业里混呢，这不是丢人现眼吗？"后来没办法，我就带着央视的记者，到他店里去采访，这个时候他硬着头皮说了几句，就是这几句话，可能有10分钟、20分钟的采访吧，对他的买卖非常有用，以后一两年，他的生意都非常火爆：人们相信他是因为人们相信电视节目。

我做电视节目至今已经19年了，19年前我走上荧屏的时候还是一个30多岁的青年。

那时我刚从英国留学回来，学了那么多英国的警察学的知识、犯罪学的知识，我想一定要让大家都知道。没有人请我上电视，还没有人给你准备好现成的舞台，我就上《今日说法》的办公地点去找人家，毛遂自荐。

当时，《今日说法》的办公地点在长安街木樨地那一站往西走不远处，有一个叫茂林居的地方，附近是狗不理的包子铺。好像是下午两三点我就去找人家，接待我的是个小青年，胖胖的。叫×××，现在已经是中央电视台的一位大领导了。我跟他聊了聊外国警察学和犯罪学，他很感兴趣，他就说，你回去吧，我们考虑考虑……

没想到第二天了，他就来电话说，你来试一试吧，我就去了，《今日说法》里好温暖，都是年轻人，还有漂亮的小女孩。

当时，我录的第一场节目好像是叫"立案回告制"，这可是我的老本行，我就从世界警务改革这个角度出发，告诉大家：快速反应在西方是有弊病的，而当时我国云南的"立案回告制"是在世界上的创新，引领了世界警务改革的大趋势，我这可真是从理论上进行了系统的阐述。

当时《今日说法》演播室只有 7 分钟。可是这 7 分钟我做了认真的准备，回去先写下稿子，又把它背下来，又仔仔细细地掐着表，一分一秒都不差，倒背如流，如行云流水。

到了演播室，我就说出来了，如水银泻地，一点迟滞都没有。主持人是张绍刚，那个时候撒贝宁还没到呢。录完了 7 分钟，张绍刚就没有插上话，录完了张绍刚说了一句话：王老师，你说的这 7 分钟后期不用剪裁啦。

我回去了，做电视这个瘾也过了，也就消停了，可是没想到过了两三天，台里电话打过来让我再去做节目，这就整整做了 19 年。而且我做的那第一期节目，还获得了一个国家的电视节目奖。

那么，怎么制作电视节目呢？我把勇敢走向荧屏的理念认真地梳理一下，一共有这么几个小秘诀：

1. 走向荧屏，宣传本专业的知识，是高校教师义不容辞的责任。

2. 演讲能力，做节目的能力，也代表着科研素质，是一种特殊的科研能力与科普能力。

3. 电视节目带来的社会影响力，往往会超出预期。

4. 没有人给你提供舞台。电视的话语权是你主动积极争取的。千万不要认为做电视科普是下九流。

5. 杀鸡焉用宰牛刀。把一切精力聚焦在一点，尽全力去做一件小事。

6. 做好充分准备。不仅要把 7 分钟的台词写下来、背下来，还得掐着表反复说，分秒不差，这就是做事的顽强态度。认真对待每一期电视科普节目，要写好充分的文案，反复地练习。即使是三五句话的采访，也要写稿，对得起良心、对得起专业。

7. 主动积极。世界上没人给你提供一个舞台。是你自己得敲敲门上去说："对不起，先生，我想做一期节目。"后来我去芬兰留学，那年正好是虎年，念书那个地方叫"欧洲和北美犯罪预防研究所"，所长叫马蹄鸠森。所长就问我说："大伟，中国的虎年是什么意思？"我不会翻译，想了想就说，虎年的意思就是：任何事情都要积极主动（Everything is positive）。这就是做事的最基本的态度。

8. 开车有驾龄，飞行员驾驶飞机有飞翔的公里数，做电视节目有"镜头龄"，就是你在镜头前面拍摄过多少个小时？做电视节目也是个技术活儿，要熟能生巧，有的时候我很疲劳，一脸苦相，可是镜头一开，灯光一打，我就充满了激情，像打鸡血似的，这也是一种能力和敬业精神。

我第一次上的电视节目虽然得了奖，但可不是没有毛病，什么毛病？那就是人家一说话我就爱说：是啊、是啊，还爱点头，那样可不好，通过那件事，知道了以后做电视节目可不能老点头，这也是发现了自己的缺点，发现了自己的问题。社会科学的主要职责，就是要用自己掌握的先进的知识和理念来改变人们习惯的思维定式，改变人们对不科学做法的重新认识，从而达到改造世界、改造环境的伟大目标。

即颂金安。

微博也是做学问

很多人跟我说过：王老师，我从上小学时就开始关注你，就看《今日说法》。现在我都是孩子的妈了，还带着孩子看《今日说法》。这些话就让我知道：我老了，但是有这么多人想着我，惦念着我，这不是一种幸福吗？

亲爱的老师：

你好！

我在新浪开微博，已经整整九年了。

2009 年 11 月 24 日，中午 11：20，我发了第一条微博，只有这么几个字："财神有文有武，武财神是关公，关公是世界警察之父。"转发六人，评价九条。

一开始我对微博非常反感，坚决不加入微博。有一次是在北京卫视做节目，主持人跟我说了一件事：现在出了一种新生事物叫微博，很多人都去追星，比如某某电影明星削了一个苹果，某某电影明星闪了腰，就会有成千上万的粉丝去追他，这就叫微博。

但是后来我慢慢地也就习惯了使用微博，这 9 年里了我一共发了有 7234 条微博，有 51 万粉丝，关注了 1007 人。我觉得微博对做学问有很大帮助。如果说你不是用微博，你不加入微博，恐怕也是你人生的缺憾。

一、微博让你广交朋友

我是一个性格很孤僻的人，在现实生活中的朋友很少，但是在微博里可以交到很多朋友。自己有了一个很大的朋友圈，这 51 万粉丝可能有一部分是虚假的，但是起码还有一部分是真实的，这里面有很多人在关心着我，注视着我，甚至给了我很大的鼓励。

很多人跟我说：王老师，我从上小学时就开始关注你，就看《今日说法》。现在我都是孩子的妈了，我还带着孩子看《今日说法》。这些话就让我知道我老了，但是有这么多人想着我，惦念着我，这不是一种幸福吗？

网友让我学到了很多知识，比如我童年曾经住过七次 302 医院。得了很严重的肝炎。可是为什么现在我的肝功和澳抗都是正常的和阴性的呢？一个治肝病的专家在网上留言，说：你是极少的幸运者，一次清除了肝炎病毒。这句话给了我极大的安慰。

有的人说：王老师，你怎么最近又瘦了呀？你怎么最近好像很疲劳啊？要注意身体。说得我心里又紧张了，又感到暖烘烘的。我只要在网络上表现出了一点点疲劳，一点点疾病的特征，都会有很多人关心我。说句实在话，他们比我的亲人对我的关注度都高，让我怎么感谢他们呢？

在春节、新年、生日期间，会收到很多的祝福，这些祝福来自祖国的天涯海角，五湖四海。就会使我忘记孤独。

二、在第一时间对突发事件进行评论

作为一个普通的教师，你研究的是警察学、犯罪学，就要把基本原理向社会普及。现在的年轻人知道数学、物理、化学，知道社会科学里的经济学、教育学、社会学，但是人们对犯罪学和警察学的知识知道的很少。突发事件产生之后，特别是刑事案件产生之后。作为专业的老师的点评分析，有的时候能起到至关重要的作用。比如，前几天出现的上海砍杀小学生的暴力事件。可以及时地告诉广大观众基本的犯罪学和警察学的知识。比如：主动先发警务论、被动反应警务论、第四次警务革命。告诉大家，产生犯罪的根源在社会，抑制犯罪的主力军是人民群众。

更重要的是，我试图建立校园门口保安警察和校园门口外治安岗亭，两者之间的联动机制，用这种联动机制，来防范校园门口暴力袭击。

三、用微博宣传自己的防范理念

9 年来，我在微博上发表了大量的平安童谣、平安童话和自救自护自防的技能与知识，也发了很多照片、很多视频。比如"儿童平安操"。好多年前福建南平校园门口暴力事件中，有 13 个孩子被伤害。我当时心里很难受，我就说：要找出儿童安全的十大技能，如果我们找出这儿童平安的十大技能，孩子学会了就会一生平安。"儿童平安操"在网络上是有一定的传播的，转发点击率有上千万。

四、微博的积累是写书的准备

古代有个老和尚，秋天落下树叶儿，他在每个树叶上写一首诗，然后扔到大缸里去，这样过了一两年，他就攒了满满一缸的写着诗词的树叶，出了一本诗集，这就是积少成多、集腋成裘的道理。以微博为素材，我这些年写了好几本书，比如《孤馆雨留人》这本书，就完全是摘自微博而形成的一本书。最近我出版的《王大伟家书——时间胶囊：人生第一次》也全是摘自微博。

五、微博是听取大家意见最好的场所

每次我有一些决定拿不准的时候，就在微博上面听取朋友的意见，比如关于《孤馆雨留人》《王大伟家书——时间胶囊：人生第一次》两本书的封面设计，往往有数万粉丝参与意见。每次得到的具体的有指导性的意见都有好几百条。

六、艺术的小角落

微博上也是艺术展示的小角落，可以展示自己的摄影，比如公安大学门口一条河里的两只鸳鸯，我就追拍了好久。还可以展示自己的书法作品，绘画作品：门前这条河春天开的是玉兰花，这叫"木笔先开第一枝"，暗示着学生要考状元，独占鳌头。还可以展示自己写的诗，尽管这些诗词写得不好，但总是有个发表的地方，还有朋友点评一下，也是很得意的事。

经常编写微博也有负面作用，比如可能会遭受网络暴力的攻击；或是白天工作太忙了，没有时间写微博，晚上可能到了十二点、凌晨一点还在写微博，也太累了，时间长了，眼睛老盯着荧光屏，视力也有所下降。

不管怎么说，微博是个新生事物，是个好东西。一般的知识分子，特别是高校的老师，学会利用微博，能对自己的生活起到调剂作用，对科研起到积极的促进作用。对传播自己的学术观点，那更是能起到放大器的作用。

对那些亲爱的网友，我再一次表示最崇高的敬意。

即颂金安。

做电视节目如履薄冰

亲爱的老师：

你好！

从《今日说法》开始，我做电视节目已经 19 年了。在这 19 年里有成绩，也有错误，摸着石头过河，积累了小小的经验与教训。

一、杀鸡用牛刀，采访必写稿

无论多小的采访都要写稿。一期央视电视节目，会有几千万人的关注，一句话都不能说错。不论多小的采访都要写稿子。一般的流程是：记者给你发来文案提纲——你写好文案（查询相关法条，写出对应措施、相关犯罪学理论）后，再发给编导。而且要嘱咐编导打印后带到演播室。

二、不耻不问、虚心求证

不懂的要不耻不问，虚心求证。力争做到万无一失。有的时候你拿不太准的答案，就要反复地去询问专家。比如最近做的有关世界杯赌球的节目。网络上卖的体育彩票中有没有国家单位卖的呢？有的专家说有，有的专家说没有。我就去问××俱乐部的老总，最后搞清楚了，网络上卖的彩票都不是正规的。网络上可以卖足球彩票，那是外国的，中国是不允许的。对于不懂的问题战战兢兢，如履薄冰，反复求证，万无一失。

三、慎对境外媒体，上报主管部门

面对境外媒体的采访一定要谨慎，如果境外媒体的采访是针对敏感话题的，甚至问了一些挑衅性的问题，应当拒绝采访，拒绝回答。我这一生遇到过很多次境外媒体，你不知道它是什么媒体，都坚决说不，甚至有的时候它会给你很大的诱惑，都不能答应。如果拿不准的，要上报单位主管宣传的部门，甚至上一级主管部门。

四、请示审批意见，大家谈方案

近期发生的敏感话题，应向本单位的宣传部门报告。有的敏感问题需要发声的，我一般都是先写提纲和稿子，然后找到宣传部门请示，倾听他们的审批意见，大家谈方案，找问题再去接受采访。

五、注意形象，简单化妆

做节目和接受采访，如果头一天知道信息的，有时间准备的话，最好去理理发、刮刮胡子。衣服、裤子都要洗干净了烫平，避免衣冠不整，邋里邋遢的形象。

有的主持人和嘉宾去化个妆，男同志就能花一个多小时，可是我每次去化妆，都对化妆的小姑娘说：一分钟解决问题，不打底、不擦粉，简简单单的。我的左脸上还有一个老年斑，小姑娘都要拿粉把这个老年斑遮住，我说你不用，这就是我的特征，我在街上走的时候很多人都追过来看我，一看到这个老年斑才知道，没错，这就是王大伟。

六、做有修养的人，再累也不要发脾气

有一些正规的节目，像《今日说法》，或中央12频道的这些节目，去了就录，15分钟就结束。可是有一些节目，特别是大节目和特别节目。你会等很久，我有一次录一个特别节目，一共录了九个小时。回到家里一摸头，头发都被烤焦了。我当时带了两个朋友去，结果两个朋友在演播室坐了九个小时，回去发誓：这辈子再也不去录节目了。

遇到这种情况，千万不能发火，特别是有的时候到家里采访。有一次，电视台到我们家采访，用照明灯把我们家的玻璃门给烤炸了，还不说，等他们走了才发现，这个门也没法换。所以，在接受采访的时候，会遇到很多你想不到的事。

一般说来，接受完采访，你的办公室也好，你的家里也好，基本上就是一片狼藉，走了以后你还要收拾，但是我还要跟你说，99%的采访都是一分钱都不给，这时候你怎么办？你也不能发脾气，要忍住。因为你是有修养的人。

七、哈哈一笑，嘉宾忍为高

编导也好、主持人也好，一般是两种，一种是非常强势的，另一种是随和的，作为嘉宾来说，我是喜欢随和的人，不喜欢处处压人一头的。

有个别主持人很年轻，但是他要威慑嘉宾。嘉宾说什么，不说什么，都由他控制。你说的不对了，他还很会抢话筒，遇到这种情况都要忍，不能生气。

一些年轻编导，写文案的时候并不懂，反复地问，等你把所有的情况都告诉他，实际上他的文案就是你给写的，可是你写完了之后，他不用你了，他找别的嘉宾，这个时候也不能生气，哈哈一笑，就当你为社会做了贡献。

八、要做好充分准备，注意劳逸结合

做电视节目，不仅是脑力劳动，也是体力劳动，而且是强度很大的体力劳动。所以要注意劳逸结合，如果身体受不了透支的话，就要坚决地说不。

央视有一档节目，是讲防骗的，非常适合我，可是演播室太远。从北京开车到那儿要 2 到 3 个小时。来回就要 5 到 6 个小时，非常辛苦。有一年，大冬天我去过好几次，回来都发烧了。虽然这是非常好的宣传平安理念的平台，但是最后还是下决心不去做这种节目了，因为太累了，身体受不了。

路途是一个方面，演播室里，冬天有的时候没有暖气，很冷，那夏天呢？灯光下，灯又烤得厉害。有一次录一场节目，桌子上为了做装饰，放了一缸金鱼，等录完节目一看，这一缸金鱼被烤死了。所以说做电视是有一定劳动强度的，要做好充分的思想准备。

匆匆草此，余不多赘。

做电视节目的身心恐惧

中秋夜吟

不敢举头望夜空，
五十已过冷月风。
沟沟壑壑山间路，
凄凄惨惨度浮生。
窗前鹤鸣动竹影，
琴中烛红酒杯空。
幽兰偏生车马道，
孤香尚在花飘零。

亲爱的老师：

你好！

《洗冤录》我录过多次，《新闻观察》录过、《百科探秘》录过、北京电视台录过、安徽台录过，也许你并不知道录制这些节目背后的恐怖。

一、下飞机时头痛欲裂

我是一个抑郁的人，很多人都不相信，他们会说：看见你在电视上神采奕奕，好像很有精神，你不可能抑郁。但是他们并不知道，电视节目的制作背后有很多烦恼、恐惧和无奈。

2008 年 10 月 25 日，我到安徽合肥"新安大讲堂"去制作十一期电视节目，叫《宋慈的绝活》。这个节目主要是讲《洗冤录》里大宋提刑官的法医技术和其为官之道，有点像《百家讲坛》。这十一期文案我整整写了两个多月，那时候正是奥运会加上放暑假，公安大学放了一百多天假，我有充裕的时间来写文案。我一般是早晨六点钟醒了之后连床都不起，第一件事就是打开电脑做文案。由于我不会拼音，所以录入是用写字板，写字板一小时也就录入六七百字，所以写作是非常艰苦的。奥运会这一段时间电视节目受到了一定的限制，有关案件的节目大幅度削减，我倒是下决心一定要把这个《宋慈的绝活》做好。

飞机马上就要降落在合肥的骆岗机场，这时候我突然觉得头痛欲裂，整个右边的脸都在疼。机舱里很闷热，所以头疼就更加厉害了，这是我多年的一个毛病，可能是鼻窦炎，也可能是高血压，反正医生也说不清楚。这一犯病至少要一天，疼得话也说不了，什么都做不了。这时我感到异常的恐惧，因为这次录制要录制十一期，每天录四期，这样头痛我该怎么办呢？这时我就拼命地放松、深呼吸，飞机缓缓下降，窗外是茫茫云海，我一边深呼吸一边按摩自己的头和脸，希望能够借此缓解头痛的伤害。飞机降下来了，头痛却没有丝毫减弱，这时我连说话的力气都没有。电视台来接我的是小朱，一个刚结婚的女孩子，我们曾一起做过很多节目，应该和她寒暄几句，可这时我连说话的力气都没有了。就是这样，我住进了旅馆。

旅馆是合肥比较好的四星级酒店，房间号是 1316，这时我强打精神跟小朱说，你不要跟我上来，其实我真正的目的是赶快进旅馆，打开水龙头拿热水猛冲我的头和脸，希望能缓解这个不应该到来的罪恶的头痛。

二、合肥人真会生活

滚热的洗澡水真的缓解了我的头痛，其实我有一个秘密，这个秘密谁都不知道，那就是无论出差还是出国，我到达目的地的第一件事情就是狠命地用开水洗个澡，然后躺在床上睡觉。这样，才能缓解我身体的不适。外人没有一个人知道，我根本不是一个正常的人，也就是说我把所有人娱乐、宴会迎来送往的时间都要砍掉，静静地躺在床上，才能恢复那口并不充裕的元气。

我小时候读过一个寓言故事，一个玻璃瓶子和满满的一车木桶一起旅行，马车剧烈摇晃，别的木桶都没事，可是玻璃瓶子三晃两晃就粉碎了，我从此知道一个真理，如果你是个玻璃瓶子的话，就最好不要和木桶们一起乘车。

晚上七点，合肥的街面已经黑了，这时候胃又开始剧烈疼痛，草草吃了一口饭，马上就开始准备明天的录像了，十一期文案有七万多字，还没有打印出来，本来这个活儿应该是电视台小朱来做，可是她给我打的稿子我一看还是几个月前我发给她的初稿，根本不能用。旅馆里有商务室，我去一问，打一页稿子就要五块钱，这样我要是把七万字打出来那价钱可就是天文数字了，所以就没舍得打。其实花这些钱都算在房费里，电视台给报销，可是自己穷惯了嘛，给电视台省点钱吧，于是就自己满街找打字的地方。好不容易找到一家，人家却下班了，往前走不远又看到一家，这一家前门有个小门脸儿，卖冰棍还兼打字复印，后面是住所。老板娘正在打麻将，这时候我赶紧像找到救命稻草一样说："麻烦，麻烦，我要打两个字。"没想到老板娘连理都不理，说都下班了，我很奇怪，明明她就是老板娘，为什么不能打字呢？

合肥的街上很奇怪，各种小吃点琳琅满目，可就是没有书报亭，可见合肥人生活得很安逸。我在街上走，还要买很多明天录节目需要的东西，手里有一个清单：

1. 大闸蟹两只；

2. 毛笔两只；

3. 宣纸两沓；

4. 红墨水一瓶；

5. 餐刀一把；

6. 醋一瓶，白酒一瓶；

7. 芝麻二两。

这些是干什么用呢？都是明天录节目的道具。大闸蟹两只是讲食物相克用的，叫螃蟹和柿子不能同吃；毛笔和宣纸是用来写宋慈的警语的；餐刀是用来模拟自残手法的；红墨水是用来模拟滴血认亲，把它当做鲜血；芝麻是用来重现宋慈验尸绝招的。

走在街边的小吃店旁，有一个卖羊肉串的烧烤摊，老板正在火炭上烤鱼，旁边真有大闸蟹，这时候我怕他不卖给我，赶紧特别讨好地跟他聊天，先夸他老婆长得很漂亮让他高兴。其实安徽女人真的长得很漂亮，她们都是农村人，如果他老婆在城里，没准儿就能演电影了。然后又夸他年轻，老板一听很高兴，说你猜猜我有多大岁数？我说你可能有三十岁了吧，老板特别高兴地笑了，说我女儿都上高中了，然后我问他买卖好不好，他马上一脸苦相，说美国的次贷危机影响了他的烧烤，现在吃羊肉串的人比过去少了一半。我真没想到华尔街的经济危机能影响到合肥街面上卖羊肉串的老板。我问他大闸蟹多少钱一只，他说十块一只，然后特得意地说，如果你要到批发市场去买，生的也要十五块钱一只。然后我说来两只，老板很高兴，非要把这两只螃蟹重新蒸一遍，老板娘拿螃蟹进去蒸，我就站在路边和老板聊天儿。好久好久，老板娘把两只螃蟹拿出来了，不仅装了饭盒，而且还准备了酱油、醋和姜末儿。其实她不知道，我根本不会去吃这个螃蟹，只不过是明天作道具用的。

从烧烤摊出来之后走在路上，灯光很灰暗，居然有一位老太太一把我拉住，我很吃惊，老太太说："你是不是王大伟啊？我经常看你的节目。"这时我跟老太太聊起天来。跟老太太聊了两句，心情也好了一点。

我出去转了一圈儿也没能找到地方打印稿子，没办法，又只好回到旅店，在商务室里面打印了两篇稿子，花了一百块钱。我回到房间就开始一句一句地念，明天要录四集，最好做到少看稿子，所以这一晚上就在这种准备中度过了。

三、说服自己不要恐惧

我念着念着，已经半夜十二点了，突然胃剧烈疼痛，疼得连腰都直不起来了，剧烈的疼痛向左右两边肋骨放射。我赶快吃了两片止痛药，又去上厕所，上了床自己安慰自己，反正要说服自己不要恐惧。这些年来我就是我自己的指导员，必须先把自己的思想工作做好，才能去做录制节目的工作。第二天我早上五点钟就醒了，第一件事是量血压，最近血压也高起来了，哎呀，一看血压还真不低啊，吃了药又开始背稿子。

四、拒绝花市"诱惑"

我知道离旅馆三百米处就有一个叫裕丰花市的，那里面有我喜欢的红木家具。上次到合肥出差，买了一个清末的樟木雕的插屏，底座是两个红色的狮子，上面是两只展翅的凤凰，最上面是一个刺绣的狮子，很好很漂亮。我花了一千块钱买回北京，让行家一看，说光那个刺绣就值一万块钱，那上面有各种不同样子的方块的、斜纹的刺绣针法，真的很美。从旅馆到这个花市走着也就是十分钟，巨大的诱惑，可我还是咬牙没去。

中午在二楼餐厅吃自助餐，我把穿黑衣服的领班叫来，那是一个瘦瘦的戴眼镜的小伙子，眼睛、鼻子和嘴都渗透出微笑，我说你帮我找一块猪骨头，越大越好。我怕他不放心，就把自己的警察身份证拿给他看，他说不用，然后我说我还要一把刀、二两芝麻，小伙子都给我办到了，我没想到这些道具会要得这么顺利。我还让他拿刀在骨头上使劲砍了一下，这就是下午录节目时用的带刀伤的骨头。

小领班对我一笑，说了一句让我想不到的话："我妈是你的粉丝，你能不能给我妈写一句话？"他给我找来了笔和纸，他妈妈姓沈，我就恭恭敬敬地写了这么一句话："沈女士，祝你身体健康，万事如意。王大伟敬上。二零零八年十月二十六日"。

五、很虔诚地向这本书作了一个揖

说好了下午一点五十电视台会派车来接我，我穿好了西服、打好了红色领带、准备好了所有道具静静地坐在房间沙发上，这就要开始我十一期的录制了，每次录节目前我都会静静地坐一会儿，想一会儿，突然觉得一种莫名的恐惧袭上心头，不知道能不能把这个节目做好。我在"新安大讲堂"做过两轮节目，第一轮是《大伟话平安》，收视率非常高；第二轮是《孝道》，收视率也不错。这第三轮能不能有收视率一点把握都没有。我一声叹息，真的老了。回想这十年的电视生涯，初出茅庐的时候什么都不怕，那时候在《今日说法》敢于指点江山、激扬文字，一点恐惧都没有，中央电视台的那些主持人，包括王志、白岩松、水均益，都和他们做过多次节目，只要一上镜头就非常兴奋，从来也没有丝毫的恐惧。今天真的不知道为什么，一阵阵恐惧使人不寒而栗。这就是所谓的"气"吗？年轻的时候无畏无惧，"春风得意马蹄疾，一日看尽长安花"，现如今呢，真有点"昏惨惨，黄泉路近"的感觉。时间马上就要到了，起身刚要下楼，突然觉得心里没有底，我就从书包里拿出今天要录制的书，叫《洗冤录详义》，大清光绪十二年制。我把书放在桌子上，很虔诚地向这本书作了一个揖，希望这本有一百年历史的书会有神灵附体，保佑我能够录制成功。举头三尺有神明，宋慈已经死了七百六十一年了，愿他能够"赐福"于我。随后，我提起了行李和道具，义无反顾地下了楼。

三天的录制异常艰苦，胃疼、头疼、抑郁都在折磨着我，但是没有人会从荧屏上觉察出任何的蛛丝马迹，这也许宋慈的精神在暗中支持着我。你是这么想的吗？朋友？

因鸿附信，难罄欲言。

电视语言十要诀

亲爱的老师：

你好！

有的人在电视上说话简洁明了，不管多复杂的问题，老百姓都能听得懂，逻辑性强，语出有典，这就是好的电视语言。

有的人说话不在点儿上，啰里啰唆。说半天，人家也不知道他说什么。哪壶不开提哪壶，犯忌讳、揭人短。观众就会说：他说的什么呀这是？

那么电视语言，到底有哪些要诀呢？

1. 简明扼要。做电视节目，说话一定要短，惜字如金。我们看到电视的广告，那几秒钟，几分钟，都是几十万上百万元的广告费。所以，说话简明扼要，是做电视节目最重要的素质。以《今日说法》为例，小片后面的点评一般就五六分钟，一般拍摄也就是 15 分钟。所以不能展开，话题拉出去，马上就要收回来。有的新录节目的同志，上来先是紧张说不出话来，等到一说出话又收不住话，这都不行。所以，要把话事先想好，语言凝练好，有的时候，一句话的凝练要用一两年的时间。比如怎么才能防范被骗。人家骗了你，上了贼船，最后有没有撒手锏呢？那么就是一句歌谣："不决断，晚交钱，睡一觉，过一天，再找亲人谈一谈。"

2. 逻辑性强。所谓逻辑性强，就是说话要有要点，三点也罢，五点也罢，不能车轱辘话来回说。比如说，在婚恋诈骗中，加害者有哪些特征呢？我就总结四个特征："单位很遥远，身份很灿烂，经常办大事，突然缺了钱。"

3. 语出有典。过去古人作诗要求语出有典。典是什么？就是典故，要有出处。比如电话诈骗。骗子可以用馅饼牌、亲情牌来诱惑你，馅饼牌就是说你中奖啦，要给你退税了。亲情牌就是玩感情游戏，男人女人之间的感情。所以在点评中，你可以用一句话："人见利而不见害，鱼见食而不见钩。"这是《名贤集》里的一句话。

4. 易懂易背。把复杂的问题说得简单化，把学术的理论，说得让老百姓都懂。这是电视语言的另一个特点。比如防小偷，小偷长什么样呢？也是四句话："贼眼左右乱看，手拿报纸雨伞，男的衣着平凡，女的花枝招展。"

5. 文学修养。文学修养，就是说话中引用古诗，或带有文学作品中的经典名句。比如预防校园贷款，主持人就问你××老师，那校园贷款现在在高校学生里，到底普遍不普遍呢？这时，你就可以引用一句古诗："南朝四百八十寺，多少楼台烟雨中。"因校园贷款被害的高校大学生，那可绝不是一两个。

6. 语言禁忌。有很多话题很敏感，比如，关于性的话题、民族的话题。就这些话题来说，一定要有尺度，要有底线。比如，有一年春节做节目，我就说过这一句话："没有吃过羊，还没有见过羊跑吗？"就避免了敏感话题，受到电视台审片领导的肯定。

7. 阳春白雪。警察学、犯罪学与心理学，有很多高深的理论，这些要让老百姓知道。警察学、犯罪学与心理学很多原理是从西方传过来的。比如：破窗理论、社区警务理论、施耐德漏斗的理论、堪萨斯车辆巡逻抑制犯罪的理论。这些很多都是外国来的，要让老百姓知道这些，这是做节目里面的阳春白雪。

8. 下里巴人。可是这些阳春白雪的理论，怎么能让老百姓知道呢？怎么能让他们听懂呢？怎么能让他们记得住呢？

西方有一个理论，叫情境预防。就是说，每个人身上都有被害性，小偷偷你，骗子骗你，是因为他在寻找你身上的危害性。比如，我母亲90多岁，裤子上就被割了三道口子，用白线缝起来，为什么呢？她是老太太，上街去买菜，犯罪分子就见她好欺负，这就叫情景预防，但是情境预防，让老百姓听懂就难了，所以我就翻译了10种概念放到网上，由老百姓自己来选择，最后老百姓选择的是："给小偷一个不偷你的理由。"

9. 真情流露。做电视节目，不是去夸夸其谈，不是去凌驾于观众之上，有血有肉，有情有感，才是好嘉宾。比如，我们一直在说"小裤衩小背心不许别人摸"这个故事，就是来自真实的案例：吉林被害女孩叫小西，被犯罪分子骗到山上，性侵害之后，两个眼睛都被扎瞎了，说到这儿的时候，我的眼泪就是在眼眶里打转。这就是真情实感，说到被拐卖的儿童。就得对人贩子义愤填膺，怒从心头起，仇恨满胸膛。

10. 家长里短。说了这么多都是技巧。技巧再好，不如真实感情的流露。你就像个大叔，给邻居们讲讲防盗防抢的道理。大家坐下来，拉拉呱儿，聊聊天儿，说说家常话。给孩子讲安全呢，你就是个老爷爷。摸摸小男孩的头顶，拍拍小女孩的肩膀，教他们背一首平安童谣："小熊小熊好宝宝，背心儿裤衩儿都穿好，里边不许别人摸，男孩儿女孩儿都知道。"给他们讲点平安的童话故事：《小石头和屁屁狼》《小石头电饭煲和汽车警》。教孩子们跳个平安操，摇摇头，摆摆手，扭扭小屁股，大家一块儿跳个平安操。

技巧是积累的，等到技巧积累到一定阶段，那就没有技巧了，就是真情实感的流露了："送你一个小灯笼，平安童谣记心中，记得有人祝福你，默默送你去远行。"

仅此诚心，一笑。

《今日说法》十九年

　　最早的主持人是萧晓琳，我们都尊敬地叫她萧老师。萧老师是一位美丽大方、娴淑稳重的知识女性的最杰出的代表。我曾亲眼看她录制一句话：欢迎大家收看《今日说法》。这一句话曾经反复录过七遍，精益求精。敬业精神，令人钦佩。听说晓琳老师不幸去世我非常难过，祝愿她在另一个世界上永远美丽。

亲爱的老师：

　　你好！

　　12：38，点滴记录中国的法治进程。

　　从 1999 年开始。我参与《今日说法》演播室的录制，已经整整 19 年了。这是认真学习的 19 年，边学边做的 19 年，不断成长的 19 年，形成风格的 19 年。

　　可以说没有《今日说法》这个栏目，就没有我今天的学术成就。感恩《今日说法》。

　　做学问绝不是关起门来做。你的理论、你的思想影响的人越多，你的学问就做得越大。袁隆平的水稻，养活了很多非洲的灾民，他就是大学问家；屠呦呦的青蒿素据说是挽救了 200 万非洲疟疾患者的生命，她就是诺贝尔奖获得者。

一、萧晓琳老师

　　先说说主持人吧。我做电视节目的时候，张绍刚还是个小分头，瘦瘦的男孩。那个时候撒贝宁还是北大学行政法的学生。

　　最早的主持人是萧晓琳，我们都尊敬地叫她萧老师。萧老师是一位美丽大方、娴淑稳重的知识女性的最杰出的代表。她对我的帮助教导，终生难忘。

萧晓琳老师是广播学院的第一届毕业生。主持风格、主持技能都是一流的。我曾亲眼看她录制一句话：欢迎大家收看《今日说法》。为了把这一句话说流畅，她曾经反复录过七遍，精益求精。敬业精神，令人钦佩。

我的平安童谣，就是萧晓琳老师支持的，萧老师说：《今日说法》不仅要说法律知识，还要为老百姓要讨个说法。在这个基础上我才创造平安童谣这种新形式。那时候录节目说完这四句歌谣，也不知道它是什么，说完了就会扔了，过了好多年才有人给它起了个名字叫"平安童谣"，虽然不是很贴切，但是，也比没有名字强。萧晓琳的儿子是个非常优秀的男孩，我当时有个平安童谣："狮子教子要吃苦，摔倒起来拍拍土。"萧晓琳老师把这个歌谣教给他的儿子，据说他儿子大了以后，摔倒了也会自觉地起来，拍拍身上的土。

听说萧晓琳老师不幸去世的消息后，我非常难过，祝愿她在另一个世界上永远美丽。

二、王老师

嘉宾中，让人难忘的是北大的王老师，那真是一个铁嘴，被誉为《今日说法》的三道金牌。据说她是因为在《今日说法》中的普法取得了伟大的成就，北大学生给她投票为北大教师的第一名。然后才做了北大法学院的教授。

有一次我们两个去做节目，她从座位上起来，我坐下去。看座位上有一串佛珠。我把这串佛珠捡起来，递给她，我说王老师，这是你的佛珠吗？她点点头，我说你信佛吗？她又点点头。后来听说她看破红尘出家了。每个人出家都有自己的原因，我们尊重她的选择。20 年过去了，观众在心里还怀念她在滚滚红尘中的日子。

三、黄老太太

《今日说法》之所以受人尊重，受人欢迎；之所以收视率永远在央视排前一二名。最大的亮点就归功于节目做得好，紧贴老百姓的生活，紧贴老百姓日常所需要的法律问题。所以才深受老百姓的欢迎、支持和爱戴。

《今日说法》开播十周年的时候，曾经举行过一个大型的庆典。

在安徽的一个小山村，有一个小男孩背着爸爸妈妈、爷爷奶奶，给《今日说法》写了一封信："亲爱的叔叔阿姨们，我也想参加《今日说法》十周年的庆典。"

就是这普普通通的一个男孩的心愿，居然引起了整个《今日说法》编导组的热情支持和肯定，不久《今日说法》就派记者了到了这个小山村，去寻找这个小男孩，小男孩正在学校里上课，操场的广播说：××小男孩儿你快来吧，《今日说法》记者在找你，小男孩都不敢相信自己的耳朵。

在《今日说法》十年庆典的北京演播室里，小男孩儿一家人，包括爷爷奶奶都走进了演播室。这时候主持人就走到了小男孩一家人的面前，说：今天是《今日说法》十周年的庆典，你有什么愿望啊，都可以实现，我们都会给你一个惊喜。男孩靠在奶奶的怀里说：我们就想见见王大伟。音乐响起来，我就走进了演播室。让小男孩这一家人兴奋得流下了热泪。实际上我就藏在演播室外边的一辆房车中，等着编导叫我，踩着音乐的节奏走进了演播室。

从此之后我就和这个黄奶奶交了朋友。黄奶奶家有什么牛肉、鹅蛋都到北京来送给我，我也没有什么送给他们，就送点什么我写的字啊，画的画。两家就经常地走动，黄奶奶有个愿望就是某主持人结婚的时候，按照传统的中国的礼数，做两床棉被送给主持人和新媳妇。

四、在《今日说法》的三大收获

1. 19 年前，我走进《今日说法》，是想把我从英国学来的最新的警察学的理念介绍给全国的电视观众，这个目标我达到了。许多警察学、犯罪学的概念和理论，我都通过《今日说法》介绍给电视观众：第四次警务革命、立案回告制、主动先发警务论、被动反应警务论、社区警务论、反恐导向警务论、情报导向警务等。

2. 在《今日说法》我创造了平安童谣。19 年走过来，平安童谣已经创造了 300 首，很多的平安童谣，都是鲜活的案例总结。用我的话说：每一个童谣，都是由孩子的生命和鲜血所铸成的。

3. 《今日说法》让我学到了很多法律知识，我是不懂就学，在干中学。比如说，当时我点评过一个案子，就叫正当防卫。沈阳有一个犯罪分子抢了一个女司机的手机，抢走之后，这个女司机就开着车在后面追击，三次将犯罪分子撞倒在地，撞成了重伤。犯罪分子反而起诉了女司机。让我来点评这个案子，我就做了很多功课，拜访了有名的刑法学的专家，有的专家就是制定《刑法》的权威人士。最后我们认定：这个女孩子就是正当防卫，因为手机在犯罪分子手里，什么时候追回手机，正当防卫才算终止。我当时就是个初出茅庐的年轻人，我坚信：法律一定会站在正义的一边，我们一定要为人民说话！

一点心得，幸勿弃嫌是望。

Chapter 4 外语函

Learning foreign languages and studying abroad

外语铭

精卫填海，东渡鉴真。汉节苏武，出塞昭君。

三藏西游，佛语东进。长安坐译，天雨花魂。

侯官严复，译天演论。信达雅者，削玉新金。

戊戌变法，甲午风云。载恬建警，官保新军。

雅思托福，尝胆卧薪。磁带七断，楚或灭秦。

海归三代，忠良满门。东衔扶桑，西吞英伦。

引警察学，创预防论。母国腾飞，虎啸龙吟。

鹧鸪声里，家国深情。稼轩舞创，取拭泪巾。

效华 王大伟

我对英语的崇敬与自学

亲爱的老师：

你好！

一、同学父母的对话

我们那个时代学习英语条件是很差的，但是居住的部队大院里却有浓厚的英语氛围。

我同学的父母很多都是海归，他们有的是留学美国的学生，有的是从苏联留学回国的学生，我小的时候如果到同学家去玩，父母在谈话的时候如果不愿意让小孩知道，他们就会用英语去说。当时我对他们非常崇敬，后来我大了，能听懂英语，同学的父母又会用法语来对话，这简直是不可思议。所以，我从小就对学英语和学法语产生了无比的向往，我认为那真是一个神奇的技能。

我小的时候身体很不好，曾经因为肝炎住了 6 次医院，从十来岁开始住，一直住到十五六岁。所以，医院是我的学校。很小的时候病友就教我学英语，用的教材是当时军事医学科学院编的教材，教我的老师是一个大眼睛的知识分子。我当时觉得英语真的很好学，一天就能学一课，不过那时候的第一课很有意思。在医院里住了 6 次院，使我有大量的时间来学英文，以至于那些成人编的英文课本对我来说已经毫无难度。

二、磁带断七次法

我的英语是自学的。1985 年我通过了国家科委出国留学人员选拔考试，1988 年又通过国家教委出国留学人员选拔考试，1989 年 "雅思" 考试我得了七分，后又留学英国、芬兰、日本，并翻译出版译著

《欧美预防犯罪方略》等五部译著，创造英文词：Policeology，创译 60 个西方警察学中文词汇。

每人都有自己的方法，我的方法是磁带断七次法。

那是上大学的故事。1978 年我在北师大学习，买了一盘《新概念英语》第二册。买了一个极破的小录音机，每天不停播放。在宿舍里不停地播放时，也不认真听，洗衣也听，吃饭也听，当背景音乐。

久之，磁带断了，以胶条接之，再放。磁带断七次之后，还想接，但已无必要，因为都会背了。这就是我的磁带断七次法。

磁带断七次法的好处：

1. 目标明确。
2. 不换教材。换教材是学英语的大忌。
3. 与英语死磕，你死我活。
4. 利用了一切可用与不可用的时间。
5. 听说读写全面展开，以听说为突破口。

笨方法是最好的方法，笨人是最聪明的人。

我也想听听您的方法。

三、远东犯罪研究所

我大学毕业以后，分到公安部政治部工作。1985 年有个机会到日本去学警察学，我是第一个进入日本警视厅的中国警察。去之前通知我要准备一份国家报告，其实那个时候我的英语并不好，特别是口语，我也不知道外国人能不能听懂。

距离到日本去只有 40 天，我就匆忙地写了一篇 11 页的英文稿子，那个时候我的小孩已经 3 岁了，家里连个房子也没有，每天晚上吃完饭就在走廊里头开始写英文的论文。11 页的英文论文写完之后，我找来了当时在美国读博士的一位同学，我说我给你念念，你听听我说的英文外国人能不能听懂。我念了一段，那个博士同学说还行，就是你的元音发音不准。到后来我才知道英语口语实际上有两个秘诀：第一个是元音要读准，第二个是重读音节一定要标对。所以我就下了一个狠心，把这 11 页英文里边每一个英文单词都查了元音，密密麻麻的，把这个论文纸上写得乱七八糟，然后再标上重读音节。这样我并没觉得放心，因为那个时候我们出国都有一个神圣的目标，那就是不辱国格和人格，因为我是代表公安部，代表中国警察去日本警视厅演讲，我一定不能丢人。所以我就下了个大决心，把这 11 页英文稿全部都背诵下来。

功夫不负有心人，当我站在日本联合国远东犯罪研究所的讲台上时，底下是 15 个国家的研究人员，有印度的、巴基斯坦的、韩国的、马来西亚的各国的警察。报告作了大概有 2 个小时，然后底下就是提问，这 2 个小时我说的是行云流水，上来一张嘴就让日本人惊呆了，讲话中间经常引用一些英语的成语，比如说"光学习不游戏让杰克成了一个傻孩子（All Work and no play，make jack a dull boy）"，等等，引来阵阵的笑声和掌声。国家报告作完之后，赢得了热烈的掌声，研究所的所长对我说，你的英文是在座的英文里头最好的，实际上他根本就不知道我是"现上轿现扎耳朵眼"。

四、对不起，不知道你是雅思

我曾经有一个目标：30 岁前到欧洲去留学，那个时候我是晚上睡在公安部的桌子上，连个宿舍也没有。儿子已经 4 岁了，也没有房子，跟他妈妈一块住在女生的集体宿舍里，可是我到欧洲去留学的这个愿望并没有因为贫穷而减弱，反而越来越迫切。

那时候公安部周围晚上有很多办英语班的，我是上了一个班又上一个班，反正晚上也没地方去，像"孤魂野鬼"一样在北京城里游荡。终于有了机会，我参加了国家公派出国留学的考试，而且意外地被录取了。正当我满心欢喜地要出国的时候，突然来了一个晴天霹雳，我们被通知必须还要参加一个由英国人主办的英语的考试，这个主办的机构叫英国文化委员会，据说特别难。

我们当时都吓坏了，拼命复习，我们这个英文班里有 30 多个人，很多人都是有头有脸的厂长和教授，当时我们有一句口头语，叫"头发掉光，面子丢光"。大把大把地掉头发，就是为了背那该死的英文单词。考试的那天是一个英国人主考，他让我谈谈北京的交通，然后又让我谈谈去英国学习的个人学习计划，我真的是做了充分的准备。想起在考试前的一个晚上，实际上我根本没有信心，但是如果这次考试失败的话，我去英国学习的梦就打了水漂，所以非常紧张也非常害怕。一直到了晚上 2 点我还没睡着觉，如果我今天晚上睡不着觉，我这辈子就没戏了。这个时候我就把灯开开，拿了一支笔和一张纸给自己做思想工作，写了十条我的优势。写完这十条优势我就觉得很放松了，把笔扔下倒头大睡。

第二天，当那个英国人问我有什么爱好的时候，我就跟他讲我们老家是一个山东的小渔村，我 7 岁的时候就会打两套中国的武术，一套叫炮锤，另一套叫罗汉拳，都是少林拳。给英国人讲中国武术那是我的拿手好戏，所以把这个英国人说得直点头，然后我就开始问英国人，我说你在中国想不想家，你想不想你的老婆，你在中国一个月挣多少钱，又把他问得脸直红。等后来成绩出来了，是英国使馆的一个黑人告诉我，说王先生你考了7分，当时去牛津读书7分就够了，所以我考的成绩非常好。这大概是1989年的时候。我是1991年在英国埃克塞特大学念书，等到后来，过了十来年，我才知道考的是雅思。现在好多中国小孩都特牛，说你懂？我考的雅思。我就会冷冷地一笑说，1989年我就考过，而且考了7分，只不过那时候不知道而已。

五、英国难忘的一年

那时候公安部派了三个留学生到英国埃克塞特大学去学警察学，对我们来说真是梦想成真。所以学英文可以说是如饥似渴，最勤奋的学生是中国的留学生，每天晚上我都要在图书馆学到午夜1点或者是2点。晚上回家的时候，路都是黑的。记得有一年好像是春节，没吃年夜饭，也没吃饺子，还是在图书馆看到2点多才往家走，走着走着，看东方有一丝光亮，当时我就觉得那是祖国的方向，所以我停下脚步对着东方高声地喊着："祖国啊，你一定要强大起来。"

这一年我们的英文学习飞跃式进步，我当时手里有一个小本，走到哪学到哪。比如说到超市里去，你买油就记有多少种油，有花生油、豆油、橄榄油，都记下来，这个小本记得密密麻麻。出去旅游同车的英国人有一个朋友叫杰弗，他的英文说得又慢又好，我们叫它"女皇的英语"。他每一句话只要说得好听我都把它记在小本里，然后就模仿。刚到英国上课的第一天就让我用了一个小时写一篇关于英国警察学方面的论文，那对我们是极大的考验。赶鸭子上架，但是没有辜负祖国对我们的期望，因为我们是公派留学生，所以还是那句话：不能丢了我们的国格，不能丢了我们的人格。

一开始的时候，不仅英国人看不起我们，连在大学念书的中国香港地区学生和中国台湾地区学生都看不起我们，他们觉得大陆这帮人都是"土老帽"，可是不久就让他们刮目相看，大吃一惊。我记得打败台湾地区留学生的是一次吃饭，是我们的导师比尔·塔夫曼请吃饭。吃饭的过程中大家说起中国的《道德经》。英国人不怎么喜欢孔子，但是特别佩服老子，所以说到《道德经》我们大陆的留学生就把它的中文先背了一遍，叫："道可道，非常道。名可名，非常名。"背完了中文我就看台湾地区学生眼睛都发直了，然后我又用英文把《道德经》背了一遍，从此台湾地区学生才知道这帮大陆帅哥不是省油的灯。后来我的毕业论文是《社会震荡和个人失衡的犯罪理论模式》，英文名字是《犯罪太极和犯罪八卦》，用中国古代的哲学思想和太极的理论来解释犯罪的发生、发展的规律。这篇英文论文以正式书号在英国埃克塞特大学出版，这对于中国人来说也是头一次。

即颂学祺。

放飞理想：制订出国留学计划

亲爱的老师：

你好！

古诗云："身无彩凤双飞翼，心有灵犀一点通。"我建议高校的青年教师，趁年轻一定要做两件事情。第一个是在国内一定要上个博士；第二个是一定要出国留学。这应该是没有商量的，应该是我们青年人人生的一个较高的目标和标准。

在今天这封信里，我跟你好好谈一谈出国留学的计划问题。

一、出国留学的必要性

作为一个高校的老师，一定要出国留学，我觉得这个没什么商量。就是砸锅卖铁也得出国留学。当时我儿子到日本去念书，念了七年，我跟我爱人连续七年的工资一分都没花，都寄给我儿子了。

从清末容闳率领 100 个幼童到美国去留学，到周总理、邓小平、蔡和森他们到法国去勤工俭学。新中国成立之后，我国还往苏联派遣了大量的留学生。我的父亲就是一个山东普通的农民，被送到苏联基洛夫军事学院去学习：原子武器的防护。改革开放以后，我又去了英国、芬兰、日本去学习警察学。所以你看，这 100 多年来，中国人可以说是如长江后浪推前浪，前赴后继、义无反顾、勇敢地走出了国门。100 多年来，中华民族的发展史、复兴史实际上也是一部中华民族中的优秀的青年人出国留学的辉煌历史。

二、出国留学的外语准备

大学毕业以后，我分到公安部政治部，那年我 26 岁，我当时定的计划是 30 岁考出国去。30 岁那年没考出去，我又定了一个计划 35 岁再考出去。结果是 34 岁那年通过国家教委的考试和英国文化委员会的雅思的考试，去了英国念书。为了这一个目标我大概准备了 8 年。这 8 年，我上过无数的外语培训班。所获得的外语培训的证书也有七八个之多。

我是第一个进入日本警视厅的中国警察。为了不辱国格人格，我要在日本联合国远东犯罪研究所作一篇报告。这份英文报告我写了 11 页纸。我把每个单词的元音都标注下来，然后又标注了每个英文词的重读音节。最后又下了个决心：把这 11 页英文论文全部都背诵了下来。

三、出国留学的专业准备

你和外国人讲社会科学，就要运用中国的统计数字，运用中国的传统文化和中国博大精深的传统哲学。1990 年我去英国埃克塞特大学学警察学的时候。我用英文准备了一篇论文：《犯罪太极和犯罪八卦——犯罪的能量守恒，社会震荡和个人失衡》。这篇文章运用中国传统哲学思想，结合新中国成立以来的四次犯罪高峰，提出了：犯罪的能量守恒定律；犯罪的模式：社会震荡和个人失衡模式；儒教文化圈和低犯罪带共生的模式。这篇文章深受英国老师和同学的赞扬，并在英国《布克菲尔德学术论坛》出版，这是中国的学者在英国出版的第一本具有国际统一书号的犯罪学理论著作。

四、生活的准备

当时我到英国去念书，儿子只有 3 岁。他当时经常发烧，一发烧就有高烧惊厥。所以去英国念书时我十分挂念我的孩子。妻子是解放军某医院的一名护士，也没有时间给我写信，我走的时候给她写了 70 封信，让她每个礼拜给我寄一封信，怕没有时间写，每一封信里边都有 10 道问题，用的是多项选择，比如：关于孩子发烧的就是：

王甜甜发烧了吗？

A. 还没发烧

B. 快发烧了

C. 已经发完烧了

D. 没有抽搐症状

这样每个礼拜我能够得到一点孩子的信息，那时没有手机，也不能打电话，所以每个礼拜的这封信是我精神上最大的安慰。

五、出国留学要有三个预案

什么是预案？预案就是《三国演义》里说的锦囊妙计，就是没有遇到困难之前，没有遇到突发事件之前所做的预备方案。我们这一代人，那就是所谓的"50后"啊，总觉得生活的预案不用做了，因为国外的肯定比中国的生活要好，可是没想到因为我没有做生活的预案，在英国吃了大亏。

到英国后不久，我们就驾车去欧洲旅游学习了一趟，那叫 study tour（学习旅游），我们开着一个车整个欧洲跑了一圈儿，花了 40 天，路途遥远，累得不轻。再加上学习的压力、饮食不周、思乡情绪，我一下子犯了胃病，两个月的时间瘦了 40 斤。这是在生活上轻敌所造成的严重后果，后来跑回国做了 B 超，做了胃镜，这才对自己的健康放了心。

不管是什么人，出国以前都要做这三个预案，就是精神预案、生活预案和学术预案。

精神预案，就是要热爱自己的祖国，克服一切生活、学习上的困难，在这一点上，"50后"这批人是坚强不屈的。他们要压倒一切敌人，而决不会向敌人屈服。而现在的孩子精神上的欠缺是重大的，也就是说缺少"精气神儿"。

父母应与子女共同制订预案。儿子去日本念书，我借了三个有关日本留学的录像片。一边看录像片，一边给他讲解留学预案，并制订了一个三步走的方案："刘邓大军挺进大别山"。

我对儿子说：到日本去留学有三个可能性。

第一个，站住了脚，学成回国。

第二个，上到一半学不成，最后让学校给送回来了，得不到文凭。

第三个，在那儿一个多月就站不住脚，顶不住各种压力，自己要求回国。

当时以为这三个预案已经做得很充分了，没想到儿子在日本念书的时候，还遇上了福岛大地震和核电站的核泄漏。所以还应该有第四个预案，就是突发事件、战争和恐怖主义袭击。

所谓预案有两个，一个是主动先发的预案（Proactive），另一个是被动反应的应急预案（Reactive）。

预案要有操作性。不是理论，不是教条。应该写下来具体怎么办？比如打狂犬疫苗。被狗咬了就应该马上去打狂犬疫苗。因为世界上有一种病死亡率是百分之百，就是狂犬病。有一次儿子在日本被狗咬了，我很害怕，半夜我跑到人民医院的急诊室给他买的狂犬疫苗，实在没办法，我就想第二天早晨通过中国民航给他送到日本大阪去。半夜我在家里上网无意中发现，原来日本的狂犬病很少，日本是一个岛国，带病的狗上不去这个岛国。这样看，预案要越细越好，越有操作性越好。

学术预案，可能是最容易被忽视的，却又是出国留学中最重要的。没有一个细致、完整的学术预案，那么你到国外去学一年、学两年都是白瞎。要根据自己的具体情况：你是进修生，还是高访生；你是硕士生还是博士生？根据自己的外语情况、专业水平、学习时间，制订一个切实可行的学术预案。

1990 年，我在英国埃克塞特大学警察学研究中心学习警察学，当时我的身份是访问学者，但是我特别想读一个警察学硕士，因为英国的硕士就是一年，叫做"一年的课程"。

启程之前，我就把硕士学位论文的框架写好了。我当时的论文，就叫《犯罪太极和犯罪八卦——社会震荡和个人失衡的理论模式》。在这篇论文中，我根据中国传统的哲学原理，结合四次犯罪高峰的理论和实践，创造了一系列犯罪学的崭新的名词，如：犯罪学能量守恒，社会生态，四次犯罪高峰论，原因难防、条件易防的理论等。同时我还把中国的公安学的主要理论和框架翻译成了英文。

在英国学习期间，我完成了英文的硕士学位论文。同时还发表了一篇论文：《龙的盾牌：中国公安学的理论和实践》。其中硕士学位论文《犯罪太极和犯罪八卦——社会震荡和个人失衡的理论模式》在英国布克菲尔德学术论坛杂志上发表，国际统一书号。这是新中国成立以来，中国犯罪学家在英国出版的第一篇犯罪学理论著作。而那篇关于中国公安学的论文《龙的盾牌：中国公安学的理论和实践》则成为埃克塞特大学警察学研究所的硕士教材。

机会是给做好充分准备的人提供的。出国留学，特别是进修生，时间很短，在克服语言关的同时，必须要争分夺秒。应该在国内做好学术预案，再出国。这样才能事半功倍，居高临下，势如破竹。后来埃克塞特大学警察学研究所给我出具了硕士学位证件，这个硕士学位证件，被留学基金委的学历验证部门认可为硕士学位同等学力。

六、回国前的准备

回国的时候要做充分的准备，当时我在英国埃克塞特大学学习的时候，在回国前一两个月，每天晚上都在图书馆，复印了 70 公斤的英文警察科学的最新资料和图书，把它们带回国来。当时国家教委允许带 70 公斤的免费行李，所以我带回来 70 公斤免费的复印资料，这成为我们重新引进警察科学的准备。并在此基础上翻译出版了十几本有关警察学的专著，搭建了研究外国警察理论的框架，其中，以《英美警察科学》为代表，受到了世界的关注和周边警察界的承认和赞扬。

出国留学最重要的目标，是为了祖国。为中华的腾飞而读书。不管是自然科学还是社会科学，那些最有建树的人，许多都是海归。像研究导弹、原子弹方面的钱学森、邓稼先等。

大部分的社会科学和自然科学的学科建设，很多都是由老一辈出国留学人员创立，就像绘画界的徐悲鸿，还有第一个搞素描的大名鼎鼎的弘一法师。

综上所述，无论是对国家，还是对学科的创立和建设，甚至对自己的发展而言，出国留学都是一条应该走的、必须走的光荣的荆棘路。

"要看万里滔天浪，开窗放入大江来。"

老师的嘱托。

出国九件事：短期出国学术访问的预案

长路奉献给远方，玫瑰奉献给爱情，我拿什么奉献给你，我的学校？

亲爱的老师：

你好！

短期出国访问一般是指公派的随团学术交流和访问，以及个人短期出国学术交流，一般时间不会超过十五天。

学校派老师出去真的不容易，一定要珍惜短期出国访问的机会，自己身体要健康，一定要学出东西来，不能出去光是走马看花，更不能出去旅游。短期出国学术访问要注意的事项，总结出以下几点。

一、衣服

"体面为主，保暖第一。"一套正装足够了。要查当地的天气预报，这十天之内的天气预报，带足够的衣服。有的人出国短期访问，带很多衣服，大包小箱，实际上是很累的事。我出国就拿了两个手提纸袋，男人嘛，换洗衣服也简单，裤衩背心足矣。土里土气的，不招贼。

二、食品

过去咱们经济不好，出国的时候多带"老干妈"与方便面。现在咱们的经济也好了，其实带点方便面和"老干妈"也是可以的，因为到国外以后，这十天半个月的，吃不到家乡的饭。我们那个时候出国留学，短期访问还带着咸鸭蛋，现在可能人家也不让带。榨菜、"老干妈"、方便面是咱们中国人出国带的三大件。

还有一件事我要嘱咐，就是不管到了哪个国家，第一天晚上不要喝当地的水，要喝自己带的矿泉水，或者是街上卖的矿泉水。有一次，我们去埃及警察学校访问。同行的两个同志，一到了埃及住在宾馆里，以为尼罗河的水没问题，就用宾馆的自来水烧了开水喝，其实，即使烧开了也不行，这两位老师都闹肚子。所以我总结出一个经验：不管到了哪个国家，头一天晚上一定要喝矿泉水。

三、住宿

住宿一般都是两个人住一个标间，睡觉打呼噜大家都受不了，还有一个就是时差，有时候也睡不好觉。所以，如果真的失眠的话，带点安眠药也是可以的。

四、路程

出国短期访问往往时间安排得特别紧，这十天半个月往往累得半死。要有充分的思想准备，年轻人不要紧，有的中老年教师，特别是身体不好的中老年教师，一定要做好充分的思想准备。

有一次，去美国访问，飞机飞了14个小时，结果到了美国之后。又被海岸警卫队拉到海里头坐了两个小时的巡逻艇。而且那天还是七八级的大风，结果就累得发高烧，在美国待了一个礼拜就发了五天烧。所以出国访问，一定要注意身体。如果身体不好，就向团长请假，在宿舍里睡一觉，休息休息，能待会儿就待会儿，不用出去应酬。

1. 带一两双旅游鞋，跟脚的。

2. 关于时差的问题，不要去理它，慢慢就会适应。

3. 不要把大量的美元现钱放在托运行李中。有一次，我们从英国去芬兰，整个代表团的行李都装错了。人到了芬兰，可是行李没到，有一个同志行李箱里就有大量的美元，要是丢了多可惜。

五、药品

关于药品要带一些，一般是自己常用的药，还有外伤药。有一次我坐船从法国去英国，结果下大雨，船上弦梯上都是积水，一下滑下去了，那时候我才30多岁，没有摔坏，但是胳膊上被划了一个将近半尺长的大口子，当时没有绷带，也没有碘酒，很狼狈。碘酒、创可贴都是必备的东西。

六、护照与钱

重要的东西一定要贴身带，护照可以有一个复印件。一般警察查护照的时候，先给他看复印件。有极个别的国家警察会对你的护照找碴儿，没收护照，小心。

七、进海关

有的国家进海关还好，有的国家像美国对你很严厉。进海关的时候最好跟着代表团大家一起过。如果中途，美国警察把你叫到小黑屋里的时候，一定要提高警惕。这时候他可能会探测你身上有没有爆炸物品，有没有爆炸物的细微粉末？可能会用试纸条擦你的手，别担心也不用害怕。不要和警察争执、不要抱怨、不要吵架。这样都会对你有不好的影响。记得：强龙不压地头蛇。

八、国格和人格

早年出国访问与留学，那个时候在国外中国人非常少，所以我还给自己制定了一个总的原则：不辱国格和人格。

不大声喧哗，不随地吐痰，遵守纪律，尊老爱幼。就是看到外国要饭的也要给他钱，因为我们是中国人，我只是一个普通的老师。可是在外国人眼里，我就代表着中国。

九、学术准备

短期出国访问最重要的、核心的是学术考察。去学习与发现自己专业学术领域中的最新的研究成果、理论动向和改革趋势。

学术准备包括三个方面：出发前的准备、访问中的笔记拍照、回国之后的学术报告。

1. 要做好出发前的准备。最少要准备一篇英文发言稿。如果自己的英文水平还好的话，不要依靠翻译，一般的翻译都是生活翻译，在专业外语的领域可能不如你，一定要自己准备本专业领域中的发言稿。抓紧机会，见到机会就去演讲，就去发言，锻炼自己的英语水平、学术能力。没有准备，空着手去是坚决不行的。

2. 在访问的过程中，一定要注意多记笔记、多拍照，带着敏锐的思想，捕捉世界改革的大趋势和本学术领域中的前沿。对方给的材料都不能扔，一个小纸条、一个小活页都要把它带回来，可能都是宝贝。

3. 出访回来以后，闭门却扫。认真地总结。写出出访的学术报告。每一次出访不是游山玩水。一定要有收获、有发现、有思考。

有一年我随团去美国访问。我就带了一个问题："下一次警务革命是什么？"第四次警务革命是社区警务运动，但是社区警务运动之后是什么呢？有人说是情报导向警务，有人说是危机警务，有人说是反恐导向警务，还有人说是警察私有化……我就带着这个问题，到了美国以后逢人就问。结果在纽约，美国司法部的警察研究所的所长认为是"新警察专业化运动"。这可是个新提法、新消息。我就把所有新警察专业化的材料都要回来，记了大量的笔记。回国之后，就这一次访问，写了一本理论专著，叫《第五次警务革命》。

随团出访，无论是国家和学校，都花了很多钱。我们一定要对得起国家、对得起学校。

仅此诚心，敬礼。

英语是个"无底杯"

"英语是个无底的杯子，承受了中国人多少辛酸的泪水。"

亲爱的老师：

你好！

尽管现在认为学英语不重要了这样一种观点越来越占上风，但是作为一个"50后"的老人，我还是主张：年轻人，特别是高校的青年教师，一定要把英语的学习放到重要的位置上。

为什么我强调英语学习，因为实事求是地讲，现在世界上的很多最新的研究成果，无论是社会科学的还是自然科学的，其话语权都集中在美国、英国这些发达国家，我们很多学科都是在清末从西方引进的。因此掌握一门外语，对于我们瞄准世界学术的前沿，对于我们赶超世界先进水平，知己知彼，都有绝对的重要作用。

一、艰难困苦的背景

我们这一代人学英语，是在极其艰难困苦的背景下开始进行的，是迫不得已的。我的英语学校就是在病房，我学的启蒙教材就是《军事医学科学院医学英语教材》。

我有一个同学叫老×，北京木城涧煤矿挖煤的工人，26岁才开始学英语。就是这样的人，在美国斯坦福大学读了两个博士，成为我们国家一所著名高校的校长。

二、无底的杯子

我的英语是自学的。1985年通过国家科委出国留学人员选拔考试，

1988 年通过国家教委出国留学人员选拔考试，1989 年"雅思"考了 7 分，留学英国、芬兰、日本。翻译出版《欧美预防犯罪方略》等五部译著，创造英文词：Policeology（警察学），创译 60 个警察学中文词汇，承担本科、研究生的专业外语教学。

我学了一辈子英语，可以说下的功夫最大。有一次搬家，从散落在地上一堆书里，每 10 本书一次上架，叠着摞着，我的泪水就流下来了，因为我的每 10 本书里，就有 7 本书是英语书。

去英国学习前，导师 Bill Tupman 正好到公安大学来访，我就请他在饭馆里吃了一顿饭。就用英文问他，我说："老师啊，你看我的英语，能上英国去念书吗？"当时我的导师就说："大伟你的英语比在英国学了 7 年的博士还要好，你放心吧，你的英语是棒棒的。"而我的英语是自学的。

三、具体的目标

亲爱的年轻老师，学外语一定要有一个明确的目标，从大的目标来说，就是为了中华的腾飞而学外语，我们这一代人学外语是为了让儿孙不去学外语。我们要抢占世界技术最高峰，我们要引领世界学术理论的最前沿。小而言之，学英语一定要有具体的目标：

1. 考出国公派留学生。
2. 阅读本专业最前沿的学术资料。
3. 考托福，要考雅思，要考高分，到国外去念书。
4. 只有目标明确，才能开始学习。

我当时的目标是 30 岁能考出国去，30 岁没考上，我又定了个目标：35 岁考出国去，实际上是 34 岁才通过了国家的考试，然后又通过了雅思的考试，到英国去学习警察学。

总之，目标要明确，计划要放长。一次计划不成，紧接着启动第二次计划。十年生聚，十年教训，愈挫愈奋，卷土重来。

前程万里，自为珍重。

澹泊敬诚：翻译专业理论书的心态

成年的行为，都是在圆儿时的梦。

——弗洛伊德

亲爱的老师：

你好！

一、唐僧取经的虔诚

对于翻译西方警察科学的理论书籍而言，我抱有一种非常虔诚与崇拜的精神。

这种虔诚的精神首先来自对学问的尊重，其次是对外语的尊重。我小时候就对学外语的人、会外语的人特别敬仰。然而这两点都源自我对玄奘法师，也就是唐僧西天取经那种精神的感动。

唐僧去西天取经，历经九九八十一难，舍生忘死，这些故事大家都知道了，实际上关于唐僧，还有一半故事大家可能不知道，就是他翻译佛经。他不仅翻译了几千部佛经，而且翻译的严谨程度，令人敬仰。唐僧译经不是一个人，而是很多人，很多学者、专家开大会，而且还制定了十项步骤。

玄奘自幼学识渊博，文学功底自不待言，西行求法游学印度 17 年，甚至取得了无遮大会辩论的胜利，可见他的梵文水平也是非凡的。但是，玄奘并不是单枪匹马一人单干，他在唐太宗的支持下组织译场，由梁国公房玄龄发文征召全国上下所有寺院中擅梵文、通佛法、持戒无损的高僧大德同集长安助玄奘译经。玄奘译场译经流程十步如下：

第一，译主：就是译场的主要负责人，主导译经工作。第二，征义：

是译主的助手。第三，证文：也叫作证梵本，在译主宣读梵本时，检查是否与梵语原文相出入。第四，书手：一称度语，把梵文改写作汉文。第五，笔受：把梵文意义翻译成汉文的意义。第六，缀文：对翻译出的文字进行整理，以使其符合汉语的语法结构。第七，参译：校勘原文是否有错误之处，并用译文反过去对证原文以进行检查。第八，刊定：刊定译成的字句，去除繁杂冗余的内容，使其简洁明白。第九，润文：对译成的文字进行再加工，保证流畅以利于阅读。第十，梵呗：翻译完成后以梵音唱念，修正音节来方便传诵。

二、河栏雨滴滴

1998 年我在芬兰留学，译了三本书。

1. 译书氛围。芬兰一个叫 Kelannititi 的地方。我把它译作"河栏雨滴滴"，写横幅挂在屋里。小屋布置得特别具有中国特色，小瓶中斜插一枝芬兰野花。芬兰雪花大如席，给外国犯罪学家讲踏雪寻梅的故事。

2. 译书进度。七点起床对着窗外的松鼠打太极。放学，沏上茶翻译《欧美预防犯罪方略》。不急，一天只翻译两页，用毛笔小楷半文言文译书，写正楷字，一丝不苟。

3. 译书文风。译文以半文言文为主。"时而升腾于天堂的门口，时而堕落入地狱的边缘。他们是一只漂移于罪与非罪中的孤船……"

4. 一年译三书。边译边泡茶。这一年，在书斋"河栏雨滴滴"中，我译了几本书：

（1）《欧美预防犯罪方略》；

（2）《芬兰刑事司法制度》（王大伟、候乐、李丹）；

（3）《欧美刑事司法撷萃》。

三、译书两个阶段

1992 年我从英国的埃克塞特大学学成回国的时候，复印了 70 公斤西方警察学与犯罪学的最新理论资料。回国之后用了四年潜心翻译。去粗取精，去伪存真。整理了 500 万字的译稿。撰写了《英美警察科学》，这是我国研究西方警察学理论专著的第一只春燕。

1. 从英文概念翻译入手，创造词汇。我翻译西方警察学与犯罪学的理论书籍，可分为两个阶段：第一个阶段的就是从 1992 年到 1998 年，这一段主要是翻译西方警察学的理论书籍。

第一个阶段主要是创造词汇。因为英美警察科学中的主要词汇有 200

多个，其中大部分都没有翻译成中文，没有对应的中文词汇和翻译，所以这个阶段。主要是创造性地翻译这些概念。经过翻译与再创作的英文词汇大概有 70 个。这是翻译西方警察科学的理论基础和词汇的根源。

2. 注意修辞与理论提升。第二个阶段，是 1998 年到 1999 年，我在芬兰联合国欧洲和北美预防犯罪与罪犯待遇研究所学习期间，翻译了 3 本西方犯罪学的理论书籍。翻译的水平比第一阶段有了明显的提高，采用半文言文翻译成理论书籍。注意了修辞的华丽，对仗与工整，基本上达到翻译三标准"信达雅"的最后一个字"雅"的要求。

四、所译专业理论书的心血

尽管下了很大的功夫，有的翻译仍不尽如人意。比如说约翰·安德逊是我的导师，他的大作叫《自由警务论》是用英文的半文言文写作的。老先生的英文古典文学造诣非常深厚，这本书我翻译了近 20 年。三译其稿也不满意，我是想人家是用文言文，古典优美文字写成的书，我也要用中文的半文言文把它对应地译出。最后工作忙，我的一个叫何冰的硕士生把《自由警务论》翻译出来，何冰这个学生真了不起，居然达到了我梦寐以求的要求。

我对专业书籍的翻译要求是很高的，第一个是每天不多翻译，就翻译 500 ~ 1000 字；第二个是翻译的时候先用毛笔打稿；第三个是尽可能地采用半文言文，既让大家看得懂，又讲究传统中文中的修辞、对仗与成语的运用。

现在老了，眼睛也看不见了，再翻译西书也没有那个能力了，我只是把我翻译西书的这种谦恭与尊敬的心态告诉年轻的老师们，希望你们多翻译外文书。我的任务完成了，就好比在朝鲜战场上，面对上甘岭说，年轻的战士们，上甘岭我们守住了，现在我交给你们了，你们好好地守着这块阵地。

一点心得，幸勿弃嫌是望。

从创造概念到"俗专补"

——专业英语翻译技巧

> 情境预防翻译成中文，大家都不能理解，后来我就翻了 10 个中文概念，发在网上，让老百姓来选择。最后大家选择的就是："给小偷一个不偷你的理由。"

亲爱的老师：

你好！

专业英语，特别是警察英语的翻译和一般文学作品的翻译不一样。

一、准确无误

准确的基础就是了解世界警务改革的大趋势，了解一整套专业词汇的具体含义与历史背景。

有这样一个例子，公安大学有位老师叫康大民。有一次和外国警察对话，外国警察问他："康大民老师，你去英国，感受最深的是什么？"

康大民老师说："我去英国感受最深的就是社区警务（Community Policing）的理念，群众和警察打成一片，比如说警察经常的和孩子们踢足球，改善警民关系。"

结果，翻译并不认识社区警务（Community Policing）这个概念，所以翻译的是：我对英国最感兴趣的是警察和孩子踢足球。这样的翻译就不合格。

所以，专业英语的翻译，专业英语概念既是基石又是王冠上的宝石。

下面举几个警察英语概念创造性翻译比较好的例子：

1. 邻里守望制（Neighborhood watch）。据说这个词是公安部的"大才子"缴济东译的。原本的意思是邻居之间互相照看。缴济东引用了孟子的一句话，叫"守望相助"。把这个词翻译成：邻里守望制。

2. 擂鼓鸣金捕盗制（Hue and cry）。擂鼓鸣金捕盗制的内涵是在没有警察之前，小偷进村偷羊，村长就在马背上吹起号角，全村的老百姓丢下手里的活计，参加到追捕盗贼的行列。村长的号角发出咻咻（Hue）的声音，老百姓追捕盗贼发出快（cry）的声音，这就叫擂鼓鸣金捕盗制。在这以前，所有的翻译书里遇到这个词都是不翻译的，或者叫"哭喊制"，这就是不懂得这个词的真实含义。我弄清楚这个词之后，就把它翻译为擂鼓鸣金捕盗制。

3. 给小偷一个不偷你的理由。英文的原文叫情境预防（Situation Prevention）。说的是小偷偷东西，骗子骗人，都是因为你给了他一个理由。换句话说就是，你身上存在被害性的话，就是容易让犯罪分子得手，你就容易被害。情境预防翻译成中文，大家都不能理解，后来我就翻译了 10 个中文概念，发在网上，让老百姓来选择。最后大家选择的就是："给小偷一个不偷你的理由。"所以你看，翻译是多么严谨、多么复杂、多么费脑筋的工作。

二、"俗专补"三原则

严复提出来翻译三原则，叫"信达雅"。我干了一辈子专业外语的翻译工作，又补充了三个字：俗、专、补。

1. 俗。俗就是老百姓能够听得懂，就像"给小偷一个不偷你的理由"，你要是翻译成情境预防，那是专业书籍里的词汇，但是你要让老百姓听懂，就得把它翻成"给小偷一个不偷你的理由"。这是给群众讲的，这是走向社会的概念。

2. 专。专就是专业。有的人还光从字面上理解，你就理解不了专业内涵。比如说，Dark Finger 直译为"黑色数字"，其实应译为"隐案漏案"。

3. 补。补就是补充。有的时候你翻译过来了，老百姓也不知道你说的是什么，老百姓就是一头雾水。比如：苏格兰场（Scotland Yard）。在苏格兰场后加个注解：1829 年罗伯特·比尔创立的伦敦大都市警察的所在地。

三、经典味道

如果你翻译的是英文警察学的经典著作，那么你就得翻译出经典的味道，不能用大俗话。比如我撰写的《理想警察》这本书部分源于安德逊先生所写的《自由警务论》。原本这本书用英语"古文"写的，我就得用半文言文把它翻译成中文。大家看这一段，就翻译得很好，有文采。

安德逊语：

"Anew preventive concepts have to be created. Therefore, a newer philosophy of policing is required in which policing is not only seen as a matter of controlling the bad but also includes acting the good."

> 返璞归真，警察哲学，
> 善保忠义，严惩奸恶，
> 祖制昭昭，未敢忘也。

——英伦三岛，白垩国德文郡，警巡院长，巡抚，翰林院大学士，安德逊语。

满纸荒唐言，一把辛酸泪，都云作者痴，谁解其中味。

仅此嘱托，并候近祺。

信达雅：翻译专业理论书的文学标准

> 赫胥黎独处一室之中，在英伦之南，背山而面野，槛外诸境，历历如在机下。
>
> 《天演论》

亲爱的老师：

你好！

看这段文字，典雅优美，初看以为是一篇古文，实际上这是一篇翻译文章，这就是著名的学者严复翻译的《天演论》的开篇之作。

一、信

信言不美，美言不信。

1. 什么是信

首先，信就是忠实于原文，表达原文的真实的思想，大家看下面一组英文单词，都是表达的信任之义。

True

Correct

Real

Confidence

Faith

Trust

2. 我们必须信

为什么说必须信呢？要是翻译不准确就出事。大家看这是一个吃药的说明书，这里边说的是 100 毫升到 200 毫升分三次吃。是一次吃 100 毫升到 200 毫升，还是三次吃 100 毫升到 200 毫升？这个要是看错了，那就要出人命了。

Administration：

Oral，100—200mL，3 times daily or directed by physician.

Storage：keep the dry container.

3. 最好的信就是不翻译

大家看看下面的这几个词：Public Security（Gong An University）公安大学公安不译为好。比如说茶叶你就不能翻译成中国的软饮料。还有好多词语，比如说：袋鼠、考拉、柔道、银杏、睡衣、图腾、桑拿、猛犸……这些词都不用翻译，只是用它原来的发音就可以了。

Tea：Chinese soft drink

Ginkgo，Koala，Judo，Kimono，Kangaroo

Mammoth，Sauna，Pajamas，Totem

4. 不翻译就是信

很多词不翻译就是信，就是忠实原文，你看这一组词：现代化、模式、麦当劳、扎啤、三明治、咖啡、寿司、比萨。

Modern

Modle

McDonald's

Draught beer

Sandwich

Coffee

Sushi

Pizza

传说李鸿章出访欧洲，请洋人吃饭。席间说："一顿便饭，不成敬意。"（My chef's work was very bad，this was only a simple food. ）这句话如果是直译的话，是什么意思呢？就是说我的厨子饭做得不怎么样，这只是一道非常简单的菜。你按着原文去翻译，反而出了错。

5. 一封有趣的信

这有一封信，那是我一个叫周海伦的英国朋友从大英博物馆抄来的，很有意思，这封信是光绪年越南的国王给光绪皇帝写的一封信，那个时候越南还是中国的属国。看他这封信是怎么写的，是完全仿照中国奏折写的，毕恭毕敬。

Your servant Nguyen Tu—due（1830—1883）. King of Vietnam. Bowing his head to the grand and hitting the dust with his foreheadsalutes you and bag you to hear him.

Respectfully contemplating the ever – increasing brilliance of the Pole star. I offer him a present of gold from the south tier upon tier 10，000 Li Away I turn in happiness towards the sun.

臣

安南王以额加地，顿首再拜。俯请圣听。企望北斗，圣光耀人，倾南国之金，竭恭恩之情，越崇山峻岭，万里之遥，沐浴皇恩（王大伟译）。

二、达

达，原文不是最高指示，不是"一句顶一万句"。句译胜过字译，段译胜过句译。"倒酒既尽，杖藜行歌"出神入化，此为旷达。

1. 什么是达

指翻译成中文以后很顺畅，如行云流水。再看下面一组词，都是英文关于达的理解。

Express one’s ideas

Be understanding and reasonable.

Easy and smooth.

Mobile

Fluent

Flowing

2. 旷达

古人对旷达很崇拜，觉得那是隐士之风。大家看，这是古代的一篇文章《二十四诗品》里面关于旷达的描述：

生者百岁，相去几何。欢乐苦短，忧愁实多。
何如尊酒，日往烟萝。花覆茅檐，疏雨相过。
倒酒既尽，杖藜行歌。孰不有古，南山峨峨。

旷达就是如此。就是如行云流水，不粘连，不挨板。

3. 文风潇洒

字译—句译—段译

翻译界有这样的理论：逐字逐句的翻译不如一段整体来翻译。这个理论非常对，我在翻译专业书的时候就是用的这个方法，不是一个字一个字的翻译，而是把整个这一自然段看几遍，看明白了，然后用中文按自己的意思把它写下来，绝不是英文一对一的翻译。

据说周总理的最好的翻译叫龚彭，是个美女。周总理在万隆会议的时候上去发言，用中文讲了半个小时，当时龚彭可没记笔记，把 10 个手指头握起来，记了 10 个要点，总理发言了半个小时之后，她用英文讲了半个小时，不仅意思准确贴切，而且整个英文的遣词造句如行云流水，这就是好翻译。

三、雅

雅是翻译中的最高境界。

1. 雅在警察英语中的含义

这是安德逊书中的摘要：

"A new preventive concepts have to be created. Therefore, a newer philosophy of policing is required in which policing is not only seen as a matter of controlling the bad but also includes acting the good."

为答谢安德逊赠书，特选书中名言一段，译成中文文言文，毛笔手书条幅，赠予老人：

> 返璞归真，警察哲学，
> 善保忠义，严惩奸恶，
> 祖制昭昭，未敢忘也

——英伦三岛，白垩国德文郡，警巡院长，巡抚，翰林院大学士，安德逊语。

老人将此条幅挂于客厅，逢客必夸，好不得意。

2. 雅俗互通

大俗就是大雅。大家看下面这个翻译，在英文中狗是个圣物，在中文中龙是圣物，在互译的时候，狗就变成了龙，龙就变成了狗。俗即通俗，能为广大中国听众所理解。Every dog has his day. 译为"困龙亦有上天时"。

3. 雅是什么

雅就是有文采，文字优美。雅是翻译的最高境界。只可意会，不可言传。这是《二十四诗品》里关于典雅的一段论述，有助于我们对典雅的理解。

> 玉壶买春，
> 赏雨茅屋。

坐中佳士，

左右修竹。

白云初晴，

幽鸟相逐。

眠琴绿荫，

上有飞瀑。

落花无言，

人淡如菊。

书之岁华，

其曰可读。

4. 电影经典译名

有很多电影名字，是翻译的绝唱。有个电影叫《魂断蓝桥》，原文就是滑铁卢桥。旧上海电影公司翻译这个电影名字，翻译好了，出海报的时候，翻译者想：那就不如再改俩字儿，叫：魂断铁桥。又一想，过去男女相爱相会在蓝桥，就把滑铁卢桥翻译成《魂断蓝桥》。出神入化。下面这些翻译都是绝唱。

Waterloo Bridge，魂断蓝桥。

The night to remember，冰海沉船。

Gone with wind，飘。

Moment in Peking，京华烟云。

A leaf in the storm，风声鹤唳。

Between tears and laughter，啼笑皆非。

Imperial of Peking，帝国京华。

5. 名诗欣赏

我在教学生学英语的时候要让他们背这首诗，我说你们起码背一首拜伦的诗。大家看看，我是怎么翻译拜伦的诗的。

When we two parted,

When we two parted,

In silence and tears.

Half broken – hearted,

tosever for years.

—Byron（拜伦）

见时容易别时难，欲道珍重又无言。两颗丹心同破碎，一行热泪落君前（王大伟译）。

还有几句诗，中译英和英译中互译，能锻炼语言能力。

> 蜂蝶飞来过墙去，
> 却疑春色在邻家。
> In the courtyard she counts up the buds in each flower,
> while a dragonfly flutters and sits on her comb.

考考你，试译为汉诗。

> 行到中庭数花朵，
> 蜻蜓飞上玉搔头。

6. 对仗

文章要想翻译得好，关键是你的中文要好，这叫童子功。所以从小就要多背诗，掌握中国语言之美，掌握中文古典之美。古人有一个很有用的语言能力，即"对仗"。要想翻译的语言美，你就得中文美。古典底蕴深厚，童子功扎实。中文古诗学得好、写得好，那你英文才能翻译得好，中文底子不行，英文翻译过来的文章就浅薄。试看《笠翁对韵》：

> 寒对暑，日对年。蹴鞠对秋千。
> 丹山对碧水，淡雨对青烟。
> 歌婉转，貌婵娟。
> 雪赋对云笺。
> 荒芦栖宿雁，
> 疏柳斗秋蝉。
> 洗耳尚逢高士笑，
> 折腰肯受小儿怜。
> 郭泰泛舟，折角半垂梅子雨；
> 山涛骑马，接罗倒看杏花天。

这里的语言并没有游牧民族的绚丽的色彩，欧美人堆砌的装饰，犹如一座禅宗的草庵，一幅马远的山水画，美丽庭院的一角，或者是一首唐诗、宋词。反映中华民族那种超脱升华的美感。

当人们真正深深地爱上一件事物时，才会从中发现其内在的美丽。

仅此诚心，一笑。

专业英语翻译的素质与技巧

我 60 岁了，如果脑子是一台计算机的话，现在的运转速度连 30 岁的 1/3 都不到。那时我刚从英国学习回来，有一个美国代表团来讲警察学，讲着讲着，美国人突然唱了一首美国民歌。在三五秒钟之内，我就把这首美国民歌用中文唱了一遍，而且都是四字一句，合辙押韵，到现在想起来都不可思议。

亲爱的老师：

你好！

我前两天听一个"大明白人"说："公安大学就没有一个专业英语的翻译。"我觉得这真是让人笑掉大牙。公安大学真的没有人才吗？早在 30 年以前，我就做过公安大学的专业英语翻译，而且完全可以胜任。工作期间接待了一批又一批英国、美国等世界各国来访问的学者，也参与了多次专业研讨会和国际学术会议。

专业英语翻译，简直就是大舞台上的艺术家。我小时候对什么人最敬佩？最敬佩的就是专业英语翻译，我甚至在想：他们怎么能把外国话翻译得这么好？这些专业英语翻译就是我的男神和女神。

我培养了很多学生，这些学生都是公安大学学生里出类拔萃的英语尖子。比如说吴潇健，在上本科的时候，我就让他去做专业英语翻译，他就能够胜任这项工作，虽然翻译有时候会犯错，但也不要紧，我在旁边给他解释一下，他就能够接着往下翻译。

我还有个学生叫王德超，他妈妈就是教英语的中学老师，这个学生的英语非常好，不仅能做同声翻译，还能模仿各国人英语的口音，比如说印度英语、巴基斯坦英语。他把英语学成了一门艺术。

一、毕生心得"两句话"

专业英语的口语翻译，用一句话就把这一辈子的心得给总结出来，那就是："该死去时快死去，该活来时快活来。"

"该死去时快死去"。就是要打基础，专业英语的同声翻译，一共有五大基础，这五大基础打不好，专业英语翻译就是瞎掰。

二、第一句话是"该死去时快死去"

专业英语翻译，比普通翻译要难很多很多。

第一，12个专业英语单元的训练。在我编写的《警察英语》一书中，有12个专业英语的单元训练。这是专业英语口语翻译的第一步：

1. Uniforms and Weapons 制服与武器。2. Police Rank 警衔。3. Entry and Exit 出入境。4. Visiting Police Academy 参观警校。5. Reporting a Criminal Case 报案。6. Patrolling 巡逻。7. First Aid 急救。8. Police Force 警察。9. Fire Fighting 消防。10. Crime Prevention 预防犯罪。11. Traffic Control 交通管理。12. Punishment 处罚。

第二，警察学、犯罪学基本理论的了解。你最少要看10本专业的书籍，其中最少5本应该是英文原文的。

警察学（警察发展史、警察制度、与警察有关的犯罪词汇、警察学理论）

犯罪学（犯罪社会学、犯罪社会心理学、犯罪心理学与精神病学、犯罪生物学）

第三，必须要通晓、掌握警察学中的200个基本概念和犯罪学中的500个基本概念。

1. 警察科学 police science。2. 太兴保甲制 Tything。3. 播鼓鸣金捕盗制 Hue and Cry。4. 法国骑警队 Marechaussee de France。5. 美国堪萨斯市巡逻实验 Kansas City patrol experiment。6. 安德逊安乐椅上的警察哲学 Anderson's armchair Theory。7. 比较警察研究 comparative policing。8. 警察哲学 police philosophy。9. 美国的"警察性质五大辩论"The five major debates over the nature of American police。10. 美国旧警察专业化 The traditional police professionalization in USA（1920）。11. 美国新警察专业化 The new police professionalization in USA（2011）。12. 警察角色论 Police role theory。13. 警察文化论 Police culture theory（Cop culture）。14. 斯克尔尼克论警察工作性格 Skolnik's theory on characters of police work。15. 警务原则论 The theory of policing principles。16. 罗伯特·比尔建警十二条 rules on establis-

hing police proposed by Sir Robert Peel。17. 满意决定警务论 The theory of policing by consent。18. 最少动用武力论 The theory of minimum force。19. 形败实胜的战术 To Win by Appearing to Lose。20. 非杀伤性武器 Non - lethal weapons。

第四，必须在国外长期留学，在警察学和犯罪学领域中专门受过训练或获得过学历的人。

第五，通晓中文的警察学与犯罪学的原理。给学生们上过警察学和犯罪学的课程。对警察学犯罪学的基本理论，特别是国外警察学和犯罪学的基本理论要了如指掌，信手拈来，如数家珍，滔滔不绝。

三、第二句话是"该活来时快活来"

如果具备了上述五大基础，就不要怕，敢于挑战专业英语翻译，敢于站到舞台上，赢得喝彩和掌声。

1. 先做功课。有一次，国外一个警察学家来讲《惰性气体光源在刑事破案工作中的作用》。也就是氦、氖、氩、氪、氙等不同惰性气体光源在破案中的作用。晚上 7 点钟得到的命令，明天上午 9 点就要翻译，而且要翻译一天。这怎么办？只有一个办法，连夜找了公安大学的一个电工，让他给我认真细致地讲了一遍惰性气体光源的来龙去脉、历史、基本原理和在刑事破案中的作用。这些搞明白了，明天的翻译就能居高临下，势如破竹，得心应手。

2. 敢于表现。专业英语翻译是年轻人的事业，我曾经说过我现在 60 岁了，如果我的脑子是一台计算机的话，现在的运转速度连 30 岁的 1/3 都不到。那时我刚从英国学习回来，有一个美国代表团来讲警察学，讲着讲着，美国人突然唱了一首美国民歌。在三五秒钟之内，我就把这首美国民歌用中文唱了一遍，而且都是四字一句，合辙押韵。我到现在想起来都不可思议。

3. 敢于提问。专业英语翻译都有可能有听不懂的地方，听不懂的地方就可以直接问外国专家，他给你一解释你就清楚了，千万不能自己想当然。或者瞎编着往下翻译，这样你会用无数的谎言，去圆自己第一个谎言，越来越被动。

4. 要敢于形成自己的翻译风格。我做同声翻译的时候经常把英文的大白话用半文言文翻译出来，比如说社区警务，我就说：把四次警务革命用一句话来总结，叫返璞归真，这句话英文里没有，但是加上去，非常的贴切与易懂，这就是形成的语言风格。

口译语言风格，除了严复的"信、达、雅"之外还有一个就是王大伟的"俗、专、补"。对于专业英语，要尽可能用老百姓的话去说，尽可能用专业的词汇，大家不懂的话要做背景的解释。

下面是我译文的举例《漂移进罪错》：

马扎把这种旷达的心境叫做"弹性宿命论"。他声称许多青少年在犯罪与非罪中漂来漂去，不知所终。这些少年看上去好似："一个游离于强迫和义务中的角色，面对选择不知所措。对违法行为与守法行为感觉差不多。他们一半已融进了美国的传统生活，而同时另一半又不采纳常规的传统……飘飘然游荡于罪与非罪，浑浑然应答善与恶的挑战。时而升腾于天堂的门口，时而堕落在地狱的边缘。推迟义务、逃避决断。因此，他是漂移在罪与非罪中的孤船。"

王侯将相，宁有种乎。

不是学英语专业的老师，也能够做出色的专业翻译。

亲爱的年轻老师们，加油吧。

即颂学祺。

Chapter 5 下派区

xercise at the grass-roots

vel of the police organs

下派铭

不经渔夫引，怎得见波澜？不炼五彩石，女娲怎补天？

不下派出所，怎知基层难？不轮三班倒，怎教警监班？

夜宿保安铺，晨餐路边摊。巡逻方解甲，卧冰堵截点。

星稀洞箫远，思乡玉钗断。举杯邀月共，只影搞科研。

鱼龙潜潭底，丹凤鸣歧山。问卷发三百，改革遇十难。

所长有所思，民警无禁言，拜师济南府，调研英雄山。

脱去皮三层，出版书一卷。海为龙世界，云是鹤家园。

王大伟写

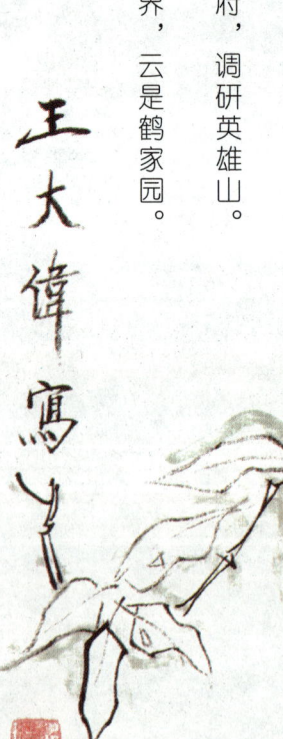

基层锻炼铸就大师

亲爱的老师：

你好！

公安大学有一个制度，就是每名专业老师都需要下放锻炼，比如说教公安学的老师，每五年要到公安的基层派出所下放锻炼一年。这个制度坚持了多年。有的老师认为非常好，也有的老师因为有实际困难，对此有争议。

我们都记得那个故事：毛岸英从苏联留学回来。毛主席给了他一袋小米，让他拜陕甘宁边区的劳动模范为老师，从头开始学习。虽然毛岸英参加过苏联卫国战争，他是个洋学生，毛主席爱子心切，就让他到农村基层去锻炼。

1998 年，我在芬兰联合国欧洲与北美犯罪研究所学习。北极圈的寒风，严重伤害了我的胃，医生认为胃镜中有"非典型增生"细胞，很不好，要三个月查一次胃镜。这样，我不得不向芬兰大使馆打报告，忍痛提前结束学业，返回北京。

从芬兰回到家，屁股还没坐热，领导说："去基层派出所下派锻炼去吧！"我从美丽的北欧一下子到了中国北方某地最基层的派出所，反差很大。

第一天晚上住在哪儿呢？张教导员对一个保安说："上去跟保安说一下，打扫一个铺出来。"楼上是一间大屋子，十五个保安睡在一起，一片狼藉，门口有两口铁锅，还有人在煤气炉上炒着土豆片儿。这一夜，巡逻的刚回来，上堵截点的又起床，人像走马灯一样，根本睡不了觉。半夜里楼下又传来了一声声婴儿的啼哭。一个小保安在门口捡了一个女婴。

既然是下派锻炼，咱就和派出所普通的民警一样，负责一片儿的治安，每天白天都要巡查值勤，但一到晚上就没有什么事了。当时我就想，怎么才能把晚上的时间利用起来呢？不能荒废这一年光景。于是我制定了自己的一年规划：

第一，认真搞清派出所工作流程，虚心向民警同志学习，弥补自己的不足，总结中国基础公安机关的警察科学；

第二，仿费孝通先生三访江村，利用所引进的国外警察科学理论，解剖一个派出所，写一本中外警察科学比较的专著：《中西警务改革比较——从济南市派出所改革模式到世界警务改革大趋势》；

第三，我还有一个梦，考上博士。那年我已经 42 岁了，45 岁就不让考了，不如利用夜里时间，卧薪尝胆，向考博发起冲击。

一决定下来，我全身为之一振，立刻开始行动，最主要的是向派出所领导申请一间只属于自己的屋子。

派出所也很为难，因为他们实在没有多余的房子。后来他们说："有一间废弃的厕所，如果你不介意的话，就凑合着住吧。"其实我明白，有一间厕所住已经很不错了，没办法，为了学习，我搬进去了，简单地布置了一下这个所谓的家，我实在没有心思去冲刷厕所，就找来很多报纸，把厕所里的便池都糊了起来。瓷砖上是一溜溜金黄色的尿痕，也用报纸粘贴起来。厕所有多扇窗户，却没有一块完整的玻璃。秋天来了，冷风从破碎玻璃缝里钻进来，使原本就没有暖气的厕所更冷了。没办法，我自己花了 80 多块钱，把所有的玻璃都安好了。忙了一天，傍晚支上了床，安上蚊帐，我舒服地躺下来，伸了一个懒腰，很开心喔。

终于，我出版了《中西警务改革比较——从济南市派出所改革模式到世界警务改革大趋势》一书，考上了北京师范大学的博士，攻读教育法学。更重要的是学习了很多基层公安工作的实践经验。

下派锻炼，那么它的好处究竟有哪些呢？

1. 作为警察的老师，如果不了解派出所，我们讲课的时候就是空对空，光有理论，没有实践，那么学生是不爱听的。特别是你要给警监班的同志讲课，那都是正处五年的老同志，有丰富的实践经验，你给人家上课，没有派出所工作的经历，怎么行呢？

2. 无论是犯罪学还是警察学，都是以实证为主的科学。没有基层派出所工作的经验，就不能够正确认识犯罪的规律；很难认识公安改革的规律。

3. 下派锻炼虽然只有一年，可是你亲历了派出所的三班倒，也许你住的条件非常差，也许你吃得不习惯（这些年了，派出所基层的生活条件已经有了很大的改善）你不了解这些情况，你的屁股就不可能和基层民警坐到一条板凳上，那你说的话和基层民警说的话，就有差距，想法就有距离。

4. 社会科学，很多大家都是从基层走出来的，比如说费孝通三访江村，这是一个典型的案例；我们还知道陶行知搞教育改革，虽然是从国外引进了杜威的教育思想，但是人家是从晓庄师范开始，一步一个脚印从基层踏踏实实干出来的。所以，没有基层工作的经验就很难成为社会科学的学术大家。

当然，基层下派锻炼也有非常多的困难：如果孩子小；如果刚刚结婚；如果孩子正好要上高中了，在这种关键的时间段，我认为还是要错开下派时间。再有一个就是夫妻关系，特别是年轻的小夫妻，下派锻炼离开一年，也要注意增强夫妻之间的感情交流。

还有，有身体疾病的要错开这一段时间，养好了身体再下派。

下派锻炼不是为了下派而下派，所以一定要把生活安排好，不要因为下派锻炼生了病，产生了家庭矛盾，耽误了孩子的学习，这都是我们不愿意看到的事情。

我记得，当时中国有位诗人叫臧克家，他给我写过一首题词，叫："凌霄羽毛轻无力，掷地金石自有声。"

亲爱的老师，祝福你的下派锻炼也能圆满成功。

下派锻炼时自主的科研项目和科研意识

生活不管是逆境还是顺境，只要你去干一件事情，你有一段经历，就一定会有收获，就一定会结出成果。

亲爱的老师：

你好！

尽管很多人对下派锻炼持积极态度，但是也有一些人对下派锻炼还是有自己的看法，甚至是有一点点抵触。那么，如何在这一年的下派锻炼中，积极地面对并虚心向基层公安民警学习呢？真正通过实践锻炼，将基层的经验和教训总结起来，上升为理论，这不仅是一个思想意识问题，而且更重要的是考验一个人的素质。

在基层锻炼的这一年中，自己要有一个课题意识，要自己开创课题，写一本书，或者一份调研报告。这样才能有收获，学到真东西。不要浪费这一年的光阴，不要光去跟基层的民警喝酒。也要有自己的定力，坚守初心。

从1999年到2000年，我在济南市公安局下派锻炼，在这一年中，虚心向基层民警学习。认真总结基层公安机关改革的先进经验与具体做法，结合世界警务改革的大趋势，就中西警务改革进行了比较研究。写出了警察学理论专著《中西警务改革比较——从济南市派出所改革模式到世界警务改革大趋势》。

一、调研方法

1. 问卷调查法

问卷一：民警问卷。包括：警力装备，工作重点，服务助民、衡量标准，群防群治，领导体制等七个大方面，共 21 道题，采用多项选择、个人填写两种。问卷共发放 100 份，回收 74 份，对象是济南市公安局市中区的 100 名民警，包括杆石桥派出所 26 人，问卷采用随机抽样。

问卷二：派出所所长问卷。第二份问卷是发给派出所所长的，共调查了 100 名派出所所长。

2. 文献法

在派出所的档案室里，认真阅读了从派出所创建，即 1949 年开始，到 2000 年全部的案卷。

3. 访谈法

对派出所内 28 名民警，逐一进行了个别访谈，记录了大量的访谈笔记。

在此基础上，我完成了理论专著《中西警务改革比较——从济南市派出所改革模式到世界警务改革大趋势》的写作，包括八章：第一章，警力革命的比较；第二章，工作重点和警察角色的比较；第三章，衡量标准的比较；第四章，社区警务的比较；第五章，辅助警力的比较；第六章，基层警察体制的比较；第七章，警用装备的比较；第八章，总结，辉煌的角色。

二、警力革命的比较

我的下派所是杆石桥派出所，只有 28 名警察，而且分为三大块：快速反应民警、信息保障民警、警务责任区民警。

警民比例是：1：1250。与西方基层警察局比较，警力严重偏低，如果按照英国的标准，应该是 85 人，按照美国的标准，应该是 76 人。

在此基础上，我发现了警力不足所带来的超工作量，即基层民警每天工作 11 个小时到 15 个小时，一年超工作量 3016 个小时，普通民警干一年的工作量，相当于同级政府公务员两年半的工作量，在这个发现过程中，我总结出基层的警力公式。

三、警察角色的比较

我发现了"235 派出所的西瓜"警察角色公式。即通过 100 名派出所所长的问卷调查和座谈发现，即使是在基层派出所每天的工作量，打击犯罪和违法只占 20%；30% 是基层基础工作，就是上户口和办证；还有 50% 的工作都是警察所认为的与警务活动不符的工作，其中包括大量的非警务活动。通过这个"235 派出所的西瓜"警察角色公式的发现，即使是一线基层民警，其工作的重点仍是社会工作者，而不是打击犯罪的战士。这是关于基层警察角色的定位研究。

四、民警考核的打分制度

我总结了基层派出所民警考核的打分制度，并将这一制度和西方警务改革的主客观评价标准进行了比较。

五、社区警务改革的模式

我总结了杆石桥派出所社区警务改革的模式，并将这一模式和西方，特别是英国埃克塞特的警务改革模式进行认真细致的比对和比较。

六、派出所辅助警力模式

我总结了杆石桥派出所辅助警力模式："辅助警力金字塔模式"，摸清了基层派出所的辅助警力的结构，如：保安公司、看车棚、反扒打击现行组、联户联防巡逻队、全日制治安联防队等。

七、派出所领导体制

我就基层派出所领导体制发放了 100 份问卷，询问 100 名派出所所长对基层派出所领导体制的改革意见。总结出基层派出所的领导体制、经费来源、人事任免等规律。

八、派出所警用装备

我对当年，即 2000 年派出所所有的警用装备进行了摸底研究。包括：计算机、车辆、摩托车、枪支、手机和对讲机。计算出警用装备与派出所民警的人口比率。比如，计算机 12 个民警一台；车辆 12 个民警一辆；摩托车 5 个民警一辆；枪支每 8 人一支；手机每 10 人一个，这是 2000 年我国基层派出所的警用装备现状的摸底。

在基层下派锻炼的时候，我对自己提出严格的要求，进行自主课题调研，这是具有非常大的困难的。

第一，没有资金支持。几百份问卷都是自己设计、自费打印。当时我每天要跑到山东师范大学的打印室。自费打印了很多量表，不计其数。

第二，没有办公条件和研究条件。一开始是住在保安的大通铺里，后来略有改善，搬进了派出所一个废旧的厕所里。但是仍要咬紧牙关，坚持把这项科研进行到底。

在派出所领导的帮助下，在基层民警的热情支持下，终于，我用了一年的时间完成了这本书的写作，并由中国人民公安大学出版社出版，作为当年江泽民为济南交警题词五周年的献礼书。

杆石桥派出所一年的锻炼以及《中西警务改革比较——从济南市派出所改革模式到世界警务改革大趋势》一书的出版，对我来说在公安业务方面有了巨大的提升。从此之后，我在公安部警督晋升警监的培训班，授课将近有一百期课程。这时我再去讲课，不仅讲了西方的警察学理论与趋势，而且还有基层工作的经验，了解基层工作的酸甜苦辣。我的学生都对我表示出极大的赞赏，认为这样的课不仅有西方警务改革的最新理念，而且还知基层、接地气。

祝福平安。

下派锻炼与外国警察理论研究

身无彩凤双飞翼，心有灵犀一点通。

亲爱的老师：

你好！

一、两只翅膀论

我有一个观点：下派锻炼和出国留学深造同等重要。到基层去吃苦磨炼和到欧洲美国去学习警察学和犯罪学，就像美丽的蝴蝶的两只翅膀，只有一只翅膀在学术的旅程中是飞不起来的，必须要两只翅膀同时舞动，才能越飞越高，这就是我的两只翅膀论。

二、警监培训班

警监的培训班一共办了 117 期，估计我讲了可能将近一百期。警监培训班全称是公安部警督晋升警监的培训班，20 多年我只讲了一门课程《世界警务改革大趋势》。

注意，警监班的培训学员，都是正处五年以上的高级警官，也就是说，他们经过这 40 天的培训，就光荣地晋升到了中华人民共和国高级警官的行列。

或许你会问，外国警察理论研究、外国警务改革趋势研究，和下派锻炼与基层派出所有什么关系？我可以拍着胸脯理直气壮地说：关系巨大。如果没有在济南杆石桥下派锻炼的那一年，我在警监培训班讲课就没有底气，就不能以理服人，说实在的，那些高级警官也会看不起我，可是经过这一年的锻炼，基层派出所的磨难，我有资本了：我和 15 个保安睡过大通铺，我晚上去巡逻、上堵截点，我还在派出所的厕所里长住过。这些高级警官，当我谈到基层这么具体，那些细节有好多他们可能都没有经历过的时候，他们就没有话说了，这叫哑口无言。

三、警力改革问题

西方四次警务革命有十大警务改革趋势，这门课主要围绕着四次警务革命和十大警务改革趋势展开。

所谓十大警务改革趋势就是警务改革的十个热点问题。

其中第一个热点问题，就是警力改革问题。"人财物剧增与无增长改善论（Improve without groweth.）。"

西方在这上面的理论叫"无增长改善论"。那么当我讲完"无增长改善论"后，就要给大家结合基层派出所的改革，给大家讲基层的两个理论：一个是基层的警力公式；另一个是蒙古马精神。

警力定义有二：

狭义警力 = 编制人数（数量）

广义警力 = 战斗力与完成目标的能力（质量）

警力公式：人数 × 学历 × 基层比例 × 培训/年龄老化

我又结合我们基层人民警察的奉献精神和牺牲精神，提炼出蒙古马精神。

"蒙古马精神"，即指中国警察一个人干西方三个警察的活儿，一个警察一年的工作量相当于政府公务员两年半的工作量。中国警察每年牺牲者达几百人。

人民警察，即中华人民共和国忠诚的蒙古马。对人民无比忠诚，冲锋陷阵，义无反顾，无怨无悔。

四、警务工作的重点

警务改革的另一个热点问题，就是警务工作的重点。过去警务工作的重点是以巡逻为主，西方警察75%的警力是放在巡逻上。但是现在西方的警察更注重社区警务工作，把犯罪的规律告诉老百姓，宣传群众，组织群众，调动人民群众的治安积极性。所以我就把在基层派出所总结的《贼经》介绍给大家。

《贼经》：八看四听

贼看：

1. 看：电表转动

2. 看：物业打分排名

3. 看：破窗

4. 看：报纸与牛奶

5. 看：门口灰土

6. 看：老式防盗门

7. 看：小区保安

8. 看：小区照明

贼听：

1. 听：敲门听反应

2. 听：窗户里边风

3. 听：睡觉打呼噜

4. 听：楼道脚步声

五、警察角色

警察角色是世界警务改革的又一个热点。警察有两个角色：一个叫打击犯罪的战士，在西方就是以 007（詹姆斯·邦德）为代表。这是打击犯罪的警察：高、黑、亮，会驾驶、擒拿、格斗，遇事不慌，办事果断，也是现代化警察及第三次警务革命的警察代表，而到第四次警务革命，警察更多地体现了公仆和社会工作者的角色，为什么会有这样的转变呢？

讲了西方"警察角色论"之后，我又结合派出所的基层的改革，给大家讲了"8∶2 的报案公式"，和我在派出所总结的"235 派出所的西瓜。"

"8∶2 的报案公式"，西方人发现：每 100 起报案电话，80 起是求助的，只有 20 起是执法的。

我总结的"235 派出所的西瓜"，即警察工作大量的是日常琐事，而不是打击。对警察的职责、作用发生了很大的震动。我在济南杆石桥派出所做过调查，叫"235 派出所的西瓜"，假如派出所总工作量是一个西瓜的话，打击犯罪只占 20%；30% 是基层基础工作，办证、办户口；50% 是非警务活动和服务助民。此系城市派出所现状，叫"235 派出所的西瓜"。

感谢公安部、公安大学，曾经派我三次出国留学，我也珍惜下派到基层派出所锻炼的机会。年轻人要想成大事，必须得到基层去，好好地向基层的民警学习，总结经验，写出警察学理论的书。如果这个理论书和现代西方警察学理论结合起来，那么你再上课，就是锦上添花，如虎添翼。

一点心得，幸勿弃嫌是望。

花甲铭

庠序秋雨，泮水初霜。偏舟笠翁，独钓寒江。

多病甲子，齿落发伤。闭门却扫，收招魂阳。

四十年里，坚守课堂。六十耳顺，倚栏苍凉。

感恩祖国，盛世汉唐。感谢公大，精心培养。

西赴英伦，东衔扶桑。翻译警学，童谣初创。

服务基层，走街串巷。平安童谣，与子同唱。

平安童话，膝下细讲。呵笔泪砚，两鬓染霜。

西望长安，东篱菊香。不忍归去，立马残阳。

王大伟 写

献身公安教育事业

——给公安大学青年教师的十句话

亲爱的老师：

你好！

一、忠诚信仰：热爱自己的学校

作为公安大学的青年教师，首要的就是要热爱自己的学校。公安大学是值得我们热爱，并值得我们为之奉献终生的地方。我在公安大学工作了几十年，把一生都奉献给了公安大学，所以我对公安大学的热爱是无法用语言形容的。

公安大学的办学目标是："世界前茅，国内一流。"今天我要说的公安大学，它有很多个世界第一与国内第一。

1. 世界一流。世界警察教育大概分为两类，一类是以英国和美国为代表的，他们没有警察内部的学历教育，警校只承担干部培训任务。英国最著名的是布莱姆谢尔皇家警察学院，美国有联邦调查局培训学院。另一类是警察院校内设学历教育的学校，比如中国台湾地区的中央警官学校，埃及的警察大学，这些学校既有学历教育又有干部培训。中国人民公安大学是兼顾学历教育和干部培训的综合性大学，从师资力量、研究水平、教学设施、科研出版物等各方面综合比较，应该接近世界一流水平。近年来，由公安大学引领的公安学与公安技术两个一级学科被国家承认，这在世界上也是绝无仅有的。

2. 独具特色的学校。在国内各高校的比较中。我们与清华、北大、人大、北师大等老牌名校相比可能会有一定的差距，但是我们的特色是非常鲜明的，在两次全国校友会的高校排名中，公安大学都被列为国内少数的几所独具特色的学校。

公安大学分为两个校区，木樨地校区占地 200 多亩，并不算大，因为在市内；但是团河校区有近 2000 多亩，是一个非常现代化的警察学校。过去我一直认为公安大学的校园占地面积、基础设施是世界上最大的。后来到了埃及国家警官学校，才发现他们比我们大，他们有 5000 亩地，每一个楼都是一个系部，在警校里走，你得开部车才行，而且埃及把国家的马术队也放在了警校，所以警校实际上还承担了很多国家的功能。

公安大学的八大闪光点：

第一，木樨地学派。在 30 年前，木樨地周围聚集了很多公安机关，公安的学术研究单位。开展了很多犯罪学和警察学的研究。其成果被叫做木樨地学派。

第二，首创了公安学。1984 年，公安大学的康大民提议创立公安学。这个提议很快得到了公安部的支持，当时我就在公安部政治部，这个报告是经我手递给了当时的部长王文同，部长的批示支持了公安学的创立。康大民先生是一个非常敬业的人，虽然他对外国警察了解的知识并不很多，但是他却创造性地搭建了公安学的框架。同时他撰写出了公安学基础理论，公安学概论等一批书籍，标志着我国公安学的诞生，因此公安大学是我国公安学的诞生之地。

第三，全面引进了西方警察科学。我们国家大部分的学科，无论是社会科学还是自然科学，基本上都是清末，甚至还早一点从国外引进来的。但是那个时候西方警察学并不成熟。而且西方警察学的早期研究成果，在 1949 年都被带到中国台湾地区去了。因此引进现代西方警察科学，创立中国警察学研究的历史的重任就必然落在了新中国警察学者的身上。1995 年，我出版了《英美警察科学》，这是我国外警理论研究的第一只春燕。我翻译了大量的西方现代警察科学的书籍，创造了 60 多个中文的西方警察概念词汇。就连西方的警察学这个概念，也是公安大学的学者创造的。公安大学老师撰写了一大批警察学研究的理论专著，紧紧捕捉世界警务改革的大趋势，为中国的警务改革提供了重要的理论支持和参考。

第四，将公安学变为法学下的一级学科。经过几代人的努力，特别是公安大学领导的支持和广大教师，科研人员的共同努力，公安学变为了法学下面的一级学科，这在世界上是没有的。如果你到公安大学去参观，你就会发现公安大学有一座石头纪念碑：公安学纪念碑，来纪念这个学术的大事和历史性的事件。从历史上来说，中国人能够独创的领域，除比如说有中医学、中国特色的军事学、以《洗冤录》为代表的法医学之外，那就是公安学，它从理论体系和基本概念理论框架上，都与西方的警察科学有着本质的不同。

当时我们创造公安学的时候，对西方警察学的翻译工作还没有开始，是自己关起门来搭建的理论体系，这一点既有历史的遗憾，也有我们独创的路径。

第五，犯罪学与公安学领域的话语权。从办学历史，办学质量方面来说，公安大学可能不能和清华、北大、师大、人大这些一流的学校相媲美，但是它独具特色。在犯罪学研究、反恐研究、科技强警的研究方面，都走在了国内的前列。国内出现的重大警务改革实践，重大犯罪事件。无论是电视媒体、网络平面媒体等，公安大学都牢牢地掌握了这一话语权，超过了很多法学专门院校，或者说起码可以占据一定的话语权、一枝独秀。

第六，儿童安全教育的中心。这些年，公安大学在儿童安全教育方面独树一帜，成立了青少年安全研究所，创造了平安童谣、平安童话、平安童操等一系列儿童安全教育的新形式、新内容、新教材，在这个领域，虽然我们一开始是向英国学习的，但是后来居上，现在欧美并没有这些新的理念、技能和教材。

第七，高级警官的培训中心和公安局长的摇篮。年轻的朋友你知道吗？任何一个穿白衬衣的警官，也就是高级警官都在公安大学受过培训，公安大学的高级警官的培训已经有110多期了，我有幸在中间教过将近100期。在20年的过程中，我也为警监班的授课付出了自己微薄的力量。

第八，忠诚。公安大学还有一个最强的优势就是培养了学子对祖国、对党、对人民的忠诚。早在新中国成立初期，我们就办了新疆班和西藏班，大批少数民族的孩子毕业回到自己的家乡以后，成为保卫祖国、反对分裂最坚强的战士。现在我们公安大学的学生分到中央各部委，都是非常受欢迎的，因为他们去了就能工作，而不需要再进行纪律教育、爱国主义教育，因为祖国是他们心中的神圣，因为纪律就是他们天生的使命。

当然公安大学也有它自身发展的弱点：学科建设的历史比较短，学生在文学修养和素质方面，与国内顶级的学校还是有差别的。但是，因为在这个学校工作了一生，所以我对它有特殊的感情，我说：美国有西点军校、英国有布莱姆谢尔警校，中国有公安大学。

成才的模式有很多种，上公安大学也是最好的选择之一。

二、献身事业：热爱自己的专业

当我们选择从事公安学的学科建设和教学的时候，应该具有神圣的使命感，而在这个使命感当中有三个独具的天时优势。

首先，公安学的学科大厦还没有建立起来。公安学和公安技术领域的处女地很多，一镐头刨下去，就可能有金色的收获。拿公安学和医学做比较，医学已经非常成熟了，一个年轻的医生如果想写本领域大部头的内科学或外科学几乎是不可能的，而公安大学的年轻教师，施展才能的地方却很多，比如说外国警察研究、反恐、情报导向警务，随便找个领域都可以著书立说。

其次，引进西方警察科学的重任就落在新中国警察学者的身上。我国近代，不论是社会科学还是自然科学，大部分的学科都是从西方引进的。在清末引进高潮的时候，西方警察科学并不是非常成熟。清末从日本引进了警察学，同时从欧洲引进来了警察体制、翻译了大量的西书，做了理论的探讨。但是，这些研究成果和研究人员，在新中国成立之初都被带到台湾地区了。所以，引进西方警察科学的历史重任，或者叫二次引进的重任就落到了新中国警察学研究者的肩上。这种历史机遇在其他学科中是很少见的。当我们研究警察科学时，是有着天时、地利、人和三重优势的。

最后，创立中国公安学正在进行时。公安学与其他的社会科学学科比较，有着历史较短，二次引进创立等许多特点。人民警察队伍将近 200 万人，在全国各省市有无数的派出所。总结中国公安改革创新的经验，上升为理论，创立中国新型的公安学，前途是大有可为的。这是其他学科根本就无法比拟的。

三、敢于创造："早生孩子多写书"

在公安大学初创阶段，有一批年轻有为的青年学者，他们敢于奋斗，敢于拼搏，敢于创造，敢于早写书、快写书、多写书，奠定了公安学早期研究扎实的理论基础。当时，公安基础部、法律系、治安系等很多单位都涌现出一批创造性的人才，当时的青年教师提出一个口号，叫做"早生孩子多写书"（所谓的早生孩子，就是要抢占学术的制高点。抢占学术的处女地。多写书，就是要多写公安学领域的理论专著），就是那个时代公安大学教师的创造性的真实写照。

我们也看到有这样的现象，就是这些年公安大学引进的很多博士，有的博士马上就进入了角色，无论是在学术领域，还是在管理领域，都取得了骄人的成绩。但是也有一些博士进入角色慢一些，在公安学学科领域的创造性还需要加强。

四、基础扎实：做好三个事情

两种成才模式。青年教师走上工作岗位，开始进入评定职称的系列，从助教、讲师、副教授、教授一步步稳步向前，同时还有一些优秀者会逐步走向领导岗位。这个过程一般有两种成才模式：

1. 有的人可能会有一点点着急，把心思放在怎么加快这个进程中；

2. 还有一部分人会不急不躁，打好基础，磨刀不误砍柴工。这两个模式各有利弊，都值得我们去参考。

干好三件事情。最近我有一个学生留校，干得很好，我对他有一个小小的忠告，就是不要着急去评职称，而先在三五年内做好这几件事情：

一是读一个博士；

二是争取一个公费的出国留学机会，在国外真正学一门先进的学问回来，开创一个新的研究领域；

三是争取十年磨一剑，写出一本扎实的理论研究专著，开创一个学术研究领域，并使自己成为这个研究领域的领军人。磨刀不误砍柴工，如果我们把这三件事情做了，下面的评定职称之路必将是居高临下、势如破竹。

五、下派锻炼：源头活水来

无论是公安学、犯罪学，还是刑侦技术，其本质都是实证为主的科学，因此要想在这些领域中有所创造，就必须要深入一线中，就必须在派出所值夜班，在堵截点抓犯罪嫌疑人，与保安睡大通铺，只有吃得苦中苦，才能在学术领域有所创造。

在基层锻炼，不是为了吃苦而吃苦，而更是要用我们的知识帮助基层解决问题，从理论上提升。更重要的是以后再讲课，讲的是从实践中得到的真知，立场坚定地站在基层公安民警一边。一年的基层锻炼，可以使青年教师的学术腰杆子更硬，无论是给警监班授课，还是给硕士、博士授课，都会理直气壮、胸有成竹。

六、出国深造：追踪世界警务改革大趋势

对西方警务改革大趋势的追踪、借鉴是每个青年教师的基本功之一。

学习外语，是每个立志于理论研究的青年教师的首要任务之一。十年磨一剑，吃得苦中苦，同时要尽可能早地申请到公派出国留学的机会，到国外深造学习。

回顾中华人民共和国成立以来的学术研究史，其中的领军人物大都具有出国留学的背景，这些出国留学的先驱，能够把国外的先进知识引进到中国，有所创造、有所发明，再结合本土的实践，使西方的理论本土化、大众化。他们是中华民族的学术精英，比如说钱三强、钱学森、华罗庚、费孝通等人。他们也是我们学习的楷模和榜样。

七、热爱学生：又送王孙去，萋萋满别情

"学为人师、行为世范"，这是北京师范大学的校训，也是我们每一个青年教师应该遵循的职业操守。当我们站在讲台上，应该是无比神圣的，而下面坐的学生，更应该是我们的儿女、兄妹。

热爱学生是一块试金石，它可以折射教师的高贵心灵。永远不要向学生发脾气，永远不要为难学生。冬天没来暖气的时候，要嘱咐学生们穿上毛衣，学生们训练受伤了，应该送他们去医院包扎一下。让他们感觉到虽然是学校，但学校也是温暖的家。

八、服务公众：去灾区、社区与基层

"理论是灰色的，生命之树长青。"公安学的科研和教学。不能局限于出一两本专著，讲多少节课，还要敢于走出学校，把公安大学的影响力投射到整个学术领域。

我们不仅是教书匠，还要有高尚的理想。理想不能脱离名利，但是一定要超越名利：1. 到社区去教老百姓识贼防盗。2. 到幼儿园教小朋友自我防护。3. 到基层公安机关去宣讲警务改革。4. 到灾区去，为农民工子女、留守儿童、无家可归的孤儿服务。警察不是一个高贵的职业，但是警察一定要有一颗高贵的心。

九、走出校园：为大众服务

这些年，公安大学的教师很多人走向荧屏，在全国范围内造成了一定的影响力，也为公安大学赢得了相应的荣誉。有的人会对这些做法产生一定歧义，但历史终将证明社会科学其最终的价值是要改变社会的一些导向和理论。学术就好像一盏灯笼，它本身放出的光芒越灿烂，它自身的价值就越珍贵。

这些年，微博、微信等新型媒体也在蓬勃发展，怎么利用新媒体来宣传公安学的理论，普及预防犯罪的知识，也应该是每一个青年教师所应该思考的。新媒体，更需要严谨的作风、谨慎的语言、自律的精神。战战兢

兢、如履薄冰。慎重对待境外媒体的采访。热点问题要向学校宣传部门报告。

十、双重身份：光荣，公大教师

当穿上警服的时候，也许每一个男孩都会感到骄傲，每一个女孩都会感到美丽。但是，在骄傲和美丽之后，更多的是警察职业道德的凝练与责任心的奠定。

我要对大家说三句话："与人忠、执事敬、居处恭。"

首先，与人忠，作为一名公安大学的教师，要忠于党、忠于祖国、忠于人民、忠于自己的职业和理想。在公安大学毕业生中，学生党员的比例能占到70%以上，因此，作为公安大学的青年教师，应当把为共产主义奋斗终生、争取做一名光荣的合格的共产党员，作为自己教师生涯起点的追求。

其次，执事敬，认真做好教师的每一项工作。

最后，居处恭，站有站相、坐有坐相，尊重师长、爱护同学。

牢记"对党忠诚、服务人民、执法公正、纪律严明"的十六字总要求。为新时期的公安工作和公安队伍建设做出突出的贡献。

王大伟敬礼！

教师宁静的人生

我买了一个清光绪年间的豆腐账本，从正月初三一直记到年底，全是一句话："今天做豆腐二乍。"你闭上眼，眼前就是个老农民，晚上在油灯底下洗豆子，第二天早晨磨豆腐，推着小车，敲着古老的梆子上街去卖豆腐。他一年就做了一件事，兢兢业业。精益求精，这种匠人精神，平凡中透着伟大与超脱。

亲爱的老师：

你好！

年轻的时候在英国念书，导师叫比尔·塔夫曼。出外游学的时候，我们都下车了，他却留在车上，冥思苦想。我问他：你在干什么？他说他在思考人生的意义，好像英国人有这个习惯，没事儿就想想人生。

我一天下午躺在床上，也有点儿想思考人生，想来想去，感觉现在社会的诱惑太多了。天天有人来找你：咱们办个什么班啊？搞什么课题呀？做个什么节目啊，其实这都很有诱惑，无论是名还是利都有，可是想来想去就只给自己定了四句话。

一、晴耕雨读

我们家族往上推三辈都是农民。农民是啥？晴耕雨读。太阳好了，就卖大力气种地；下点小雨，回家上炕就睡觉，下两天雨农民就在炕上睡两天觉。其实农民闲着的时候也很潇洒，我们家的小炕桌上摆了很多古书：带绣像的《三国演义》，带小批的《水浒传》，那都是很好的书，所以，晴耕雨读是农民宁静的人生选择。

二、循安处善

什么叫循安处善？这是山西的大院子门楼子上的砖雕写着：做任何事情，都以安全为前提，都以善良为出发点。如果每个人都这么想，我们不去想什么金钱名利，都想着善良和安全，这社会是多么的和谐、多么的平衡、多么的稳定、多么的善良。

三、静养天机

这是个大俗话，因为公安大学门口有条河，没事去走一走，看看水底下的小鱼儿，一群一群地游，里边还有金鱼呢，那是放生的。你看看那么小的鱼儿还在快乐地生活，你为什么不快乐呢？到河边去看看鱼是次要的，每天要坚持一个小时的太极拳和气功，练练站桩，对身体有好处。

四、豆腐二乍

什么叫豆腐二乍？有一年我在潘家园买了一个清光绪年间的账本，从正月初三一直记到年底，全是一句话："今天做豆腐二乍。"你想想，豆腐二乍，就这一句话记了一年了。我闭上眼可以看到，眼前就是个老农民，他到了晚上在油灯底下洗豆子、择豆子，到第二天早晨的磨豆腐，做出豆腐来，推着小车，敲着古老的梆子上街去卖豆腐。一年就做了这么一件事，兢兢业业，精益求精，这种匠人精神，平凡中透着伟大与超脱。

总结一下：不浮躁、少说话、避开名利诱惑，小散心适当运动，每天写书四千字。这就是一个老教师的一日功课。

即颂学祺。

教师生涯的十二个平凡瞬间

亲爱的老师：

你好！

一、忠诚

每次给新生上课，我都要说：昨天你遇到小偷、欺侮女生，可以不管，但今天穿上警服，就没有退路。流血也要救人！用一个词概括公大学生，就是忠诚！而到了最后一节课，凄凉。"又送王孙去，凄凄满别情。"男孩如子，酸楚痛苦。嫁女最不情愿是父亲，学生结婚写对联作礼，说不出话，推说老了，眼经不住风……

二、监考

我去远郊监考，晨6时，家人嘱勿忘，急去校门口见有班车，打电话核定八点发车。七点着警服端坐于堂，恐误。到考场，领考卷，加两瓶水，手捧上楼，气喘。考试两小时，不许看手机，不许久坐。学生均"95后"，可爱，视如己子。交卷后，微笑道别，遇有求照相者，皆笑允。午乘班车回家，竟睡着，始知老矣。遂成这首《老汉监考七月天》："燕子双双绕夏空，蝉鸣阵阵徐徐风。几千学子同考试，车票夹在考证中。"（学生归心似箭，火车票夹在准考证中）

三、一节课记

"每日非琐事！"今天上警监班课，已经上了十五年。始时白发两根，今已秋霜染头。昨修改课件刻盘，恐少新意。下午去教室探查，防视频不动，音频无声。临睡嘱家人早叫我，晨8：30上课，8：00即到教室。静候学员，课前赠学员五十本新书。下课与学员留影，目送远去，凄凉。还能上次课？念之怆然。有诗："警服、粉笔、晚霞；秋风、细雨、白发。阅尽岁月繁华，铃响课下，教书人在天涯。"

四、人老先老腿

人老先老腿。上课爬教室五楼，腿痛次之，心慌为重。故每日上课，先上二层，不再上，从走廊这头散步到那头，待心跳平复，再上三层，依次类推。某日，有老师与吾同上楼，不方便歇息，强忍上楼，气喘不止。偶有学生悲悯，替老师将书包拿上五楼。亦谢。然即如此，不敢怠慢教学，但求无愧我心矣。叹息。

五、准时高贵

最平凡的教师，从来没有上课迟到一分钟。公安大学校园里，你会见到老人在奔跑，那一定是教师……我常想，在夜幕中抢救病人的护士，都是准时的；在颠簸中的三等小车站的铁路职员，都是准时的；在山村低矮的小学教室中教书的老师，都是准时的。位卑未敢忘"准时"，准时就是高贵。

六、我视职业多妩媚

"雪添珍珠山画烟，看着容易做时难，我视职业多妩媚，心头便有春雨天。"每次上课必须修改课件，即使轻车熟路，也根据听众增补最新内容。警监班上了十五年，每期备一次课；每次做电视节目，写文案给编辑，决不信口而来，直播更要有稿子，不许一句随口说；即使夜半，也要修改再睡。讲了近四十年课，越讲越觉得快被淘汰了，越讲胆越小。只想对得起学生、对得起自己、对得起良心。

七、职业如信仰

我视职业多妩媚，心头便有春雨天。电梯上见一教师，愁眉，问何故？答又要上课，郁闷！吾笑：每上课，本人便兴奋，如见大宾、如会故友。夜不能寐，辗转反侧，偶有一得，忙起身修改课件。职业如信仰：1. 理想。如砌砖工人，要建世上最宏伟的殿堂。2. 乐趣。得天下英才而教之，乐也。3. 神圣。凡视职业如此者，苍天定不负君。职业神圣，一品入魂。

八、第一节课的嘱托

奉侍人民，如敬父母。严惩犯罪，霹雳手段。

如果一个老人家走进派出所办户口，别问他干什么，先给他倒一杯茶。如果妈妈丢了孩子，警察要马上放下手中的工作去安慰她，然后才是让她登记——第一节公安学课的嘱托。

九、教室是圣殿

"公大教室是圣殿，天下英才聚里边。上课起立齐敬礼，金色盾牌杀敌剑。"白发苍苍的老师，时光都是在教室里度过的。进教室是神圣的。学生是排着队、喊着口号进教室，上课时全体起立，班长敬礼："报告老师，应到五十人实到五十人，请您授课。"老师回礼上课。上课要提前很早进教室，静静坐着，恭迎学生。

我一辈子上课没有迟到过一次，上本科研究生的课，要提前十分钟入教室，上军保系、警监班的课，要提前半小时进教室，安排好课件和投影仪，然后静静坐着，恭迎学生进教室。撒贝宁曾问我公安大学的学生迟到怎么办？其实这是不可能的，公安大学的学生是排着队、喊着口号进教室。

十、冬夜寒风

灯下备比较警察学课久，眼花不可视清晰。随起身洗警服，领花、警号、警衔——拆下，再装在新衣上，颇费力，人老竟用半点钟。忽有一丝凄凉：几年后退休，便不用如此费力。教材、警服皆平凡之物，然理想、忠诚则不平凡，为之奉献一生，便有惜别之情。平凡无声，庄敬日成。

十一、平安夜

五年前，硕士生毕业回家当乡村警察，三个月未发工资，忽发了两个月夜班费一千元，忙从外地来看我，风雪小饭馆，师生共话。分别，学生拼命结账。此行车票、住宿、吃饭，少说也要三百元，我给学生三百元，学生不要，跑走，失于风雪夜。目送泪下，情如父子。

十二、《一生为师说》

学为人师、行为世范、学生如子、体贴冷暖、甘于奉献、不图当官、严守规矩、决不收钱、为师谦和、敬礼在先、板书整洁、秀美课件、早到教室、礼仪恭站、下课开窗、通气循环、少发脾气、适当称赞、教子防病、资助贫寒、爱护孤儿、鼓励病残、一生一世、宁静平凡。

古文修养：心灵高贵的窗户

《对诗》

春花秋月听五更，时梦时醒待鸟鸣。

三千里外巴山雨，只是匆忙一面中。

雁失信，驿马停。敲断玉钗红烛冷。

记得对诗早春句，初秋才懂又朦胧。

亲爱的老师：

你好！

我觉得一个教师的古代文学修养非常重要，是教师素质的重要组成部分。

其实人生下来都是一样的。素质的高低，很大程度上取决于读书，一个人读书越多，素质就越高。腹有诗书，其人自华。

我们那个年代没有机会读书，读的书很少，渴望读书，羡慕读书或者是把读书神圣化了。

一、童年与书

我的文学启蒙，就是半部《三国演义》，半部《西游记》，没头没尾的那种。从六七岁到十来岁这几年。基本上把中国古代的名著，初级的那一部分都读完了：《水浒传》《三国演义》《红楼梦》《西游记》……借回书来，舍不得还，一笔一画抄下来，画上插图，再用绳子订起来。我自己抄这样的书有 100 多本吧。这样抄下来的书基本都能大段地背。

我还有个特殊情况，就是住了六次院。在医院里读了一些书，医院里有的是时间，不仅读书还能背书，启蒙的书就叫《名贤集》。我背过《孙子兵法》《道德经》《荀子》，甚至还背过《黄帝内经》的前半部分。说句实在话，在那个动荡的年代中，我在上中学以前读的书比现在我带的博士生读的书要多得多。

文学修养这一部分我最差。考大学的时候，1977 年高考我的作文都不及格，要不然我也不会上北师大，当时第一志愿报的是北大中文系。

二、少时读书

1. 读诗、背诗和写诗。文学的底子对我而言，那就是背诗。一本《千家诗》基本能背下来一半。小学的时候我还背过李璟、李煜（李后主）的诗。上大学的时候还爱读纳兰性德的诗、郑板桥的诗。近两年我读的诗有这么几本：

（1）《七家诗》。选读本《朱批七家诗》大鋬堂藏板。巾箱本，一函四册，朱墨套印，清代版。

（2）《渔洋山人精华录笺注》。选读本《渔洋山人精华录笺注》。二函十二册，凤翔堂藏板，清康熙版。

（3）《而菴说唐诗》。选读本《说唐诗原本》。一函八册，文茂堂梓行，乾隆丙寅重镌。

（4）《李义山诗集》。选读本《李义山诗集》。一函四册，吴江朱鹤龄笺注，武林沈厚塽撰评，三色套印，清代版。

2. 读书、抄书和藏书。我们那个年代没有书读，所以借了一本书就抄下来。在我的人生中，书籍是我最宝贵的东西，除了生命以外就是书籍了。

我逛旧书店，人家不要的那种关于写诗的巾箱本我却看过好几个本，比如说：

（1）《诗韵集成》。选读本《袖珍诗韵集成》。巾箱本，一函四册，书业德记藏板，同治丙寅年新镌，江都余照春亭辑。

（2）《诗料正宗》。选读本《诗料正宗详注》。巾箱本，一函六册，敬文堂梓行，道光丁酉年新镌，清溪散人辑注。

这些都是别人不要的东西，被认为没有收藏价值的东西，我都视为珍宝，特别是有一本《诗料正宗》的书，我就一直放在枕头旁边。我枕头旁边有一个小的锦盒，里边有这本书，还搁了一柄放大镜，每天晚上睡觉之前，就读读这本书。我觉得自从读了这本书，我写诗的水平还是有所提高的。这些都是古人教怎么写诗的书。过去说读书破万卷，下笔如有神。

3. 读书还要和版本学相结合。最好看木版、文言文、无标点的书籍。比如说关于文学修养的书，就可以给大家推荐这几个版本，这几本书可在图书馆借阅：

（1）《格言联璧》。选读本《格言联璧》。一函一册。存板上海六马路仁济善堂。光绪庚寅仲夏。

（2）《茅亭客话》。选读本《茅亭客话》。一函一册。江夏黄复休集。黄冈陶子麟刊。

（3）《史记菁化录》。选读本《史记菁化录》。一函六册。红杏山房板。同治癸酉重镌。

（4）《古文词略》。选读本《古文词略》。一函六册。书业德记藏板。同治丁卯季春，合肥李氏校对（包括：论辩、序跋、奏议、书说、诏令、词赋、诗歌、碑志、箴铭等）。

（5）《文章轨范》。选读本《文章轨范》。一函四册。书业德记藏板。光绪二十一年季冬，湖北官书处重刻。四色套印。

（6）《文心雕龙》。选读本《文心雕龙》。一函四册。道光十三年冬。刊于两广节署。三色套印。

（7）《六朝文洁》。一函两册。光绪丁丑读有用书斋摩镌。两色套印。

（8）《古文喈凤》。选读本《古文喈凤新编》。一函八册。乾隆五十一年。汪敬堂先生钞辑。大盛堂梓行署。三色套印。

以《古文喈凤》为例：汇集中国从春秋战国到明代各朝美文，流传广泛，被多次翻印。具有很高的文学和历史价值，是古代人民留给后世的精神财富，汇集了中华民族的精华思路。与《古文观止》不同，《古文喈凤》选编的文章都集优美和内涵于一身，宛若名曲汇集一同演奏，让人爱不释手。如今，《古文喈凤》为文学界重要的研究文献，而流传至今的古籍善本更成为收藏家竞相珍藏的文物。

三、壮年写诗与写书

首先，我不是学中文的；其次，我小时候又赶上"文化大革命"，所以这辈子在文学修养方面欠缺很多。但是就是这样，我自己还出版了好几本关于文学和人生内涵的书。比如说《观雪听雨》，是军事医学出版社出的。《孤馆雨留人——王大伟的人生笔记》是湖北科技出版社出版的。最近我还出了一本书《王大伟家书》，中国人民公安大学出版社出版，这里面收集了我很多诗，虽然写得歪七扭八的，但是也是自己的小心得、小体会，"春蚕到死丝方尽，蜡炬成灰泪始干"，也是自己人生的一点点总结。

四、与文人大师的差距

作为一个青年人也好，作为一个高校老师或者是科技工作者也好，一定要有文学修养。你看过去那些大师，文学底子多好。严复翻译《天演论》的文笔多好。你在看林语堂的英文比英国人都好。可是林语堂的中文底子也很好。不仅社会科学是这样，自然科学也是这样，记得华罗庚吗？那是数学大家，优选法之父，可是你看他写的古诗多好。

我现在已经 60 岁了，我给自己的目标是，每年写三五本书，读 60 到 100 本书。我现在眼睛花得厉害，还给自己定下这样高的目标。所以年轻的朋友们啊，你们打游戏机也好，看足球也好，但是也得抽点时间读点书。我博士面试的时候问：你读过什么书？学生们基本上都没读过，这还是现在的博士生，一声叹息。

即颂学祺。

爱书与收藏书的七种方法

李时珍写《本草纲目》那年62岁了，他把书写出来了，可是没有钱去出版。我今年也62岁。我想，我一定要写一本好书，在我活着的时候把它印出来。我想用《本草纲目》来激励我，写一本《犯罪纲目》：中国人自己的犯罪学，一本实证的犯罪学。如果子孙后代说：100年前出的《犯罪纲目》真是一本好书。那我就死而无憾了。

亲爱的老师：

你好！

古人说："有书真富贵，无事小神仙。"

书的收藏，不应该和其他古玩的收藏，和其他艺术品的收藏是一样的。所谓书籍，它是你的导师，是你的新朋，是你的故交。收藏古书和热爱古书是古人的雅好之一。

热爱古书、收藏古书的六种方法：

一、敬重古书作者

许多年前的一个下午。我去某卫视录节目，名字叫《洗冤录》。时间马上就要到了，刚要起身下楼，突然觉得心里没底，我就从书包里拿出今天要录制的书，叫《洗冤录详义》，大清光绪十二年制。我把书放在桌子上，很虔诚地向这本书作了一个揖，希望这本有一百年历史的书会有神灵附体，保佑我能够录制成功。举头三尺有神明，宋慈已经死了七百六十一年了，愿他的神明能够赐福于我。洗冤录这本书很多人看不起，尽管《宋慈的绝活》热播了第一期、第二期，但是很多专家学者对此颇有微词，什么滴血认亲啊、什么检骨之法啊都被斥为是伪科学。真的有一批这样的中国人，很多是学者，他们的主要任务就是寻找母亲的丑恶，他们先证明中医是伪科学，又证明风水学是伪科学，现在又要证明《洗冤录》是伪科学。记得有一次在中央电视台和沈冰录《新闻观察》，谈的也是《洗冤录》。录制完成后两个法医的博士生非常不高兴，甚至有点气愤，在他们看来《洗冤录》这个法医的鼻祖不过是一个下九流的江湖骗术。在我们拼命寻找母亲丑陋的同时，韩国人一次又一次地将我们的端午节、中医、针灸术、风水学去申报世界遗产，想到这儿我的恐惧反而变成了愤怒，愿宋慈的在天之灵保佑我。想到这儿我毅然地提起了行李和道具，义无反顾地走下了楼。

二、与古书作者的心灵沟通

李时珍写《本草纲目》那年 62 岁，他把《本草纲目》写出来，可是没有钱去出版，所谓出版就是要找人用木刻印板印刷出来，但李时珍没有这个经济实力，所以他在死的时候并没有看到自己的书。我今年（2018年）也 62 岁。我想我一定要写一本好书，然后争取在我活着的时候，把它印出来。今年是李时珍诞生 500 周年，他用了一生在写一本，所以那才是一本传世之作，那才是一本好书。

某天上午去潘家园，一个卖书的老朋友看我真的想买《本草纲目》，他就送了我一本单册的《本草纲目》。玩古书的都知道，单本、残本根本不值钱，但是我还是很感激他，我到家已经七点了，也顾不上吃饭，把这本书包了皮修理好，上印藏书，画了藏书票。

我想用《本草纲目》来激励我，写一本《犯罪纲目》：中国人自己的犯罪学，一本实证的犯罪学，一本实用的犯罪学，一本我们中国人在日常生活中自己总结出来的犯罪学。如果我们的子孙后代说：哎呀，100 年前出的《犯罪纲目》真是一本好书。那我就死而无憾了。

我这个人的毛病还是有点儿虚、有点儿飘，还没有真正地沉下心来，过去有位诗人叫臧克家，他给我写了一副对联，叫："凌霄羽毛轻无力，掷地金石自有声。"小小的一本不值钱的《本草纲目》给我的激励非常大，就像现在孩子们特别喜欢的咸蛋超人，如果突然得到了一个咸蛋超人的玩具就会从心里感到特别的自豪和骄傲。

我去山东淄博还看了蒲松龄的故居，蒲松龄也是一辈子不得志，写了一本书叫《聊斋志异》，他死的时候《聊斋志异》也没出版，蒲松龄是抱着书进的棺材。

现在 60 多岁啦，自己也得咬着牙，不能那么浮躁，不能那么轻薄，不能那么放纵自己。"闭门却扫，收招魂魄"，咬着牙，关起门来，认认真真地写几本好书，不能滥竽充数。

三、"敬包书皮"

书买回来就要给它包个书皮，而木版书就不单是书皮了，而是要用宣纸做上一个新的书皮，再用线把它订上。这样可以使得有百年以上历史的书焕发青春。一是保存，二是干净。因为我总觉得旧书可能里面会有蛀虫、会有细菌和脏东西。

四、"刻藏书印"

读书的时候还一定要给自己刻藏书印。刻藏书印有很多种。藏书印：公安大学王大伟藏书。

五、"画藏书票"

我还要给书画一张藏书票。藏书票是非常讲究的艺术品。

六、"上木头藏书夹板"

如果有可能，做一个木头的藏书夹板。樟木、楠木、柴木的皆可。

七、"书包袱皮"

书外面还要有一个蓝印花布做成的书包袱。我现在还记得我奶奶的那个蓝印花布的包袱皮儿，上边还系了个大铜钱咸丰重宝。我在日本念书时，老师上课拿来的一本书叫《六法全书》，外面就是用印花布的包袱包着，那可彰显档次了。日本老师会夹着书包袱慢慢地走，有意无意地显摆一下。

安徒生曾经说过：当孩子念书的时候，头上是有光环的，旁边是有风铃般音乐的，而且书会长出树叶儿，每个树叶都是一张精灵的笑脸。

千万不要指望收藏的书能够增值，千万不要指望收藏的书能够致富，书只是给你知识的，而知识是第一位的。

古人说："人遗子，金满嬴。我教子，惟一经。"（我留给孩子们的只有书，而别人留给孩子们的是一屋子金子。）

一本书，可以成就一个人的美丽，可以帮助孩子树立一个伟大的理想。给孩子留一本书，远胜过金银。过去是这样，现在是这样，再过100年还是这样。

祝福。

教师慎防八类职业病

亲爱的老师：

你好！

我当了一辈子教师，现在才体会到教师有很多职业病。

一、感冒

第一个职业病，也是最常见的就是感冒，如果一班里有 50 多个学生，甚至 80 多个学生，冬天流感一来一般老师都跑不了。如果老师的身体抵抗力再弱点儿、再累点儿，一两个月就感冒一次。

每次课间休息，我都嘱咐学生们把窗户打开。越是冬天学生越不爱出去运动，你把窗户给他们打开，他马上就给你关上，所以一到了冬天，教室里是一片咳嗽声，一定要动员学生课间把窗户打开，出去活动十分钟，打开窗户，净化空气。

二、咽炎

第二个职业病就是咽炎。可以说咽炎在老师中占的比例最少也得 30% ~ 40%，还有鼻窦炎。反正嗓子疼了，带着鼻子疼。我这个鼻子里边还做过上颌窦囊肿手术，做完了之后鼻子疼带着头疼。有的时候上课头疼得要命怎么办？拿开水烫脸，才能够缓解一下头疼。

很多老师上课泡着茶，还有治咽炎的药，如菊花、胖大海。什么作用不知道，但是有总比没有强，所以也希望老师们上课的时候别太累。

三、静脉曲张

第三个职业病就是静脉曲张，因为老师老得站着。静脉曲张在老师中的比例我不知道，但是绝不是一两起。现在上课教师不许坐着讲，必须得站着，可是你想一上午要四节课，你站下来还不给累瘫了？所以真的希望能够改一改政策：人老、身体有病的，或者女同志在特殊的时间段，能不能上课也坐着讲一小会儿，实在不行站一会儿讲一会儿。

四、帕金森综合征

第四个职业病就是帕金森综合征，虽然没有证据证明老师得帕金森综合征的多，但是我看过一个材料：在老师群体里帕金森综合征高发，可能就是因为脑缺氧，费脑子。咱们公安大学有位老师，到了60岁两只手都抖得不行，到最后全身都抖了，一开始没确诊是帕金森综合征，后来确诊没有也不知道。

五、心脑血管疾病

第五个职业病是心脑血管的疾病，公安大学有个老师在外地讲课，连讲了一个礼拜。回来之后据说半年都说不了话，那就是累的。

当老师连上三节课都累，要是上午讲，下午也讲基本就受不了。我觉得就大学的专业课而言，一周不要超过12~14节课，因为你还得备课呢，讲得太多了，一个是备课不行、质量不行，最重要的是身体也是不行的。生病了，老了都要量力而行。

我讲课快40年了，每次课间十分钟都在外边走一圈遛一圈，闭着嘴不说话，说话多了伤脑子。孔子讲："食不言、寝不语。"还有一句老话叫"人说千句，不死自伤"。所以课间一定要休息，休息的时候别说话，出去走一走，见见风，看看太阳，别把自己累坏了。

六、消化系统的疾病

第六个职业病是消化系统的疾病，为什么？因为老师备课紧张；上课紧张；讲好了紧张；讲坏了就更紧张了。学生要给老师打分，这次你打分要是低点的，自己脸上也挂不住，也影响同事对你的看法，所以老师得胃病、胆囊炎都不是少数。有些老师，早晨起来睡过头了，就不吃早饭了，这可不行，你不吃早饭不仅是伤胃，还容易得胆囊炎。早晨一定早点起来，实在吃不了早饭，拿个杯子倒上一杯牛奶也行，起码别让胃空了。

七、心理压力

第七个职业病是心理方面的压力。老师这一辈子也不容易，同样是进了国家机关的和进了高校的，20 年以后差距就看出来，很多老师心里有点不平衡，为什么我的同学就当了官了呢？为什么我这一辈子就是教书匠？所以这里面抑郁、焦虑的、神经衰弱的都有。

当个老师心态一定要平衡，当老师就是灵魂的工程师，咱也不图当官，咱也不图挣钱，就图个奉献吧。过去有一句话："得天下英才而教之"，那就是最大的乐趣呀！

八、视力损害

当老师的时间长了，不戴眼镜的可真不多，因为你得备课做课件，还有写书的压力、科研的压力。现在眼睛都是对着电脑，时间长了近视、老了花眼等各种眼科的疾病，随着年龄的增长都来了。

我上小学的时候赶上了一个好老师，教了我一个口诀，叫："一寸、一尺、一拳"，什么叫一寸呢？就是手握笔的时候离着笔尖是一寸；一尺是眼睛，离书有一尺；一拳是前胸口离桌子要一拳。

小的时候还学过一套保健操，占了大便宜。我 60 岁，眼睛还没近视，这都是沾了小学老师的光啊，小学老师就跟我说：写十分钟的字就往外面看一看，看着绿树叶儿，看两三分钟，再回来。现在还有人说：眼睛保健操没有用，管它有用没用，但是我们这一代人戴眼镜的比 "80 后""90 后" 要少多了，你说它有用还是没用？

当老师的并不愿意把眼睛盯在电脑上，可是没办法，有很多工作要做功课。那咱这样吧，上一会儿网，看一会儿绿叶，咱就休息。每天给自己限制个时间，两个小时、三个小时上网，其他的时间，多进行一点户外活动、体育运动。

当老师的也别悲观，据说，世界上要论平均寿命，最好的职业是政治家，他们活得最长。第二是出家的人，像什么佛教、道教教徒；农民活的时间也很长……好像当老师的平均寿命也不是最低，大概在中间吧，所以大家还是应该关心自己的健康，欢欢喜喜，坚持到底，争取都活一百岁。

王大伟在这儿给所有的老师请安啦。

慎防猝死：消除讲课疲劳和脑缺氧的八种方法

1985 年 6 月 12 日下午 4 时，华罗庚在东京大学数理学部讲演厅向日本数学界作讲演，讲题是《理论数学及其应用》。下午 5 时 15 分讲演结束，他在接受献花的那一刹那，身体突然往后一仰，倒在讲台上，当日晚 10 时 9 分宣布他因患急性心肌梗死而逝世。

亲爱的老师：

你好！

一、多洗热水澡

据医生说："人全部能量消耗的 70% 在大脑。"所以，讲课是很伤身体的。如果上完课以后觉得头昏脑涨，稍微有点晕，有点头疼，或者是走道不稳的话，那就是大脑缺氧的表现。怎么办？最有效的方法就是洗个热水澡（淋浴），水温稍微高一点，洗上五分钟。过去有句话："工作完毕洗个澡，好像穿件大皮袄。"

二、河边散步，不要说话

过去我在英国学警察学，导师比尔·塔夫曼下课就到酒馆里坐着，一个人面壁，什么话不说，我问他为什么这样，他说："我讲了一天课，就像毛巾里的水都挤干了，我得慢慢地恢复。"

一般说来说讲完课，要认认真真地休息半个小时到 40 分钟，方法之一是出去散步。最好找个就近有山有水的地方，有绿树宁静的地方，有鸟语花香的地方。走路也不要太快，慢慢地享受大自然。但是一定不要再说话再聊天，闭上嘴好好地休息。

过去我在央视直播新闻。比如点评突发事件、暴恐袭击，那都是直播，所以大脑特别紧张，不能出一点儿错，等到直播完了，人就像散了架。从央视的老台走到公安大学，慢慢地走要走半个小时。这个时候就慢慢地往家走，自然放松，走到半路有一个永和豆浆馆，不行就进去喝碗豆浆，吃根油条，这样就放松下来了。电视节目直播完走半个小时到 40 分钟，是一种值得推荐的休息放松法。

三、谢绝饭局

有的时候讲完一天课后很累，特别是到外地，或者是去扶贫，或者是在基层的公安机关讲课。主人一般过意不去，晚饭会请你一块儿吃，这个时候你已经很累了，再去吃饭谈上一两个小时，对大脑非常不好。讲完了课感到不舒服，猝死也是有的啊。

所以，如果讲完课以后很疲劳，哪也不要去，到宿舍里，自己能静静地坐一会儿，躺一会儿，我感到太累了的时候，睡一觉，睡上半个小时、一个小时，精神就缓解了。

四、下午授课

就一般规律而言，人的精神头往往是在下午，所以如果是自己能排课的话，最好是下午上课，有高血压、心血管疾病的人，早晨天不亮就去讲课的话，血压会高，身体承担的危险可能会大一些。上午休息一上午，下午再去讲课精神会好一些，也安全一些。如果没法排课，你又有慢性高血压，早晨起来就上课的话，一定别忘了吃药。

五、出差早晨不锻炼

我刚参加工作是在公安部政治部干部培训处，好像是我第一次承担的难忘的工作，就是接一个外地的老师从广州回北京。这是一位黑龙江警校的很年轻的教师。他从黑龙江坐火车到广州去编写教材。30 多年以前，从黑龙江坐火车到广州，得坐了一天又一夜，人很辛苦。

第二天早晨，这个老师还要晨跑，觉得鞋有点夹脚，就蹲下来整理，结果人啪的一声摔在地上。虽然人还有知觉，但是全身都麻痹了。

当时公安部紧急调集了一个闷罐车，把这位教师接回北京，我就是在北京站抬担架接的这位教师。送到医院里他人全身瘫痪了，如果说呼吸的肌肉也麻痹的话，这个人就救不过来了。幸好医生有经验，说这叫电解质平衡紊乱。马上给这个小伙子输了钾。输了一两个小时，看这小伙子躺在床上，二郎腿能翘了，我们才放心。

我的经验之谈是：长途跋涉到基层、到灾区、到贫困地区去支教，疲劳的第二天千万不能早锻炼，因为这个时候你的电解质平衡是紊乱的，第二天早晨是可以晚起床也可以赖床的，特别是有心血管疾病和高血压的人更要注意。

六、勿急回家

很多人到基层授课，上午讲完课，下午就在坐火车还京。长途跋涉这样很疲劳，我这一辈子出去讲课，去了很多城市，但有时连这个城市长什么样也不知道，有的时候我去一个城市，人家就问我说，王老师你来过我们这儿吗？我说没来过，人家说不对呀，你去年来过。为什么呢？因为我讲完课就走，我就没有仔细看过这个城市。所以身体不好的、年老的同志，讲完课以后在宾馆宿舍稍微休息一会儿，明天再走，不差这半天时间。

七、太极拳与气功

当老师的一定要学一段太极拳，或者是站桩、气功等内家拳。讲课累了，就说明人的大脑和身体的阴阳不平衡，怎么调节回来？太极拳、气功、站桩，放松意志，调节内心。当然是最好的办法。俗话说，打通任督二脉。心平气和，身体机能才能恢复。出外讲课，不管多累，可以在宿舍或者是在公园里，打打太极，练练气功。

八、心爱之物

每个人都有自己心爱的礼物，都有自己在最疲劳的时候可以放松的东西：一个小熊、一本诗集、一张孩子的照片、一个心爱的小手串儿……出去讲课的时候把它们带上，这样能缓解思乡的情绪，更重要的是能够迅速适应环境，使自己摆脱疲劳。所以，我出去讲课不仅要带上内裤、袜子、背心、吃的药，更重要的要带一本自己最爱看的书籍。带一件自己心爱的小玩意儿，像什么鼻烟壶，一个建盏茶杯。

祝福健康平安。

文人的标签：琴棋书画

亲爱的老师：

你好！

做一个知识分子也好，做一个老师也好，不能光天天读书，也应该找点零碎时间，也应该玩一玩，热爱生活。其实，玩的过程也是学习的过程，特别是学习中国传统文化。

有一天我打车，司机是个八旗子弟，正黄旗。到了清朝末年，这些八旗子弟特别会玩，可以说什么都会玩。他说自己会分蝈蝈，有各种各样的装蝈蝈的葫芦。

这个时候我就冷不丁地跟他说了一句，我说你会斗鹌鹑吗？你知道什么叫鹌鹑 36 品吗？"正黄旗"大惊："你还能玩儿这么深？"其实，因为我有一本同治八年的《鹌鹑谱》，那里面讲的就是怎么养鹌鹑、斗鹌鹑。把"正黄旗"吓了一个"跟头"。

我说，琴棋书画是文人的标签。

一、琴

第一个字是琴。在中国传统文化的人那里，琴字不是指的钢琴，而是咱们中国的古琴。我朋友老冯家里头没有汽车，房子也一般，可是他有那六把中国古代的名琴。去年八月十五他邀请了我到砖塔胡同赏月听琴。砖塔胡同那儿有个书店，那是过去耶律楚材（字晋卿，号玉泉老人，湛然居士，契丹族，蒙古帝国时期的政治家）向他的老师学琴的地方。八月十五夜明月高升，用真正的元代的琴演奏，听琴赏月，这叫雅集。

"锦瑟无端五十弦，一弦一柱思华年。"

古琴是非常高雅的东西。听琴，那就必须要有这种小院，坐在葫芦架下，品着茶，听着各路朋友在那里吹箫、弹琴，还有唱京戏。

这时突然有人说：快看月亮！大家仰起头来，月亮从云彩中飘了出来，让人想起了彩云追月。这里没有名利，没有仕途。有的只是对传统文化的追求和欣赏。

弹琴的是一位老爷爷，他把他的徒弟、外孙子都带来了。古琴这项绝技，一代一代传承下去。我真想把自己的小孙子也带来，让他感受一下传统的文化。我想：一个孩子，如果他三四岁就去学古琴，一定能够提高他的整体素质。

一个女孩子，穿了一身黑衣服，坐在葫芦架下，宁静地弹琴，那琴的声音非常小。不努力听的话，就听不到，这就是古琴的高雅之处，它不像古筝弹高山流水，或许会扰民的。你想想，中国人认为什么是高雅呀？古琴不扰民，那就是高雅，你再想想为什么黄花梨好、楠木好，就是它的味儿都不大，都不刺激人。这就是中国古代的哲学，要夹着尾巴做人，不显山不露水。

玩琴的人，第一不能走权势，第二不能苟求富贵，古琴也不是一个表演的琴种，他就是朋友聚集在一起，来述说彼此的情趣，所以历史上的伯牙抚琴，讲的是这种高贵友情的故事。

这样的一个节日的夜晚，没有官员讲话、剪彩，只是朋友们随便地坐一坐，欣赏一下主人收集的古琴。唱一唱自己喜爱的京剧，吹一吹洞箫，弹弹古琴。充满着随意、平淡和温馨。

旧的门墩埋没在荒草之中。葫芦架下，大家仰望着星空，看着月亮慢慢地爬上天空。听着古曲，时有时无。让人忘记了烦恼、忘记了忧愁、忘记了工作。只是沉浸在对传统文化的欣赏和追求之中。

我的朋友老冯，据说，他有一把元代的名琴，叫"清流"——那可是无价的宝贝，琴腹还贴了一张旧黄纸，记述着光绪年间还是同治年间修琴的经过。

"谈笑有鸿儒，往来无白丁。"这真是一个难忘的夜晚。八月十六的北京，天气已经渐渐地冷了，但是这难忘的一夜却永远留在我的心中。

二、棋

下棋也不是咱们说的象棋，那是围棋，是非常讲究的。围棋是文人的最高境界之一，我曾经见过一本围棋谱，里边有一张插图：《坐隐图》，画的是古代人隐居的生活。由于我喜欢这张图，就把它分割成了 12 幅图，作为我的一本书《观雪听雨——王大伟人生笔记》里的插图。

三、书

就是写字。每个人都要认认真真地学习书法，为什么呢？古人讲："心正则笔正。"字写好了，你干什么事情才能坐得下、稳得住。写好字是做人的基本功，有一年犯罪学学院出去打靶，结果有人打了 98 环，有人打了 60 环，还有的人脱靶了，为什么呢？大家回来的时候，就在大巴上商量讨论，结果发现了一个惊人的秘密：凡是打 90 环以上的人，都是写毛笔小楷字写得好的人。你看，这多么得神奇。

四、画

古代的文人都会画画，你看那些清朝、明朝的大臣，画的画都非常漂亮。小时候在姥姥家，有古画四扇屏，画风雅致。那种是没骨画，上面小字儿也写得好。我永远记得作者写着："旧见南沙老人有此，筱华——孙承恩敬写。"有一天在琉璃厂跟人聊天，人说这个孙承恩是顺治年间的状元。后我到张家港出差，在孙承恩雕像前，我在心中默默地说："你是我未曾谋面的先生。"

我每次上一天课累了，就到河边去走走。春天开的是玉兰花，夏天开的是月季花，有的时候记不住啊，就用手机拍下来，回到家里用水墨画把它画下来。

肃具寸笺，布覆并谢。

文人的至爱：文房四宝

有个学生要到韩国去参加中韩书法交流大赛。我还嘱咐这位学生拿着这支毛笔，别让韩国人"嘚瑟"，告诉他们真正的文化根基，书法及笔墨纸砚的根基都在中国。

亲爱的老师：

你好！

虽然你们是青年老师，我还是劝你们在笔墨纸砚上下点功夫。

一、毛笔

毛笔非常讲究。十几年前我在南方的一个城市里出差。闲逛古董店，看见橱窗里躺着一只老毛笔。我仔细一看，竟是一只老凤眼管的毛笔、上面刻着"横扫千军"，是一只湖笔。老板要价一千块，我舍不得买，回到宾馆。第二天早晨是 11 点的飞机，可是在宾馆里这一晚上，我睡不着觉，梦见的都是这支湖笔。次日早晨 9 点多钟，我又打车到古玩店，感动了老板，把这支毛笔以低价拿下。回到北京，我又找人安上了笔头。成了我这辈子写书法的至宝。后来有个学生要到韩国去参加中韩书法交流大赛。我还嘱咐这位学生拿着这支毛笔，别让韩国人"嘚瑟"，告诉他们真正的文化根基，书法及笔墨纸砚的根基都在中国。

二、徽墨

墨也是好东西。我在潘家园玩儿，有一个朋友说：我送你一小块墨吧。是很小的一块墨，上面还写着：为人民服务。是"文化大革命"期间生产的，可是它用的还是老方子，结果我回家后一研墨，清香扑鼻，为什么呢？这里边既有冰片又有麝香。现在新制徽墨，我研磨许久，一点味都没有。

三、宣纸

我有个爱好，就是收集古代的印板，特别是印信笺的板子。宣纸我用的是自己印的信笺：有夕阳渔归、有麒麟送子、有琴棋书画……用自己印的信笺写首诗、抄个信，那是清贫典雅、别有风味。

四、端砚

砚台那就更有意思了，现在正时兴端砚，可是端砚贵，我不太买得起。可是现实生活中有古文的瓦砚，就是用过去旧的瓦片做的砚台；还有古代的砖砚。有一次我在旧货市场上看到一块砚，那是过去清朝金砖改的。上边写的是"康熙苏州知府周梦锦署知事陈徒伟管造"。沧桑古朴，别有风味。

务望顺时珍重，不既。

感恩公安大学

平生不结无义友，一心只报有恩人。

亲爱的老师：

你好！

一、问自己三个问题

我常跟我的硕士生和博士生说，每天都要想一想，问自己三个问题：最近我为家人做了什么？我为学校做了什么？我为祖国做了什么？

我在公安大学几乎干了一辈子。1986 年从公安部调到公安大学，已经在公安大学工作生活了 33 年。如果用一句话来厘清我对公安大学的感情，那就是：感恩。

二、小学老师

我的小学老师已经 90 岁了，是个老太太，已经瘫在床上，有一天她突然打电话，说让我去看看她。我看到老师后，老师非常高兴，给了我一封信，她让我回家再看。我回到家里一看，这封信写得非常感人。

信里是这样说的："我就是北京 11 学校一个平平凡凡的老师，我为北京 11 学校奉献了自己的一生，我现在已经 90 岁了，听别人说，在校史馆里，有我一张年轻时的照片，听到这个消息之后，我感动得不得了，学校还能够记住我一个普通的老师。"

我读信至此，不禁泪下。老师为学校奉献了一生。学校只是把她的照片放在了校史馆里，就刻骨铭心。这就是老教师的心态，默默耕耘，不求回报。

三、三次公派出国留学

1986 年，我从公安部调到公安大学工作，学校对我的成长给予了巨大的支持、鼓励和帮助。历届校长都对我给予了很大的关怀。

三次送我公派出国留学：一次是去英国埃克塞特大学留学；一次是去芬兰赫尔辛基欧洲和北美犯罪研究所留学；还有一次是去美国，由于工作的变化而没有成行。正是由于两次出国进修学习，为我参与引进西方警察科学、介绍西方预防犯罪的最新趋势提供了前期的帮助。

四、多次立功评奖

我要讲的是：每次让我去申报奖项，我自己和主管领导并没有私人的关系，有的领导我甚至没跟他讲过一两句话，可是，他们都在默默地支持我，给我帮助。所以，到今天，我 60 岁了，我真诚地说一句：感谢历届校领导，给你们敬一个庄严的军礼！

五、做电视节目

20 年来我做了一些电视节目，节目获得了很多人的支持，也有很多质疑的声音，甚至有批判的声音，在这种情况下，学校领导都是给予我正面积极的支持，使我有力量一步一步地走上电视荧屏。

十几年前，那时候的我电视节目做了很多。就有一些公司老总跟我说："王老师你到我们公司来吧，收入是你当老师的十倍百倍。"我当时也不是一点没动心，就回去找父母商量。我父母都是八路军和老解放军。他们一口就回绝了，说："你不能离开公安大学。学校是你这一生的寄托和为之奋斗的圣地。"

六、真正的荣誉

我这一生都在教学一线，一官半职都没有，连个副科长都没当过。但就在前几年，学校还专门成立了王大伟教授工作室，对外叫做青少年安全研究所，这是公安大学老师难得的荣誉。

为什么要写这 50 封信呢？我没有任何可以回报学校的。值此 70 周年校庆，我一个最普通的教师，位卑未敢忘报效学校。我用这 50 封信，感谢学校对我的帮助教育。衷心祝福我的学校，青春常在，前程似锦，国内领先，世界前茅。

敬礼！

中国知识分子的精神特征

亲爱的老师：

你好！

从古到今，中国知识分子，有一种最闪亮的情怀，就是热爱祖国。而忠诚，更是中国知识分子的精神特征和追求的人生与理想的目标。

历史上的屈原、文天祥、岳飞，以及近代的左宗棠、曾纪泽；近些年来的钱学森、邓稼先，都是以忠诚祖国而名垂青史。作为一个现代的知识分子，作为一个高校的老师或者科研工作者，忠诚，应该是人生第一位的追求。

我讲一个老王家三代回国带回来礼品的故事。

我的爷爷叫王书皋，从小他十几岁就在现在韩国的首都首尔做小石匠。七七事变爆发以后，韩国待不了了，我的爷爷就从首尔回国。他回国的时候带了两床棉被，这是他回国的时候唯一的物品。当他回到山东之后，刚一上岸就被日本宪兵抓进了大牢，被吊在房梁上七天七夜。坐老虎凳、灌辣椒水。这是为什么呢？因为我爷爷带回来的这两床棉被里铺絮的都是八路军急需的药棉。这是我们家族第一代人出国带回来的礼物。

我的父亲叫王静平，他在苏联的基洛夫军事学院学习原子武器的防护。他回国的时候我去车站接他，他从火车上拿下来两个特别大的木箱，当时我妈妈就问："这是电视吗？"父亲说这两箱子都是书，就是防护原子武器的书。小时候，我就知道什么时候中国原子弹要爆炸，只要父亲借了狗皮帽子，那就是要去那个中国原子弹基地，当时我问父亲："什么叫原子弹？长什么样子啊？"父亲就说："原子弹是一个大爆竹，挂在树上一拉就响了。"那两箱子防护原子弹的书，是我们家族第二代人回国带的礼物。

我是 1991 年从英国埃克塞特大学学成回国的，我回来的时候带了 70

公斤书，甚至可以说还不是书，只是复印的 70 公斤外国警察学的资料。你知道吗？在这之前，我们对西方警察学了解非常少，在我毕业前一个月，我就在图书馆里夜夜加班，复印了 70 公斤外国警察学的资料，都是我们国家急需的外国警察学的理论。我回国的时候把东西都扔了，就带回这 70 公斤复印的资料，参与引进与开创了中国警察学（公安学）的伟大工程。

这就是我们家族三代出国带回来的礼物，祖国就是我们家族世世代代奉侍的神圣，祖国就是我们三代人为之倾倒忠诚的圣地。

"最崇高的爱是爱祖国！"

敬礼！

《古文啭凤》：一本在手，上下千年

> 年轻的时候牙齿好，可是没有花生吃，现在老了，花生随便吃，可是牙齿又不行了。年轻的时候记忆力好，可是没有书看，没有书背。现在是有书了，可是又没有脑力，没有记忆力了。

亲爱的老师：

你好！

说到古文修养，往往人们讲的是背诗。但是实际上，古代的一些好文章也是值得一读的，对我们的写作，对历史的新认识，对提高自己的素质，都是很有帮助的。因此，我说不仅要背诗，还要背点好文章。

我向大家推荐一本书就叫《古文啭凤》。如果想了解一下中国古代到底有哪些有名的文章，这本书是一个集大成者。就好像我们要买听歌的光盘一样，买了一盘老歌，上面把所有好听的老歌曲都汇集在这一张光盘里了。

《古文啭凤》这里面收录了很多文章，好多都是我们小时候的中学教材。可见这本书的收藏价值还是很高的。

无论是年轻的老师，还是科技工作者，都应该好好地背点儿古文。我给大家推荐的这本《古文啭凤》就是其中比较好的精选本。

某个星期天，我在潘家园见到一本《古文啭凤》。《古文啭凤》，一函八册，乾隆五十一年，汪敬堂先生钞辑，大盛堂梓行署，三色套印。

翻开一看，首先映入眼帘的就是《五柳先生传》。

> 先生不知何许人也，亦不详其姓字，宅边有五柳树，因以为号焉。闲静少言，不慕荣利。好读书，不求甚解；每有会意，便

欣然忘食。性嗜酒，家贫不能常得。亲旧知其如此，或置酒而招之；造饮辄尽，期在必醉。既醉而退，曾不吝情去留。环堵萧然，不蔽风日；短褐穿结，箪瓢屡空，晏如也。常著文章自娱，颇示己志。忘怀得失，以此自终。

赞曰：黔娄之妻有言："不戚戚于贫贱，不汲汲于富贵。"其言兹若人之俦乎？衔觞赋诗，以乐其志，无怀氏之民欤？葛天氏之民欤？

这一段文字看得我好兴奋，如痴如醉，再看下一篇，就更精彩了。

春夜宴桃李园序（李白）

夫天地者，万物之逆旅也；光阴者，百代之过客也。而浮生若梦，为欢几何？古人秉烛夜游，良有以也。

如果说背点小诗，好像我吃开胃菜；但是背两篇好文章，就像是吃了个大餐。

即颂学祺。

附

《古文啼凤》优秀文章如下。

卷之一。孔子家语、观敧器

卷之二。左氏春秋传、郑伯克段于鄢

卷之三。楚子伐徐、公羊春秋传、谷梁春秋传

卷之四。国语、战国策、楚辞

卷之五。汉书（求贤诏、养老诏）

卷之六。

季汉文：隆中对、出师表、后出师表

六朝文：兰亭诗序、陈情表、归去来辞、五柳先生传

唐文上：十思疏、滕王阁序并诗、陋室铭、阿房宫赋、原道

卷之七。

唐文下：捕蛇者说

宋文上：醉翁亭记、秋声赋、六国论

宋文下：留侯论、前赤壁赋、后赤壁赋、岳阳楼记、正气歌

卷之八。阅江楼记

神圣使命，特殊纪律
——公安大学老师的特殊性

刺向敌人的锋利宝剑，保护人民的金色盾牌。

亲爱的老师：

　　你好！

一、第一节课的嘱咐

　　每次公安大学的新生上课，我讲的第一门课都是《公安学基础理论》。第一节课我都要嘱咐："昨天你们没有穿警服，看到坏人欺负女孩子，管不管那是良心。今天穿上警服，遇到坏人欺负女孩子，就要马上挺身相救，这时管不管那就是责任和纪律。"

　　学生尚且如此，老师就更要严格要求。

二、服务救助

　　有一次我在河南出差，晚上开着车在公路上走，公路上没有灯，黑乎乎的，公路中间堆了一堆沙子，像个小山似的。两个男孩都是十七八岁，骑着摩托车狂飙，由于没有路灯撞在路中间的沙包上，两个孩子都飞出去六七米，一个当时就昏迷了，一个人眼睛撞了一个大包，比桃子还大，也昏迷了。

　　应该怎么办？

　　第一件事情，马上停下车来，拨打120。120说："我们这是小地方，没有急救车。"于是我又马上拨电话给派出所，让派出所派警车赶快来救援。

第二件事情，这两个孩子不可移动。怕脊椎有伤，移动产生更严重的后果。

第三件事情，赶快从村子里找来他们的姐姐，我就从兜里拿出一千块钱，对他们姐姐说："你拿着钱，待会儿车来了，赶快送到医院里去。"当地的警察跟我说："王老师你不用给他们钱，我们这个地方的制度是绿色通道，急救是不要钱的。"

等到警车来了，上面还跟着急救的医生，我又帮着把两个孩子都背到车上，看着急救车走远了，我才慢慢地离开。

这就是一个人民警察学校的老师应该做的，如果你不做，那就是不作为，就要受到法律的惩罚。如果这两个孩子死了，你可能就会要判一年徒刑。

三、严格的纪律要求

人民警察学校的老师和一般高校的老师，既有相同点也有区别，相同点是我们都要做好科研、做好教学。不同的就是我们的忠诚度更高，忠于党，忠于祖国，忠于人民，我们还有更强的纪律要求。

1. 着装要规范。不能留长头发，留胡子都不行；女孩子头发太长也不行，还不能戴耳环，戴项链儿更是不行的。

2. 在马路上走，站有站相，坐有坐相，在汽车上就得让座位给老年人和孩子。

3. 看到有路边有小孩在哭，马上就该停下来问小朋友：你爸爸妈妈呢？如果找不着爸爸妈妈，你就得把孩子送到派出所，或者把孩子送到家里，中间不能离开。

4. 遇到洪水、火灾、地震，要马上去救助。我曾经六次到汶川地震灾区去救助，在板房小学里给孩子们讲安全，在基层给公安机关讲解抗震救灾的知识。

在板房小学，老师给你倒一杯热水，这不能喝的，这是纪律。讲完课不喝水、不吃饭，自己到大街上花钱买点儿饭吃、买点水喝。在路边儿找个什么小油饼铺、馄饨铺吃顿饭，绝对不能吃学校的一口米饭。

在灾区，五级以上的余震时有发生，不能退缩，睡着觉翻个身再睡，太累了，跑也跑不了，既然是去救灾，就把生命献给灾区了。

现在的扶贫工作都是在大山里，到大山里去给孩子们讲安全课。这叫智力扶贫、安全扶贫，教课使用的教材也好，平安童谣也好都得免费给孩子，不能要钱。

5. 眼下新媒体很发达，微博也好，微信也好，做警察的只能宣传社会的正能量。

第一，对敏感话题、道听途说的事，千万不要盲目地转发。

第二，写文章发表意见，都要站在人民警察的立场。牢记自己的使命，该说的说，不该说的就不说。我们平时的专业可以探讨，可以发表自己不同的意见，但是面对媒体，面对海量的新媒体，就要谨言慎行。牢记使命，勿忘初心。

6. 抽烟喝酒，量力而行。不该喝酒的时间和地点，就不要喝。不能出入所谓的会所。在这方面犯错误的也不是一两个人。

公安大学的老师既是老师也是警察。有一个专门的词，就叫"双重身份"。光荣的人民教师，光荣的人民警察。两个职业合在一起，那就更为神圣与光荣。不仅是光荣，更多的是责任、是忠诚、是奉献。

警察也许不是个高贵的职业，但警察一定要有一颗高贵的心。

警校老师也一定要有一颗高贵的心。

祝福。

Appendix 附录

午饮慰漫新警服备课

玉蘭初开二月庭。迎春含

苞九门城烟下慰漫新警服衩

半長笛一世情。水门泠鐵劍

鳴献断玉釵計归程。因恐

逅到睡不穩。手把殘茶散晨星。

王大偉敬寫

四次警务革命

——公安学基础理论

（国家精品视频公开课节选）

（公安学基础理论是中国人民公安大学第一门国家级精品视频公开课。共五讲。由于公安学基础理论部分内容不宜公开，所以，本段节选只谈及了西方警察学和预防犯罪等知识。）

滚滚长江东逝水，浪花淘尽英雄。是非成败转头空，青山依旧在，几度夕阳红。

白发渔樵江渚上，惯看秋月春风。一壶浊酒喜相逢，古今多少事，都付笑谈中。

——杨慎

第一节　四次警务革命历史

一、罗伯特·比尔创立英国伦敦大都市警察，即苏格兰场

警察有漫长的过去，但只有短暂的历史。

警察是世界上最年轻的职业，从1829年罗伯特·比尔创立伦敦大都市警察到现在，中间警务改革如潮起潮落，代表性的有四次，叫做"四次警务革命"。

世界上任何职业，都有祖师爷：中医的祖师爷叫孙思邈；木匠的祖师爷是鲁班。那么，警察的祖师爷是谁？

1. 西方警学的专家比尔·塔夫曼

1986 年，公安部请来了西方警学的专家比尔·塔夫曼。

比尔·塔夫曼是个大胖子、大胡子，他拿起笔来在黑板上写了题目："用毛泽东思想和恐怖主义作斗争。"

学生就乐了：西方人研究警察学，是用毛泽东思想。比尔·塔夫曼不会讲中文，走上讲台，说了四句中国话："敌进我退，敌驻我扰，敌疲我打，敌退我追。"比尔·塔夫曼说："全世界是研究恐怖主义的，都是用这四句话和恐怖主义作斗争。"

何为敌进我退？恐怖主义把人质劫持，要什么条件我先答应。等到恐怖主义分子安顿下来，把部队调上去，把他爹妈叫来喊话，"小二呀，快投降"。

等到恐怖主义分子疲倦了，就叫"敌疲我打，敌退我追"，消灭恐怖主义，解救人质。

2. 关公是世界警察之父

课讲得非常好，第二天到王府井买东西。比尔·塔夫曼要买一幅关羽的像。

他说："关公是世界警察之父。我是世界上唯一的警察研究所的所长，买一幅关羽的像回去供奉。"

那时候北京没有卖关羽像的。

3. 上京警巡院是世界上最早的警察

公安大学校长接见比尔·塔夫曼，两人握手。校长说："你是英国来的，世界警察的故乡就在英国。1829 年，罗伯特·比尔创立伦敦大都市警察。"比尔·塔夫曼马上说："不对，世界警察的故乡是中国，公元 900 年，辽金时代的上京警巡院是世界上最早的警察。"

"警巡院"三字跟现在的巡警一样，顺序颠倒，译成今天文字"首都巡警大队"。中国警察比西方早了 700 年。

4. 建警十二条

1829 年罗伯特·比尔建立伦敦大都市警察，是第一次警务革命，是警察从无到有的革命。

罗伯特·比尔建警时制定金科玉律十二条：

（1）警察应以军队为榜样，建成一支稳定的行之有效的队伍；

（2）警察必须在政府的控制之下；

（3）减少犯罪证明警察的效率与效益；

（4）发布犯罪统计是警察的基本工作；

（5）以时间和地域科学分配警力；

（6）制怒、宁静、有礼是警察质量的根本保障；

（7）以形象赢得尊重；

（8）招募、训练适当人选是执法之本；

（9）公众安全需要每个警察挂牌服务；

（10）警察首脑机关必须接近公众；

（11）警察需先见习，后上岗；

（12）以警察掌握的犯罪记录作为分配警力的依据。

5. 藏兵于农，凡民皆兵

清朝的考试卷子。试卷写着："臣考三代以前，藏兵于农，凡民皆兵，无所谓兵也。"

夏商周三代以前，是原始社会末期，奴隶社会初期，没有军队，也没有警察，警察即百姓，老百姓即警察。英文里有一个词叫 Self-policing，自我警务。此即西方警务改革的主题。

6. 罗伯特·比尔

罗伯特·比尔是警察职业祖师爷。其实他小时候就好玩闹，不好好念书。他成年之后，他父亲给他谋职。罗伯特·比尔的父亲非常有钱，富可敌国，为其捐官：苏格兰总督。当了苏格兰总督后，他非常能干，在苏格兰建立了世界最早的警察机构。后中央政府将其调回伦敦，任职内政大臣。

7. "苏格兰场"（Scholand Yard）

罗伯特·比尔是苏格兰总督，在伦敦设办事处，叫苏格兰场，场就是大院。他建警的时候没有办公地点，就把苏格兰大院当了办公地点。苏格兰场是警察局的代名词。

第一次警务革命是新旧警察的分水岭。

二、美国警察专业化运动（20世纪20年代）

20世纪20年代的美国警察，没有警服。穿的是牛仔的衣服，警察形象是牛仔，犯罪分子也是牛仔。

选警察只有一条：谁枪打得准，让他当警察。当时美国牛仔枪玩得好。警察像牛仔一样，和罪犯你看我，我看你，隔着50米，谁也不能先掏枪，先掏枪者犯规，等着教堂钟声打12点。警察迅速掏枪，一枪毙敌。射击后一吹枪口，好不潇洒！

此即当时警察的形象。警察非国有，是地方警察。地方警察者，地方势力之看家护院的。第二次警务革命的主题词，叫"警察和政治分离"。

注意，此政治非今日之政治，政治即地方政权。

在那个年代，美国人把非警务活动剥离，规定：警察只向法律负责。此乃第二次警务革命。先培训，后上岗，实行军事化管理，内勤和外勤之分工，都是在第二次警务革命完成的。

第二次警务革命是新警察独立与成熟的标志。

三、欧美警察现代化（20世纪30—70年代）

警察现代化。开始于20世纪30年代，终结于70—80年代。这是警察最辉煌的历史：叫"四个现代化""三个增长"。

第一，车巡代替步巡；

第二，通信现代化；

第三，计算机革命；

第四，个人装备现代化。名曰："四个现代化。"

到20世纪70年代，西方警察顶盔戴甲，武装到牙齿。头顶头盔，肩带对讲机，着防弹衣。腰里面系着7件宝：手枪、折叠警棍、手电筒、手铐、催泪瓦斯、笔记本等。左手握盾牌，右手执警棍，驱巡逻车，带小电脑。此现代化警察之最标准写照，叫做"机器人"。

除四个现代化，还有"三个增长"，叫"人财物"。

在20世纪70年代之前，西方警察经历大增编，以英国为例，英国警察现在是17.2万人，在20世纪70年代以前只有4万人，"铁娘子"撒切尔夫人，治乱世用重典。举"法律与秩序"（Law and Order）之大旗。

其一增编警力，警力翻了两番。

其二增编财力，个人年总投入价值65万元人民币。西方警察工资普遍比政府公务员同级的高15%。

其三装备现代化。

这"四个现代化""三个增长"，把警察推到了历史的黄金时代，但是警察现代化到20世纪70年代突然放慢脚步。警察现代化，带来三大弊病：第一个弊病，犯罪和警力同步增长。增加警力的初衷是要抑制犯罪，但是警力翻一番，犯罪跟着翻一番，这让各国警察冷静地思考。

第二个弊病，警民关系恶化。警察现代化的最大弊病，就是脱离群众。警察坐到巡逻车里，自以为老子天下第一，"秀才不出门，可知天下事。"百姓对打着警笛，招摇过市的警察非常反感。老百姓说："警车车轮子跑得越快，离群众越远。"西方警学界有一命题："更夫和机器人之争。"何为现代化的警察？现代化的警察应该是更夫，而不是机器人。

为何重提更夫？更夫和老百姓贴得最近。更夫居自家之地，知百家之事。故百姓说，"宁可要更夫，不要机器人。"

第三个弊病，对快速反应和车巡的再认识：两者对打击犯罪作用不大。

四、社区警务（20世纪70年代至今）

20世纪70年代警察达到现代化之高峰后，突然止步。第四次警务革命的序幕拉开。第四次警务革命始于20世纪70年代。英国警学家约翰·安德逊是社区警务战略之父。

社区警务产生于美国，兴盛于英国。社区警务的理念，简为社区警务树（Community Policing Tree）。

警察好比一棵大树，树干是警察，枝叶为警种，果实是工作的成效。

前三次警务革命，大树长得高、长得直。树根脱离了群众，脱离了社会。第四次警务揭示原理：树有多高，根有多深。根往回长，返璞归真。即社区警务，土壤就是社区。

社区警务的原理有三：

第一，产生犯罪的根源在社会，抑制犯罪的主力军在社会。过去认为警察是打击犯罪的主力军，现在西方人认为，人民群众才是主力军，即"臣考三代以前，藏兵于农，凡民皆兵，无所谓兵也。"

第二，警务改革的成效依赖于社区。

第三，全部警务革命都离不开社区警务。

我国的"标本兼治，重在治本"的思想与欧美社区警务战略相似。"标"是树枝、树叶，"本"是树根。四次警务革命形成一个圆，从罗伯特·比尔返回到罗伯特·比尔。四次警务革命，一言以蔽之：返璞归真。

第二节 十大警务改革趋势

十大警务改革趋势（Ten General Tendency of 4th policing Reform）

四次警务革命有十个大趋势：

第一，人、财、物剧增与无增长改善论；

第二，机器人与传统更夫；

第三，被动反应与主动提前警务模式；

第四，巡逻与社区警务；

第五，战士与公仆；

第六，主观与客观评价体系；

第七，单一行动与国际警务合作；

第八，集中领导与分散领导；

第九，公有警察与警察私有化；

第十，军事化与平民化警察。

一、人财物剧增与无增长改善论（Improve without groweth）

1. 警力定义

狭义警力＝编制人数（数量）

广义警力＝战斗力与完成目标的能力（质量）

2. 警力公式

警力公式：人数×学历×基层比例×培训/年龄老化

表 1　各国立案数与警力

国别	立案数（件/万人）	警力绝对数
美国	536	80 万人
加拿大	998	54 万人
英国	1020	67 万人
法国	678	45 万人
德国	803	73 万人
俄罗斯	177	46 万人

3. 数字比较

警民比。欧美警察平均值是万分之三十五，1 万个人里头有 35 个警察。中国有 200 万名警察，警民比为万分之十一。

犯罪率。犯罪率是按一万人，一年发案数。西方普遍是万分之八百，中国 28～100，不及西方零头（立案标准不一，无可比性）。

4. "无增长改善论"

世界警察都经历了大增编的历史，到 20 世纪 70 年代，突然勒马止步。西方信奉"无增长改善论"。

20 世纪 70 年代英国某牛津大学教授，获诺贝尔物理学奖，他发现了夸克，什么叫夸克？中国古书《淮南子》有云："一尺之锤，日折其半，万世不竭。"即物质的无限制可分性。构成物质的是分子，比分子小的是原子、电子，到了电子就不可分了。教授发现夸克，又叫准电子。约翰·安德逊当时是警察厅长，前去拜访。进门大惊：

"你的装备都在哪？"

"窗户靠墙有三排仪器。"老人答。

安德逊问："单凭这三台简陋的仪器，你就得了诺贝尔奖？你雇了多少人呢？"

"一无钱，二无人，老汉一人双手，得了诺贝尔奖。"老先生又说："我一无钱，二无装备，但是我有好多思想的火花在头脑里。"一语点醒梦中人。

安德逊听罢深思：当了一辈子警察局长，我每次警察改革都是三个字：人财物，是否步入了歧途？

安德逊端坐安乐椅上，默然深思，忽有所悟：著书一本，名为《安乐椅上的哲学》。在这本书里，他提出无增长改善论，有三个要点。

第一，警力远远超出了社会的承受能力。西方养一个警察需 65 万人民币，皆纳税人的钱。要给警察增编，执政党就要受到群众的指责，大幅度增加警察的开支，是无益的、危险的。

第二，现代化不应该是警力高比值。安德逊临走的时候请我喝酒，他是个聋子，把嘴贴着我耳朵使劲地喊，让我一定记住，一定要记住："警察现代化绝不是警力的高比值。"

第三，社区警务是警力改革的方向。

5. 蒙古马精神

中国警察一个人干西方 3 个警察的活儿，一个警察一年的工作量，相当于政府公务员的两年半的工作量。中国警察每年牺牲者达四百五十六人。2002 年我去日本，问：你们一年牺牲几个？答：一年死两个，伤三个。

人民警察，即中华人民共和国忠诚的蒙古马。对党和人民无比忠诚，冲锋陷阵，义无反顾，无怨无悔。

二、机器人与传统更夫（Robert Cop and watchmen）

警察装备是各国警察部门十分重视的重要环节，有两个国家的装备在世界上屈指可数，一个是美国，另一个是日本。

警察现代化评价标准：

第一，同步定律。警用科学技术必须和国家的技术水平同步。比如说芬兰的警察计算机化，芬兰警察全部是无纸化办公，1998 年我在芬兰待过一年。芬兰无论是买粮食，交煤气费，所有的服务性行业，全部是计算机联网。

第二，技术基准定律。警察的装备应该以本国的技术为基准，非洲有很多国家建警，用的是美国的技术标准和装备标准。买回的装备，第一年生锈，第二年当废铁卖。为什么？用不上。

第三，犯罪基准定律。一个国家的警用装备必须和它的犯罪成正比，可以超前，不能滞后。

第四，心理基准定律。过去50年，中国的警用装备落后于西方，但是我们已经迎头赶上。中国警察应当把腰板挺得直直的，我们中国不比外国差。

30年之前，中国警察勇敢地走出国门，追赶西方警察现代化之时，西方已经开始了社区警务运动。警察现代化的步伐已经放慢了，开始了以人为本的时代。

当时由于警务理论研究的滞后，不知警务革命的趋势，和世界警务革命擦肩而过，教训深刻。

三、被动反应与主动提前警务模式 (Proactive Policing and Reactive Policing)

1. 主动提前警务为双向模式

警务风格共有两种：一种叫被动反应警务，另一种叫主动提前警务。

（1）被动反应警务为单向模式：快速反应—出现场—侦查—破案。

（2）主动提前警务为双向模式：在坚持被动反应警务的同时，强调：情报先行—宣传—合作—预防犯罪。

被动反应是第三次警务革命的标志，叫 reactive policing。西方人给它起了一个形象的名字叫"消防队似的警务"："平时看不见，电话来呼唤，来时急如火，回去一溜烟。"被动反应式警务它是建立在4个要素上：快速反应、出现场、侦查、打击犯罪，这是单向的反应模式。

2. 被动反应警务之弊

警力：警力集中，基层少警力。

衡量标准：快速到现场（5分钟），不重视破案、社区稳定。

警务风格：从被动到主动，追得上，堵得住，机器人（要更夫不要机器人）。

心理与角色：打击犯罪的战士，失去公仆意识，失去群众支持，警民关系恶化（汽车轮子越快，离公众越远）。

警务模式有利必有弊。快速反应，追得上，堵得住，是利；警民关系恶化，不注重基层基础工作，不注重发案率，忽视了服务机能，是弊。

3. 主动提前警务之利

西方提出主动提前式的警务模式（Proactive policing）。强调在快速反应的同时，又建立了情报先行、宣传、合作、预防犯罪模式，叫主动先发模式。

西方快速反应只讲究快速反应的时间，与增加破案率无补。中国人创造了立案回告制（云南）。报案后，24 小时之内，警察到你家敲门回告，24 小时、1 个月、3 个月、半年，共 4 次回告。被西方人认为是领导世界警务革命新潮流。

4. 世界上最早的快速反应

中国国家级的快速反应最早追溯到清雍正年间的军机处。清雍正年间新疆叛乱，建军机处："八百里加急""红旗报捷"。

四、巡逻与社区警务（Community Policing）

巡逻和社区警务是现在西方警务的两大核心任务。

1. 西方巡逻效果的实验

（1）美国堪萨斯巡逻实验（1973 年），被誉为警察科学的里程碑。实验分为 3 区。在受害、公众安全感、公民对警察的态度、反应时间上无明显差异。

（2）英国埃克塞特警察学研究所证实：巡逻警察遇到抢劫犯为 15 年一次。

（3）英国人丹尼麦什发现：巡逻警察在 100 米内遇到盗窃现行犯为 40 年一次。

2. 堪萨斯实验

堪萨斯实验被称作警察科学的里程碑，把美国堪萨斯分作 3 个警区。用科学来研究车巡对抑制犯罪的作用。

在 A 区取消了巡逻，即零巡逻。

在 B 区坚持原来的巡逻，5 辆巡逻车巡逻。

在 C 区加大 3 倍，15 辆巡逻车巡逻。

巡逻实验区全部封闭住，不让犯罪转移，用数学模型监视一年，用 4 个参数来衡量结果：发案率、破案率、快速反应时间和公众安全感。实验结果：发案率在这 3 个区几乎一样，但 C 区公众安全感上升。

结果一出，石破天惊。堪萨斯实验，争议很大，揭示真理：警察工作，切勿拍脑袋，而应以实证为主。

3. 评价巡逻结果的 4 个标准

刑事标准：基本被否定。

治安标准：疏散交通、调解争斗、查禁危险品方面有效。

非刑事标准：警民对立。在服务救护方面有很好的社会影响。

心理标准：车巡形成"角色冲突"。步巡加强警民关系。

4. 满意决定警务论

社区警务的核心词是满意决定警务论。

何为社区警务？在操作层面上，就是社区的老百姓怎么满意我怎么干。警察满意，群众满意。这就是最好的社区警务。

5. 英国社区警务两绝

其一，"更换针头运动"。在英国普利茅斯有很多的孩子吸毒，静脉注射海洛因，传染艾滋病，每年要死 6 个孩子。警察倡导一种运动叫做"更换针头"：每个警察腰里面都带着"饭盒"，里面装着新针头，上街看见小流氓、小痞子，以旧换新，换回去晚上到家里，把针头洗干净了、煮熟了、消毒了，第二天再上街换针头。

其二，财产标刻法（Marking valuble）。西方社区警务警察上街带着 7 把刻刀，你要是买了笔记本电脑，警察就到你家去，从兜里掏出刻刀，就像咱们刻印章一样，在笔记本电脑上给你刻上姓名和邮政编码，这样犯罪分子就没办法偷了。再以不干胶标志贴窗户上，叫邻里守望。标志用语有两句话，第一句话："你已经进入邻里守望地区。"这是告诉犯罪分子你已经进入人民战争的汪洋大海。第二句话："我们家所有的财产都刻着字。"这是告诉犯罪分子你别偷了，换地方吧，这都刻好了。

6. 从预防犯罪到预防被害

警语是西方警察宣传群众的有效武器。我总结的警语：

（1）男人只带一百元；

（2）家里三不搁；

（3）四喊三不喊；

（4）背心裤衩覆盖的地方不许摸；

（5）人一生要遭受 3 次犯罪侵害，4 次意外伤害；

（6）给小偷一个不偷的理由；

（7）用百分之一的钱买门；

（8）每个女孩应有一个防身器；

（9）妈妈教给女儿的秘密：二龙戏珠。

7. 平安童谣：怎么识贼

贼眼左右乱看，

手拿报纸雨伞。

男的衣着平凡，

女的花枝招展。

8. 平安童谣：小熊好宝宝

小熊小熊好宝宝，

背心裤衩都穿好。

里面不许别人摸，

男孩女孩都知道。

9. 贼经：八看四听

贼看：

（1）看：电表转动；

（2）看：物业打分排名；

（3）看：破窗；

（4）看：报纸与牛奶；

（5）看：门口灰土；

（6）看：老式防盗门；

（7）看：小区保安；

（8）看：小区照明。

贼听：

（1）听：敲门听反应；

（2）听：窗户里边风；

（3）听：睡觉打呼噜；

（4）听：楼道脚步声。

五、战士与公仆（Crime fighter and social service worker）

西方警学基本理论，把警察职能分为两类，一类叫战士，另一类叫公仆。

第三次警务革命把警察定位为战士。选警察有 3 个标准，叫 Tall、Black and Handsome，Tall 是高、Black 是黑、Handsome 是帅。第四次警务革命，警察成为公仆了，即电影《今天我休息》中马天民的形象。

1. "8 比 2 的报案公式"

西方人发现：每 100 起报案电话，有 80 起是求助的，只有 20 起是执法的。

2. "派出所的西瓜"

警察工作大量的是日常琐事，而不是打击。对警察的职责、作用发生了很大的震动。我在济南杆石桥派出所做过调查，提出一个理论叫"派出所的西瓜"，假如派出所总工作量是一个西瓜的话，打击犯罪只占 20%，30% 是基层基础工作，即办证、办户口，50% 是非警务活动和服务助民。此系城市派出所现状。

六、主观与客观评价体系（assessment of policing）

评价标准，世界上有两类，第一类叫客观，第二类叫主观。

1. 客观标准

客观标准是看得见、摸得着，有数字的，包括：发案率、破案率、发案时钟、犯罪趋势、警察和人口比、各类案件比（每发 100 件案子，在常态下 75 件是侵财案件，25 件是侵人案件），即以前衡量公安工作的主要指标。

2. 主观指标

第二类是主观指标，主观指标往往不以数字为准，而以主观感觉为准。比如公众安全感、警察的满意程度、警民关系调查、工作重点评价。

西方警务改革的核心词叫"满意决定警务论"。比如说富人区，主要是以服务为主。案件高发区，以打击为主。小区情况不一。警察工作重点各异。

被害人调查。发生一起强奸案，背后可能有 6 起隐案，性侵害案件的隐案为 1 比 7。

3. "一个蛋糕切四刀"

中国发案率低于是万分之一百，西方是万分之八百，为何？

首先，我国有立案标准，城市为一千元，农村五百元（现在提高了），西方没有。西方丢一个便士，都要立案，他们百分之七十的案件是侵财案件的话，所以，第一刀就把百分之六七十的案件给砍掉了。

其次，治安处罚法把大量的微罪排除在犯罪之外。大概每 3 起治安案件诱发 1 起刑事案件。总之，大量的案件以治安处罚的形式湮没了。

再次，报案渠道不畅通。西方有这样的统计，街面有一个警察，日接案是 10 起，有两个警察，日接案就应该是 20 起。警察越多，接报案的途径就越畅通，立案也越多。

最后，观念造成的隐案和漏案。

4. 英国是怎样认识发案率的

首先，发案率高是警察工作认真负责的标志。

西方警察主要是巡警，巡警的工作衡量标准，又恰恰是接报案数。警察巡逻一天，接了 10 起案子，他回来报案的时候也弄虚作假，说接了 12 起，弄虚作假，往上弄虚。

其次，发案率高是报案渠道畅通。

最后，发案率高说明此地需要整治，可以向政府申请更多的人、财、物。

5. 犯罪高峰的产生和警察无直接关系

西方人对发案率持的态度和我们有本质差别。西方人从理论上解决了犯罪上升和警察没有直接关系的根本理论问题。

如"犯罪高峰论"。以我国为例，新中国成立以后，中国的刑事发案在动态中起伏，有两个阶段 4 次高峰。

前 28 年共有 3 次犯罪高峰，即 1950 年、1961 年、"文革"十年。犯罪高峰发案率在万分之五左右。有一个发案模式：

首先，震荡源引起社会震荡。1950 年的震荡源是阶级斗争，中国大陆有 600 万国民党的散兵游勇，震荡源是单一震荡，阶级斗争。镇压反革命以后，马上回落。

其次，社会震荡引起社会生态的破坏。第二次犯罪高峰，"三年困难时期"。主要的犯罪形式是哄抢粮食，宰杀耕牛，社会震荡非常剧烈。但生态非常好，所谓生态就是基层党组织、政府、家庭与学校。大震荡稍微缓和后，马上回落。中华民族是非常伟大的民族，生态平衡非常稳定。

社会震荡如沙尘暴，不怕风大，但怕植被破坏。改革开放以来，有的学者管它叫"猛增阶段"，且无彻底回落迹象，犯罪率以每年 24% 的速度递增。

尽管进行了 20 年严打整治斗争，整体回落趋势还不明显。体现了犯罪率不以人的意志为转移的客观规律。

4 次犯罪高峰，没有一次和警察工作有直接关系，从理论上帮助警察卸了大包袱。警察和犯罪之间有关系，但不是直接的对应关系。

6. 犯罪转移论

第一点，犯罪能量是守恒的，前 28 年，发案率万分之五，犯罪的能量非常低。但是改革开放以后，多震荡源形成共振和谐振。现在犯罪源颇多，基层党组织和家庭生态减弱，一遇风吹草动，社会易动荡。

一定的社会与经济背景所产生的犯罪总能量是守恒的。

第二点，犯罪是转移的，即犯罪转移论，抓打击能把犯罪压下一部分，但是不会消灭。

犯罪转移模式：一个分局，下设 3 个派出所，分局年发案是 100 起，每个派出所 30 多起。但是 A 派出所所长非常能干，别的所的车只锁一把锁，他给它锁 7 道，外面用铁栅栏围起来，外面用人看着，这叫打防结合。犯罪分子来偷 A 派出所不成，则改偷 B 和 C。

结果 A 派出所只发案 20 起，下降 13 起，A 派出所披红挂彩，立功受奖。但这 13 起犯罪不会消灭掉，按犯罪转移理论，转移到了 B 和 C 派出所。如果 B 和 C 派出所做好了，它就转移到其他方面去。

7. 犯罪能量守恒，总量不变

王大伟调查一百个派出所长，问卷：工作要做好了，犯罪能不能下来？派出所长答：下来 20%，再不可降，能量守恒。犯罪要往别的地方转移。

发案少，次序好，社会稳定，群众满意，这是公安部制定的总体衡量标准。此 4 个指标，只有发案少，是客观指标。后 3 个皆是主观指标。公安工作的整体评价指标正在和世界警务改革大趋势接轨。

七、单一行动与国际警务合作

1. 警察与犯罪的联网

（1）整个欧洲无边境。1992 年后，欧洲取消边境控制：允许人员、资金、服务、就业自由流动。

（2）犯罪联网。亚洲金三角产毒品，运到荷兰的阿姆斯特丹，将贩毒的钱支援英国的"爱尔兰共和军"。爱尔兰共和军团通过普利茅斯港将整个欧洲的盗窃车辆运向法国到达非洲。

（3）警察联网。欧洲警察的硬外壳五级同心圆。

2. 五级同心圆

第一级为申根五国，即申根条约。由比利时、荷兰、卢森堡三国取消签证，最后到五国取消签证。

第二级为挪威论坛 12 国协调，即法语 12 国形成协调。部长、局长和专家在年会进行警务合作。其中有 hot persure，即"热追捕"。何为热追捕？比如中国和朝鲜一江之隔。犯罪分子往返流窜。警察为江所隔，望洋兴叹。"热追捕"后，警察可以追进去 70 英里，不需要跟对方打招呼，如虎添翼。

第三级为 22 国反恐怖协调。

第四级为国际刑警组织。

第五级为欧洲警察联网。如丝如网，环环相扣，最后形成世界范围警察联网。

八、集中领导与分散领导

世界上的警察体制粗分为二：大陆派和海洋派。

大陆派警察：法国、德国，垂直领导。

海洋派警察：美国、英国，块块领导。

1. 梅拜的 4 种模式

英国模式；美国模式；大陆模式；殖民地模式。

2. 邱华君的两派论：大陆派和海洋派

（1）组织。大陆派集中领导，全国统一组织；海洋派以地方自治为主。

（2）权力。大陆派警察权力范围较大；海洋派限制警察权力的范围。

（3）业务。大陆派警察业务广泛，包含许多行政管理的内容；海洋派警察业务以治安、预防犯罪为主。

（4）服务。大陆派不强调警察的服务精神，以执行法律为主要内容；海洋派注重警察的服务与福利，保持良好的警民关系。

（5）人事。大陆派中央警察机关支配地方人事任免；海洋派警察是人事分权，中央与地方的警察各自独立。

（6）教育。大陆派警察的教育经费与计划均由中央警察机关划拨与制定；海洋派警察教育经费与计划由中央、地方两级承办。

（7）勤务。大陆派警察的勤务单位为警勤区，分局下设派出所；海洋派的警察勤务以巡逻为主，分局下设巡逻区。

（8）经费。大陆派警察经费由中央统一编制预算；海洋派警察经费由中央和地方两级负担。

3. "交融现象"与"趋同现象"

自"二战"以后，西方警察体制正在发生巨大的变化，即所谓"交融现象"与"趋同现象"。体现为两个特性：

第一是非典型性。非典型性（实际上是减少差异）体现为原有的 4 种警察模式（即盎格鲁－撒克逊模式、美国模式、大陆模式、殖民地模式）逐步趋同。原来典型的模式现在已见不到了。

第二是统一性。统一性体现为两个方面，一是各种模式的警察组织结构上大同小异。原来甲模式有的，现在乙模式也有了，或是有了类似的东西。二是各国警察之间的协调、合作逐步增加，有形成跨国、跨地区警察联邦（联盟）的趋势，如欧洲共同体的警察合作就是典型。上述交融与趋同现象是世界警务改革的大趋势之一。

"党委领导，分级负责，条块结合，以块为主"，这是中国警察的领导体制。

世界警务革命的趋势亦如此。凡是条条都均向块块发展，凡是块块都向条条发展。

英国原来有 43 个警察局，但是目前英国计划慢慢地变成 20 个，逐步收编。英国没有公安部，伦敦的警察局慢慢地要替代公安部。

法国过去为传统军警，现在建立城市警察，分出民警。

合久必分，分久必合，此警学之理，天下大势矣。

九、公有警察与警察私有化（Privatization）

警察私有化是世界性的警务改革的大趋势。

警察私有化被认为是第五次警务革命的方向。西方每一名正规警察，有 3 个辅助警力。西方有 5 种私人警察。

（1）私人安全公司。

（2）特别警察队。如英国原子能局警察、伦敦港口警察。

（3）文职。伦敦警察有 3 万人，文职 2 万人。

（4）警察承包制。

（5）特别公安员。

第一种是私人安全公司。

第二种是特别警察。就是各种原子能机构、港口、公园都自己设立自己的警察。

第三种是文职。伦敦有 3 万警察，有 2 万文职，文职发警服没有警衔，工资待遇低于正常警察，解决编制经费不足。

第四种是警察承包制。如今天要踢一场足球，警力不够则发包，投标中标。

第五种是特别公安员。类似保安。

可以说，警察私有化代表着第五次警务革命，是整个警察发展大趋势，但是保安业之兴起，辅助警力之勃发，争议颇多。中国有八支队伍：联防、治保等。一方面用之顺手，另一方面无执法权。

西方一个正规警察有 3 个辅助警力辅助，而中国比例更高。中国是世界上警力最低的国家之一，最保守的估计是一个警察有 4 个辅助警力，最高的估计是 11 个。所以中国辅助警力用得最多、问题最多，认识不够，何去何从？

十、军事化与平民化警察

1. 平民化警察

世界警察粗分两类，一类是大陆派，另一类是海洋派。大陆派的警察以法国、德国为代表，以军警的形式出现为主；还有一类是民警的，主要是以英国为代表，少配枪，体现文职化特征。

世界警务革命的趋势是：无论军警还是民警，具重视武装。即使最平民化的英国警察，现在也武装到牙齿。这是世界警务改革的共性。

2. 平民化警察三大法宝

最小动用武力原则；形败实胜的战略；非杀伤性武器。

（1）最小动用武力原则（The strategy of minimal force）

各国警察，均武装化，纵然如此，有枪不能用，此仍为警务理论，叫"最小动用武力原则"。英文叫 Minimal force。此原则在 20 世纪 80 年代翻译到中国。克制忍让，以文为荣。

（2）形败实胜的战略（To win by appearing to lose）

此乃警察平暴战术，当民众集团与警察方队对抗，剑拔弩张。可精选警察 10 人，佯作突击，冲入民众之中。民众冲动，警察被打。或血流满面，或皮开肉绽。电视直播，媒体报道，民众自知理亏而散去，达到"上兵伐谋，不战而屈人之兵"之奇效。

（3）非杀伤性武器

即在防暴中，盾牌压住阵脚，警棍开道。

警察不开枪，而选用橡皮子弹、木弹、眩晕弹、网枪、电击枪等非致死性武器。既可控制局面，又不致死人伤人。

警务改革新三论

（公安部警督晋升警监培训课程）

（警务改革新三论是公安部警督晋升警监培训课程。根据警衔授予的相关条例，公安大学承担警督晋升警监的培训任务。高级警官在晋升前必须接受警监班的培训。2015 年警监班已开办了 102 期。我在警监班早期就开始授课，已经连续授课 15 年。受到学员的一致好评。课程内容涉及中国公安部分的均已删除。）

各位同学，今天有幸给警监班的各位领导授课，感到十分的光荣和自豪。警监班我已经上了 15 年了，青丝变华发，仍感到无怨无悔。首先，请允许我衷心祝贺各位领导晋升警监。好，我们现在开始授课。

欧美警务改革"八论"。

"江山代有人才出，各领风骚数百年。"

欧美警务改革的理论高潮迭起，层出不穷。近 30 年，欧美警务改革的理论可归纳为警务改革八论：

老五论：被动反应警务论、主动先发警务论、社区导向警务论、问题导向警务论、市场机制导向警务论。

新三论：情报导向警务论、危机警务论以及反恐导向警务论。

第一节　情报导向警务

一、情报导向警务的概念

情报导向警务是新警务改革的"领头雁"，其英文有 3 种表述：

其一为 intelligence-led policing，直译为"情报引导警务"；

其二为 intelligence-driven policing，直译为"情报驱导警务"；

其三为 intelligence policing，直译为"情报警务"。

1. 定义

情报导向警务（intelligence-led policing），产生于 20 世纪 90 年代的欧美各国，是主动先发警务模式的一种延续。情报导向警务的核心词是以犯罪情报的分析与解读作为决策的依据。

它可分为两个层次：战略层次；战术层次。

在战略层次，强调犯罪情报在决策中的导向作用。通过情报解读犯罪环境，通过情报影响决策者，决策者改变犯罪环境。这 3 个环节形成一个系统内部的反馈与制约机制。

在战术层次，强调在制订预案或每一次警务专项活动中，都要以情报为主导，制订科学的计划。

2. 定义剖析

情报（intelligence）与信息（information）的区别：

情报：人们对收集的信息进行分析评价形成智力劳动成果。

公式：收集的信息 + 分析评价 = 情报

警务（policing）：一般指全部警察行为的总和。

勤务：指具体的警察行为。

二、情报导向警务的工作原理

艾克勒姆五步分解法

1988 年，艾克勒姆采用了五步分解法：

1. 收集信息

据统计，《孙子兵法》中所用频率最多之字，当属"知"字。即信息、情报。

《孙子兵法》说："夫未战而庙算胜者，得算多也；未战而庙算不胜者，得算少也。多算胜，少算不胜，而况于无算乎！吾以此观之，胜负见矣。"故曰："知彼知己，胜乃不殆；知天知地，胜乃可全。"

2. 分析解读信息

（1）信息分析解读的基本方法有两种：空间标图法、时间标图法。

空间标图法，即犯罪地图。

在地图上标注犯罪高发点。如"杀人通道""贩毒铁锚"。

时间标图法，即犯罪月历。

（2）犯罪的高发季节

较为平安三月三,

四月五月往上蹿。

夏季多发强奸案,

冬季侵财到峰巅。

（3）犯罪月历

1月警示：1月本是绿色月,外出乘车防扒盗；节日外出带好娃,预防诈骗要警觉。

2月警示：2月新春较平安,年前早把欠债还；庙会灯节少带钱,儿孙不教离身边。

3月警示：春暖花开三月三,防止火灾记心间；春雷一响害虫醒,各类案件向上翻。

4—7月警示：初夏外出保平安,各类案件往上蹿；老板谨防抢与骗,女孩警惕色与奸。

8月警示：8月慎防性侵犯,暴露衣裙应少穿；盛夏之夜危险大,观念预防记心间。

9—10月警示：秋风刮气不平安,侵财侵人双发案；强暴风波才下去,盗窃高峰又重现。

11—12月警示：年底侵财到峰巅,外出尽量少带钱；手护提包防"两抢",与人交往防诈骗。

3. 战略设计

中医治病,讲究阴阳五行,"君臣佐使"。多管齐下,辨症施治。

社会水平干涉。例如,学校、家庭、市场,综合治理。

情景水平干涉。例如,各种易犯罪情景因素,设计抵御犯罪。

4. 贯彻实施

（1）制定规则；

（2）提供设备；

（3）实施奖励；

（4）解决经费；

（5）大力宣传。

5. 科学评估

评估机制,既敢报喜,亦敢报忧。近五十年,欧洲及北美重大预防犯罪实验有五十四个,一半失败。

（1）科学评估应以外部评估为主；

（2）科学评估应预留 10% 的评估预算。

（3）评估包括：程序评估、结果评估。

三、科学评价欧美情报导向警务

1. 认真研究，切勿望文生义，对号入座。

2. 欧美情报导向警务主要是战术层面的一种思维模式与工作计划模式。

3. 欧美情报导向警务与降低犯罪无直接关系。

4. 以我为主，谨慎对待欧美情报导向警务。

第二节　危机警务（Policing Crisis）及在人质劫持事件中的运用

一、震惊世界——俄罗斯人质事件大追踪

别斯兰人质事件血的教训：

人质死亡三百三，

开放现场第一难。

群龙无首大混乱，

绑匪混杂群众间。

谎报军情推责任，

官员躲在千里远。

僵化思想加铁碗，

信号旗中伤亡惨。

谈判专家不敢谈，

血的教训记心间。

二、危机警务的定义与内涵

危机警务：顾名思义，乃"危机" ＋ "警务"。

危机警务，即用警务方式化解危机。它是公安机关在其职能范围内，针对一系列公共安全威胁，特别是社会震荡导致的冲突型危机，所采取的各项有关危机的预防、处理、恢复的警务工作模式和措施的总和。

1. 危机三性

（1）突发性；

（2）高度不确定性；

（3）影响具有社会性。

它的实质是非程序化决策问题。

2. 危机是社会问题积聚激化的爆发

危机事件实质就是潜在的各种社会矛盾与社会问题积聚激化后的表现形式，是冲突的人群试图通过非常规或极端的方式解决问题。

3. 危机应为一种动态的决策形势

社会基本价值和行为准则架构面临严重威胁，为在危机中得以生存，并将危机损害降至最低限度，决策者必须在有限的时间作出关键性决策。

三、危机警务模式："警之于先，察之于后"

1. 主被动警务 "4 + 6" 模型

面时人质劫持，预案先行。预案有二：一曰"主动先后发预案"；二曰"被动反应预案"。"警之于先，察之于后。"两个预案，互为补充，方可奏效。

主动提前警务，4 项。

了解敌情：情报 + 耳目 + 评估。

预案：时空分布图 + 危险预测 + 对策打包。

预警：危险预测 + 预警发布 + 技能普及。

联动：各警种 + 警察学家 + 消防 + 排弹 + 医务 + 心理 + 谈判 + 法律 + 媒体 + 装备。

被动反应警务，6 项。

指挥系统：固定 + 临时；预案 + 领导。

快速反应：到达 + 清扫 + 解救 + 谈判 – 总攻（王大伟"四快一慎重"方案，即快到达，快清扫，快解救，快谈判。发起总攻要慢）。

外围清扫：50 米 + 100 米 + 1000 米。

谈判：专家选定 + 以人为本 + 进退 + 双重关怀。

人质解救与救助：食物 + 非杀伤武器 + 自救 + 心理 + 法律 + 医务救助。

控制媒体：新闻发布 + 新闻控制 + 手机屏蔽。

2. 危机现场指挥要诀

动如火掠，

不动如山。

菩萨心肠，

霹雳手段。

四、三种谈判专家划分

谈判专家有三种，辩证选择，一把钥匙开一把锁。

1. 儒将风格（孔明型，适用与中、老年歹徒或极度亢奋者）

年龄应在四五十，

语速较慢很扎实。

不论俊丑有爱心，

一言九鼎诚可知。

2. 武将风格（子龙型，适用于中、青年歹徒或心情抑郁者）

三四十岁正当年，

笑谈人生价值观。

高兴坚定有魅力，

称兄道弟义在前。

3. 孝庄型（美女型，特殊人物专用）

洪承畴宁死不降，巧劝降功在孝庄。

西方警察研究，女警察和人交往的时候，有亲和力，适合做社区、妇幼、学生工作。在谈判的时候，女警察也起着很大的作用。

野史记载，明朝和清朝打了一仗，明朝三军总司令叫洪承畴，被俘虏之后，不吃不喝，以求绝食而死。这洪承畴效忠大明朝，是宁死不降，往炕上一躺，把被子盖上，誓不投降。皇太极派了无数谈判专家，左一个去谈不行，右一个也不行。洪承畴在床上躺着，奄奄一息，黄泉路近。

此时此刻，门帘子一掀，闪进漂亮少妇，穿小白褂、上绣兰花。手提竹篮，一壶鸡汤，目对将军，微微一笑，以目传情。说：将军何必啊，人生苦短。洪承畴睁眼，眼前一亮，感觉春天来了。将军把被子一掀，翻身起来，鸡汤喝完，投降皇太极。一把钥匙开一把锁，不同的专家解决不同的问题。

第三节　反恐导向警务

一、概念

1. 语言学的概念

英文中 Terrorism 的含义为恐怖主义、恐怖分子与恐怖行为。恐怖主义有 3 类，即个人恐怖主义、团伙恐怖主义与有组织恐怖主义。恐怖主义的定义应包括政治概念、司法概念、学术概念。

2. 定义

（1）恐怖主义，是按照某种特别、刑事或政治的原则，由个人、组织或国家代表者进行的，或热衷采用的不间断的暴力方式。

（2）暴力行为的被害人是从众多被害人群体中选择的。这种选择遵循两个方式：一是随机选择，叫做机遇性目标；二是典型选择，叫做代表性或象征性目标。

（3）暴力行为的直接目标往往不是其主要目标。在威胁与暴力之后，隐藏着主攻目标。主攻目标就是制造恐怖。

3. 恐怖主义的 7 个基本要素

（1）动机：政治原因、社会原因（民族、宗教、文化）、个人原因。

（2）目的：制造恐怖为形式，达到实现政治、社会、个人动机的目的。展示自己，恫吓敌人，争取对话，使敌人让步等。

（3）手段：主要手段是制造恐怖，通常由一系列不间断的具体手段组成。具体手段有：爆炸，暗杀，劫机，投毒，劫持人质，游击战，破坏活动，抢劫，细菌战等。

（4）主体：个人，团体，有组织犯罪集团，国家的代表。

（5）对象：被害人不确定，随机抽取，直接袭击目标不是主要目标；主要城市，特别标志性建设，政治、文化中心，飞机，轮船，火车；处于非战争状态的军人与军事设施。

（6）评价标准：采用中和技术，双重标准，把恐怖主义活动美化为自由斗争，民族解放运动等。

（7）不易确定性：①与战争的混淆；②与刑事犯罪的混淆；③与民族解放的混淆。

二、反恐警务对策

美国"六剑下天山"

1. 成立国土安全部

2003 年 3 月，美国政府新的内阁级机构——国土安全部正是在此背景下成立的。其下辖：

· 边境和交通安全部门

· 紧急预警和应对部门

· 科学技术部门

·信息分析和基础设施保护部门

·管理部门

·美国特工局（U. S Secret Service）等 6 个部门

·美国政府对于国土安全部的工作给予了积极的财政支持，仅 2004 年，就拨款 362 亿美元。

2. 改革联邦调查局和中情局

"9·11"事件发生后不久，美国联邦调查局（FBI）在局长穆勒的带领下，对 FBI 进行了针对性的改革，在反恐的策略上，强调主动先发的警务模式。

3. 突出地方警察在反恐中的地位和作用

"9·11"及其随后发生的一系列恐怖袭击使得美国人认识到了整合国内力量联合反恐的必要性，因为所有的恐怖主义事件都是集中发生在某个地方。要同时获得大量准确的情报信息，持续和统一协调的指挥网，进行全国性的反恐战备训练，都离不开地方警察，在此背景之下，各州及地方警察机构在反恐中的作用被突出强调。

4. 坚持美国的反恐三原则

一是美国不向劫持美国公民及其官员的恐怖分子让步。

二是对参与或者支持国际恐怖主义的国家坚决予以打击，甚至不惜发动战争。

三是积极与友好国家合作反恐，美国为多个国家警察举行了专门的反恐业务培训。

5. 加强和完善反恐立法

为了有效地对付恐怖主义的威胁，美国不仅参加和签署了一系列国际反恐协定，而且在国内积极立法。目前，美国已经制定了《国家安全法》《全国紧急状态法》《反恐怖国际活动法》等与反恐有关的法律，"9·11"之后，美国通过了爱国者法案（The USA Patriot ACT）和航空及交通安全法案（The Aviation and Transportation Security ACT），相继出台了《防止生物恐怖袭击法》《公共卫生安全与预防及应对生物恐怖法案》等法律。

6. 扩大警察权力

一是监听。

二是警察讯问的权力。

三是在非法移民出境问题上，警察有了更多的选择和权力。

三、对反恐导向警务的评价

反恐导向警务，彻底改变了世界警务改革的走向。

1. 权力：扩大警察权。
2. 角色：重塑战士形象。
3. 武器：采用杀伤性武器与高科技。
4. 风格：主动先发，预案先行。
5. 工作重点：强调情报导向。

结束语：王大伟跨越时代论（世界警察赛马图，Horse–racing theory）

醉里挑灯看剑，梦回吹角连营。

八百里分麾下炙，五十弦翻塞外声，沙场秋点兵。

马作的卢飞快，弓如霹雳弦惊。

了却君王天下事，赢得生前身后名。可怜白发生！

——辛弃疾

为了达到警务革命的终极目标，世界上有三匹马在赛跑，暗中较劲，志在必得。

Horse A：England and Wales Model，英美马

Horse B：The colonial Model，发展中国家马

Horse C：China Model，中国马

第一匹马，英美马。1829 年罗伯特·比尔创立伦敦大都市警察，近两百年经历了 4 次警务革命，披荆斩棘，不断探索。叫"摸着石头过河"。

第二匹马，发展中国家马。英国有 40 多个殖民地，法国有 30 多个殖民地。"二战"以后，叫殖民地模式。这些国家是跟着宗主国的警务改革模式走，比宗主国晚 20 年，叫全盘西化，邯郸学步。欧美怎么走，他们怎么改。成也欧美，败也欧美。

第三匹马，中国马。中国比西方警察专业化晚了 90 年，比西方警察现代化晚 50 年。自身优势是什么？改革方向是什么？审视欧美四次警务革命，发现警示，寻找启迪。正所谓："后人发，先人至，以迂为直。"应独立思考，三思而后行。三年不飞，一飞冲天，实现跨越式发展。

"唯大英雄能本色，是真才子自风流。"

中国人创造了世界上最早的警察，中国警察一定会在世界警务革命的大舞台上，承担起辉煌的角色！

平安是最大的智慧①

（《平安是最大的智慧》被群众称为深受欢迎的公民安全讲座。该讲座引进了许多西方警察学、犯罪学和被害人学的新理念，结合中国国情采用平安童谣与平安童操等多种生动活泼的形式宣传普及安全理念。近年来，王大伟深入机关、学校宣讲平安知识，深受广大群众的欢迎。该讲座被叫做群众安全的万能钥匙。在互联网上广为流传。王大伟也被老百姓称为大爷大妈的守护神和说歌谣的警察。）

课程理念：
犯罪学；警察学；被害人学。

授课纪律：
1. 授课不照相、不录像、不录音，不留课件、不接受媒体采仿，不发微信、微博。所有文字、照片不发上网。
2. 主办方应有专人责任组织好课堂秩序，确保听课人数与纪律。
3. 手机静音，学员接打手机请外出。

各位领导，各位朋友，今天上午和大家谈谈自身防范和安全。题目是《平安是最大的智慧》。

---

① 本文是深受广大群众欢迎的王大伟教授的公民安全讲座节选，为了保持讲座的情景，本文采用原讲座的口语表达。

目录

序言：从预防犯罪到预防破害

（Theory/From crime prevention to victim prevention）

一、理念：从预防犯罪到预防破害

首先谈一个理念，从预防犯罪到预防被害，这是世界预防犯罪理念的转变。什么叫从预防犯罪到预防被害呢？作为每一个人、每一个家庭想预防犯罪，是没法预防的。但是我们能够预防被害，让我们自己的家人不被犯罪侵害。比如，我有一个小女孩儿，我告诉她小裤衩、小背心不许别人摸，小女孩知道这一点就不会被犯罪侵害。我把自家的孩子教育好了，再教育邻居。这样，周围这一小片的人就安全了，如果全国每一个小社区、每一小片地区都安全的话，那么犯罪就根本没法发生。这就叫"从预防犯罪到预防被害"。

《平安童谣》

> 背心裤衩不许摸，
> 慎坐别人顺风车。
> 小小秘密告妈妈，
> 问我名字不能说。

（The girls safety tips. The places where vest and shorts covering should not be touched. no hitch a ride, and say no to strangers）

案例："黑色的 9 月"

最近出了一些事件，在前一段时间叫"黑色的 9 月"，大概有 4 个女大学生失联。有的女大学生被坏蛋虏走了，有的女大学生被犯罪侵害了，原因是什么呢？

第一，她们都是从家里去上学，身上带着学费，有几万块钱。

第二，她们都是在火车站和汽车站倒车的时候，犯罪分子看女孩子一个人好欺负，把她骗到车上，拉到荒郊野外去的。所以这些女孩子被性侵害，本身存在着被害性的问题。所谓"黑色的 9 月"，并不是说只有四起犯罪，而是超过这个数字的。如果家里面有个女孩儿的话，就要记住一句话："生个女孩要操心""不搭陌生的顺风车，不打黑的"。这类侵害就可以避免，要把防范知识都教给女孩子。

案例：章××案

章××是一个 26 岁的福建女孩子，在美国的一所高校里进修。有一天中午吃完饭，想要出去找房子，她觉得时间很紧，结果刚一出学校的门看见一辆黑色的汽车停在她的旁边，汽车里坐着的是学校的一个助教，叫史蒂芬·文森，两个人攀谈了 26 秒的话。章××就上了黑色的车，从此再也没有回去了，时间已经过了一年多了，爸爸几次到美国去找也没有找到，估计是凶多吉少。我们怎么应对和防范呢？有人说严打，这很对，有人说整治黑车也很对。可是这件事发生在美国啊，所以除了严打和整治以外，个人提高防范意识和学习防范技能也是很重要的。如果章××小的时候，爸爸妈妈教她这四句话，那么它可能一辈子就是平安的，也就是说这一类犯罪，不会找上她的。

（教案提示：授课时可结合最新案例）

二、平安套餐十忠告（Theory/Christmas menu）

1. 露富：男人只带一百元。
2. 家庭：家里三不搁。
3. 色狼：四喊三不喊。
4. 女孩：背心裤衩覆盖的地方不许摸。
5. 危险：人一生要遭受七灾八难。
6. 情景：给小偷一个不偷的理由。
7. 孩子：口鼻嘴眼大麻烦。
8. 自卫：每个女孩应有一个防身器：二龙戏珠绝技。
9. 秘密：远离酒色财气烟话。

10. 犯罪：小脑门的人不是天生的罪犯。

案例：小西的悲剧

许多年前的 5 月 16 日（周一），早晨起来七点多钟我听到一个电话，是个陌生人的电话，我说："你是谁啊？"他说："我是一个记者，我带着一个孩子到北京来治眼睛。"这是怎么一回事呢？

这是一位北方某个城市的小姑娘，11 岁，叫小西。她 11 点放学回家，爸爸妈妈都不在家，她在门口玩，来了一个骑红摩托车穿黑衣服的人，这个人说："小朋友，我带你去买好吃的你去不去呢？"11 岁的小西说："好啊。"就跟他走了。这人就把小西放到摩托车上，往前开了不远，他给小西买了什么东西呢？两个火腿肠，两份方便面，一共花了 6 元钱，就把小西给骗走了。

骗到山上后，这 11 岁的孩子被强奸，而且两个眼睛都被坏人给扎瞎了。到了下午两点半，到山上种地的人看到这个孩子，小西一听到他们的声音，就摸着过来说："叔叔，山上太冷了，你能不能让我到你家去暖和暖和？"

后来医生用手电筒照了照小西的眼睛，说："小西你把眼睛睁开。"小西说："疼啊，我睁不开。"小西的爸爸就是一个普通的农民，小西的妈妈脑子还有点问题，所以，小西还要给爸爸妈妈做思想工作，她说："爸爸妈妈你们不要难受，等到我把眼睛治好了，你们带我去天安门看升国旗吧。"每次讲到这，我都是眼含热泪。

警察把小西接到北京接受治疗，全国人民给她捐了 22 万块钱，整个社会都给了小西很大的救助。但是大家想想，如果我们要是能够让她从小知道，坏蛋给她吃的时候不吃，坏蛋问她叫什么名字她不说，她就不会遭受这样的事。

（教案提示：此段授课可以讲授细节，激发反响）

三、五个实用战略与战术

1. 犯罪学原理：英国警察认为，人一生有"七灾八难"

英国警察有一句话：人一生要最少遭受三次犯罪侵害。其中两次是被盗窃侵害，一次是人身攻击，如果是女生就可能是性侵害。此外还可能遇到四次自然灾害和意外伤害：地震，水灾，火灾等。这样加在一起，就叫"七灾八难"。如果孩子们学一点防范的知识，哪怕是一点点，都有可能规避这"七灾八难。"

2. 每个女孩都要有一个防身器

《报警器》
（英国警察发明）

报警器像小鸭蛋，

夜里打开是手电。

压在瓦砾可呼救，

拉开吓跑大坏蛋！

（教案提示：此段授课展示教具：尖叫报警器）

在座的女同志，有防身器的请举手。

前些日子××市有一个幼儿园进去一个坏蛋杀孩子。结果，好多幼儿园就给老师发了催泪瓦斯，催泪瓦斯不太大，能喷 12 米。还有请武警教这些女孩去打拳，飞起一脚踢犯罪分子的脖子。后来就有媒体来采访我，说："王老师，这样对不对呢？"我说："不对。"为什么不对啊？一见到色狼你把催泪瓦斯拿出来了。你还没喷人家呢，色狼一把抢过照你眼睛上一喷，你眼睛就瞎了。再说人家色狼那么高，你那么矮，你飞起一脚踢犯罪分子的脖子，你能踢得着他的脖子吗？

每个女孩都要有一个防身器（举着尖叫报警器），大家看我这个防身器，是个手电筒，比鸭蛋小，一个鸭蛋能切这么三个，很小，放在书包里头。你看这是一个手电筒，走路的时候可以走夜路，一遇到色狼，（拉开手电筒上的环，手电筒发出尖锐的报警的声音）是吧，把色狼吓坏了吧，色狼永远也踩不灭它，它能连响 20 分钟，直到电池都响完了。你把它放在这儿，色狼就想去看它，就不管你了，这叫"金蝉脱壳"。

3. 战术一：发现坏人术

犯罪学原理：操作性防卫技能。

西方警察在教公众防范时。一般很少讲理论，也很少讲法条。而是教授一些实用的防范技能。预防犯罪更重要的是掌握实用的、实操性的防范技能，这是西方宣传预防犯罪很大的特点。

你晚上在马路上走，后面有一个人尾随你怎么办？

现在有人说你赶快回头迎着他走，对不对？不对，色狼巴不得你回头迎着他走呢，你要离色狼越远越好。英国人的办法，我现在教给大家，英国人的办法叫走到马路对面去。如果这个色狼跟着你走到马路对面怎么办？你再走回来。如果那个色狼又跟着走回来怎么办呢？撒丫子逃命吧，因为你在前面，好好的走着，后面有一个男人跟着你他不一定是色狼，你撒丫子逃命那就有点大惊小怪了，对吧？如果你走到马路对面去，哎，你就能够判断他是不是色狼。

（教案提示：此段授课要有表演）

警察教英国小女孩的防范技能。名字叫发现坏人术。我还编了一个小歌谣叫：

《发现坏人术》

身后有人很可疑，
走到马路对面去，
要是他又跟过来，
拔腿就跑莫迟疑。

4. 战术二："二龙戏珠"

防范技能："二龙戏珠"（扬土、抠眼睛，再用膝盖顶他的裆部）。

妈妈教给女儿的秘密。年轻的女孩子，当你遇到犯罪侵害的时候，如果你晚上在街上走，比如说在荒郊野外走，突然遇到一个色狼你怎么办呢？你有没有办法让色狼不那么猖狂呢？这就是妈妈教给女儿的秘密，叫"二龙戏珠"。

如果色狼跑过来要抱住你，用最简单的办法把坏蛋打倒在地，有没有这个办法呢？

这就是"妈妈教给女儿的秘密"，大家看，就是三招，非常简单。

第一招，坏蛋一扑过来的时候，让他越近越好，叫：打架如亲嘴，越近力量越大。坏蛋一下扑过来，你马上往后退一步，在地上抓一把土，一下扬到他的眼上，这是第一招。

第二招，抠他的眼睛。

第三招，用膝盖顶他的裆部，再看一遍啊（王大伟教授演示）。一、二、三，三下。三秒钟之内发起三次攻击，百战百胜。这就叫"二龙戏珠"。

《二龙戏珠》

面对坏人我不服，
左手地上抓把土。
扬土挖眼踢裆部。
人称二龙在戏珠。

有一次，我到医院去看病，抽血的护士50多岁，她看到我就问我是不是那个教二龙戏珠的老师？我说是。她和我说，她的女儿正在上护校，每天晚上都要到医院去值班。所以她就跟她女儿说，你学一学二龙戏珠的技术，她女儿说不学。她问为什么不学呢？女儿说：那都是过时的了，现在地下都是水泥地，上哪儿去抓土呢？等到晚上女儿真的要去医院值班的时候，她把女儿叫住，从兜里掏出一个纸包，女儿问这是什么？她说你不说没土吗？我给你一包生石灰粉。女儿不拿，女儿说了一句话：那得要看刮什么风？（此处会有掌声笑声）。

这个小技术叫：妈妈教给女儿的秘密，过去农村的女孩子很多地方都会这个，但是小男孩儿不能拿这个打架，把小朋友打坏了，你要负责任的。

（教案提示：此段授课要有表演，或可叫听众上台教授）

5. 战略：寻安善处

处世哲学：寻安善处（首先要平安，然后要善于和歹徒斗智斗勇）。

"寻安善处"：当我们遇到犯罪侵害的时候，我们首先要平安，然后要善于和犯罪分子去斗智斗勇，这可以作为我们每个人一生防范的座右铭。

案例："乔家大院案"

（看幻灯片）这是山西乔家大院，地主在房子上砌的那个砖雕。这里有一个真实的故事，一个大家在网上争论不休的故事。一个女同志28岁，带一个女孩子2岁，在家里睡觉。晚上家里进了一个贼，贼一进去以后一看，家里只有一个妈妈和一个女儿，这个犯罪分子就顿起歹心，这叫先劫财再劫色。他一下掐住这个女儿的脖子，跟她妈妈说："你答应我一个非分的要求，你要答应了，我不掐死你女儿，你要不答应我就掐死你女儿。"妈妈为了保全她女儿的生命，就答应了犯罪分子的要求。这件事情在网上炒得很热，有不同的意见。有的人就问我说，"王老师，你给这个28岁的妈妈打多少分呢?"我说:"60 分及格了。"她保住了女儿的生命她就及格了。但是她丢的 40 分是因为什么呢?是因为她没有和犯罪分子斗智斗勇,如果她要是能和犯罪分子斗智斗勇,那 40 分也能保全。

第一讲　五福捧寿(一个观念,四个要素)

一、传统五福捧寿(Theory/Five happy bats)

五福是:一曰寿、二曰富、三曰康宁、四曰攸好德、五曰考终命。

二、安全五福捧寿

安全五福捧寿,是指"一个观念""四个要素"。
一个观念:心防(The heart prevention)。
四个要素:时间、空间、氛围、技能。

三、心防

1. 古人的智慧
"诸葛一生唯谨慎,吕端大事不糊涂"。

《古人预案》

未晚先投宿,
鸡鸣早看天。
过桥须下马,
有路莫登舟。

犯罪学原理:心防。
说到防范,我们误以为西方的犯罪预防主要是依靠:人防、技防、物防、犬防。2000 年,我在芬兰北美和欧洲犯罪研究所学习,翻译了一本书:《欧美预防犯罪方略》。书中给我印象最深刻的是,欧美更加强调心防,也就是观念预防。这是欧美预防犯罪的大趋势之一。
"一个观念"是什么呢?心防。家里要不要安防盗门呢?要安。家里要不要安外面窗的栅栏呢?要安。但是最大的防范是脑子里的防范,叫心防。这是我们古代的画叫五福捧寿，五只蝙蝠，中间一个寿字。

四、《耍蛇的故事》

有一段时间我怀疑自己有抑郁症，就到医院去看病，我找了北京最有名的医生，有人说我有病，有人说我没有病。我自己也不知道到底有没有，我是遇到任何事都害怕，结果有一天，我终于知道有没有病了。

我到电视台去录节目，我录的是第二场，前边一场叫耍蛇。演播室里面有个铁笼子，里面全部都是毒蛇，甚至桌子上都是蛇，我在旁边看吓坏了，就赶快出去，我就自言自语：我有抑郁症。可是为什么别人都不害怕呢？这时候化妆的小女孩、看门的老头都往里面跑，看耍蛇有多好看，我在外面等了20分钟，我感觉这个节目快完了，我就推门往里看，结果，最后一幕我看到了。

专家耍完蛇后，他把毒蛇往笼子里放，拿着夹子夹起最后一条毒蛇往这个笼子里放，他说："各位你们上眼，如果我把这个蛇放到这个笼子里，手要猛得一盖这个盖，如果我的手晚了1/6秒，这个蛇就会从笼子里出来反咬我一口。"结果专家一说完这句话，就把蛇往笼子里一扔，手往下一压，结果晚了1/6秒，蛇在他一扔的瞬间咬在他的手上，血一下子就出来了。我马上说不要录了，要出人命了，我就问那个专家身上有钱吗？他说有，我说赶快去医院。

他笼子里两种蛇：蝮蛇与竹叶青。医生问你是被蝮蛇咬的还是竹叶青咬的？专家说他是被蝮蛇咬的，医生说："你得救了。"因为北京这医院只有蝮蛇的血清，没有竹叶青的，通过这件事我才知道我原来没有抑郁症，是大家都有病。

所以从现在开始，遇到任何事都要谨慎，教孩子害怕危险，你得告诉她"有鲜花，也有大灰狼"。

（教案提示：此段授课要有表演，渲染细节）

平安警语：孩子平安大于天。

五、"四个要素"是什么呢？

1. 时间（Theory /Criminal calendar）
一年有3次犯罪高峰。

《三次犯罪高峰》

较为平安三月三，
四月五月往上蹿。
夏季多发强奸案，
冬季侵财到峰巅。

犯罪学原理：犯罪月历。一年有 3 次犯罪高峰。

我问问大家，一年 12 个月，哪个月的犯罪会少呢？有人说是 12 月，有人说是 1 月，其实都不对，最少的月份是二月，因为 2 月只有 28 天。

这一年啊，夏天的强奸案最多，性侵害案件最多，大家看现在最热，这个时候性犯罪最多，为什么呢？女同志穿的这个衣服叫瘦、露、透，这是夏天。冬天，像北京、上海这些大城市是偷窃的高峰，冬天是侵财案件最多的季节。

2. 空间（Theory/Crime mapping）

《犯罪空间》

陷阱就在咱身边，
上学路上有危险。
游戏机厅小卖部，
荒郊野外更凶险。

《犯罪空间》包括：上学放学的路上；教室内外；校园附近的小卖店、游戏机厅；

小区、住宅。

犯罪学原理：犯罪地图。犯罪侵害的空间就在身边。

过去一说到犯罪侵害的时候，往往想到的都是青纱帐、废旧的工厂、破桥底下，全都是荒郊野外，一想起来头皮都发麻。那么，是不是这些地方犯罪侵害多呢？过去的情况的确是这样，但现在不是了。

是不是学校就安全呢？不是，上学放学的路安全吗？不是，过去我们说犯罪可能都是荒郊野外，现在不是，上学放学的路上，甚至学校的周边环境，甚至学校的内部，都可能有犯罪侵害。

3. 氛围（Atmosphere）

（1）犯罪学理论：强奸案 60% 是发生在熟人之间（Theory/60% Criminal cases of rape occurred between acquaintances）。

日本人研究，性侵害案件 60% 是熟人所为。不要以为看见生人你害怕，实际上看见熟人你才应该害怕，好多不道德的事情、好多违法犯罪的事情都是熟人做的，这就是我们说的要防范"半熟脸"。

（2）男孩女孩独处一室不要超过 30 分钟。

放暑假了，女孩儿到男孩家去写作业，两个人一关门，一起写作业。爸爸妈妈不在，一放音乐很温馨。到了 30 分钟，女孩子"噌"就站起来了，男孩子就很不高兴，说："你干吗?"女孩子说："我要走啊。"男孩子说："你干吗走啊，刚坐下。"女孩子就说："王大伟说了，男女同处一室不要超过 30 分钟。"这就是氛围。

（教案提示：此案例对象为中小学生）

我们都知道潘金莲和西门庆的故事，潘金莲 22 岁是美女，西门庆 28 岁是帅哥，身高九尺。两人在王婆的茶馆里喝茶，王婆突然站起来说，我出去买点水果，然后在外边把屋子的门锁上了，这叫外关门。这时屋里就剩了一个帅哥和美女，危险就陡然增加，西门庆看时机到了，袖子一拂，桌子上有一双银筷子，被拂在地上，西门庆假装去拿筷子，一看潘金莲的脚在桌子底下，上去就抓住潘金莲的脚，潘金莲站起来说："官人，你真的要勾搭于我吗?"这是《水浒》里的原话，现在还有一个版本，潘金莲站起来说："我要回家。"西门庆说："干吗回家呢?"潘金莲说："王大伟说，男女独处一室，不要超过 30 分钟。"

（教案提示：此案例对象为成人，避免低俗）

（3）犯罪学理论。警惕性的公式：警惕性与信任程度和熟悉程度是成反比的。

$$警惕性 = 1/信任程度和熟悉程度$$

就是说警惕性和信任程度和熟悉程度成反比，如果说我们对一个人越信任，警惕性就越低，对一个环境越熟悉，警惕性就越低，它可以很好地解释为什么在一些特别好的氛围中，封闭的有音乐的这种氛围之中，反而性侵害案件会高发。

日本人的研究：熟人之间发生性侵害的案件多。所以这一点提醒我们，对熟人也要提高警惕。

4. 技能

我们要教给每个孩子、每个人防范的技能。

（1）防范技能：学会留下个人标记。

防范技能：稻草取证法。

有这么一个女孩子，犯罪分子对她实施性侵害，没有办法抗拒，她就抓了一把稻草放在犯罪分子的兜里，结果犯罪分子完事就跑，女孩子就追，前面巡警把犯罪分子给截住了。女孩就说，他刚才做了坏事，犯罪分子说，你有什么证据？女孩子说，我刚才抓了一把稻草，装在他的兜里。巡警一看真的有一把稻草，而且就是某某草垛里的稻草，犯罪分子当时把脑袋就低下来，哑口无言了，铁证如山，怎么抵赖。这是讲女孩子在没有办法的情况下，可以做的事情。

（2）防范技能：电梯防狼法。

香港警察给香港市民提供一个紧急情况下的自救方法。电梯里有色狼，一下把你脖子卡住，你没办法呼救，也挣脱不了，怎么办？这个时候你就赶快把手提包扔出去，如果你把手提包扔出去，很可能就让你捡条命。因为后面有等电梯的人一看到电梯外边有个包，十有八九都能猜到电梯里出事了，马上就会想办法来救你。

所以说斗智斗勇相结合，千万不能一味地斗勇。

第二讲　给小偷一个不偷你的理由

一、识贼防盗（Identify theft）

人一生平均被 3 次犯罪侵害，有两次是被偷。知道小偷长什么样吗？我现在教给你们，待会你出去找找，就几句话：

《怎么识贼》

贼眼左右乱看，
手拿报纸雨伞。
男的衣着平凡，
女的花枝招展。
总在车门瞎转，

挤上挤下添乱。

若遇刹车混乱，

猛地贴在身边。

"贼眼左右乱看"。你在地铁上望去，看大家的眼睛都是直的，如果你看到有一个人眼睛乱转，一会看东，一会看西，他要么就是小偷，要么就是便衣警察。

"手拿报纸雨伞"。小偷偷东西的时候一定有报纸或者是雨伞遮挡，把你兜里面的东西拿出来。

"男的衣着平凡"。男的小偷都是普通衣着，毫不起眼。

"女的花枝招展"。在车上抓的小偷好多都是漂亮女性，还有是老太。因为老太太或漂亮女人站在男的后面，他的防范意识或许瞬间为零。

二、小偷怎么偷东西

1.《近身扒窃十一招》

遮、割、抢、撞、钩、分、拎、换、色、麻、夹。

我认识一个贼王叫王同山，苏州人，人称江南贼王，63 岁，在监狱服刑 32 年。我问他："老王，你经常那手夹肥皂吧？"他一听很不高兴，他说这是小毛贼干的，他怎么能干这个事呢？他真的是贼王，当年洛阳牡丹花卉"全国贼王比武大会"第三名。我问他觉得比较牛的一件事是什么？他说他就是雇了一个搬家公司，当着派出所长的面把派出所长的保险柜偷走了，所以他要服刑 32 年呢？

2. 贼经之一：《心情不好不偷》

"（星期）一、三、五偷，二、四、六不偷，阴天下雨不偷，心情不好不偷。偷风偷雨，不偷雪。"

3. 贼经之二：《四听八看》

贼听：

（1）听：敲门听反应；

（2）听：窗户里边风；

（3）听：睡觉打呼噜；

（4）听：楼道脚步声。

贼看：

（1）看：电表转动；

（2）看：物业打分排名；

（3）看：破窗；

（4）看：报纸与牛奶；

（5）看：门口灰土；

（6）看：老式防盗门；

（7）看：小区保安；

（8）看：小区照明。

4. 贼经之三：《听看跟站》

贼听：留学回国大老板，

贼看：玻璃有洞窗不关。

贼跟：爷爷奶奶单身女，

贼站：银行金银柜台边。

5. 破窗理论

有一个美国教授在讲课的时候，把一辆崭新的没有锁的汽车停在门口，他说："虽然这车是崭新的汽车，也没有上锁，但是小偷不会偷，因为没有被偷的信号。"

他说完这句后拿起锤子把车窗砸了，他说："这就是一个让别人偷的信号，10 分钟之内这辆车肯定被偷"。过了 10 分钟这车没被偷，教授说："看来信号不够。"说着，他又砸了另一边的窗户，结果不到十分钟，过了来了两个人，他们一看这个车子窗子都碎了，就把半导体给卸下了来。后来又来俩人，说："他们正卸半导体呢，咱们把这车轱辘给卸走吧。"

所以大家看，这就是给小偷一个不偷你的理由。

（教案提示：此段授课要有表演）

6. 不喝对方的饮料

《坐火车有技术》

上火车，要低调，

金表名牌尽量少。

聊天一路不涉己，

面对美女心莫跳。

不喝对方的饮料，

起身回来茶倒掉。

北京和济南之间有条铁路，有一位老农民拿一个塑料袋坐这条线路的软卧，两个小伙子给了他一罐饮料，老农民拉开了就喝了，他一抬眼，两个小伙子冲着他乐，看完就他就晕了。隐约还听到小伙子说："你怎么还不倒？"两个小伙子把塑料袋一打开，里面是 157 万现金。老农民醒来后发现钱没了，叫苦不迭。民警就把这两个小伙子的样子画成画像，贴到火车站，3 天没人认。等到第 4 天，民警把画像贴到监狱里看看，监狱犯人一看，说："报告政府我认得他，我要立功。"结果这两个小伙子都被抓到枪毙了。老农民只喝了一罐饮料就险些损失了大量钱财。

7. 贼进门后的 10 招（斯德哥尔摩效应）（Theory/Stockholm syndrome）

（1）欺骗——无中生有

（2）逃跑——走为上计

（3）装死——死去活来

（4）报信——树上开花

（5）博斗——以强胜弱

（6）放弃——丢卒保车

（7）不叫——沉着冷静

（8）捆绑——前胜于后

（9）不看——安定其心

（10）劝导——回心转意

第一招欺骗。我们教给家里的老人和孩子，如果孩子在家放暑假，进来一个陌生人，就对他说："我爸爸说了，10 点钟带我去看病。"

第二招逃跑。如果家里进了贼，拔腿就跑，而且要向外跑。

第三招装死。如果一个小男孩被人掐住脖子，要装死。

第九招是不看对方的脸。男孩女孩家里进了贼，你第一句话要说什么，你要说："对不起先生，我没看你的脸。"他就不会杀你。

8. 斯德哥尔摩效应（Theory/Stockholm syndrome）

瑞典的首都是斯德哥尔摩，3 个绑匪绑了 2 个女职员，在 160 个小时的时间里，这 3 个绑匪没有杀这 2 个女孩，结果女孩子"感恩戴德"，和劫匪互相产生了感情，结果，最后当警察把绑匪抓住了，女职员反而替绑匪作伪证，甚至事后其中 1 个女孩还嫁给了绑匪，这就叫斯德哥尔摩效应。这件事说明加害方和被害方是有感情交流的。

案例：擦点紫药水

有一个女孩在家里面，坏人进家就想杀人，也没有原因，他就想杀小女孩，结果小女孩说了一句话，坏人收刀走了。为什么呢？他把刀拔出来的时候，女孩说："叔叔你的手破了，别动，我给你擦点紫药水。"这个坏人想自己在外面打工三年都没有人关心过自己，这个十四岁的小女孩还知道关心我，我杀她干什么，这就是这个斯德哥尔摩效应。

第三讲 给色狼一个不侵害你的理由

一、防范公车色狼秘诀

对付公车色狼——有四喊三不喊。

1. 防范技能

《四喊》

男友在旁高声喊，
二三女友高声喊。
白天高峰高声喊，
旁有军警高声喊。
路见不平一声吼，
该出手时就出手。

首先要喊，这叫路见不平一声吼，该出手时就出手，对于那种浑水摸鱼型的，对于那种要想占点小便宜的，要坚决斥责，坚决地给他一大嘴巴。四喊是什么呢？（1）男朋友在的时候要喊，小两口在一起，那小子想占点便宜没门。我男朋友又高又大，那我坚决要喊。

（2）女友在的时候要喊，比如说三四个小女孩一块儿上街，一块儿挤公交车，旁边有几个小伙伴，这个时候大家一条心，再大的色狼我们也不怕，这个时候要喊。

（3）白天的时候，高峰的时候要喊，白天的时候人多，人间都有正气，在这个时候你一定要喊。

（4）旁边有军警的时候要喊，旁边如果有解放军、有警察，你大声地喊，一点问题都没有，他们一定会帮你制服坏蛋。这就叫四喊。

2. 防范技能

《三不喊》（三慎喊）

天黑人少慎高喊，
直觉危险慎高喊。
孤独无助慎高喊，
斗智斗勇智为先。

车上没几个人，天又黑，你一喊容易引起犯罪分子激情杀人。如果晚上你一个人在车上，看到车上上来了一个人，长着一个大肉头，肩膀上还文着一条龙。那叫：左青龙，右白虎，没准儿他就是一个刑满释放的坏人，所以这个时候你千万不要惹他，找个机会赶快下车。所以，喊和不喊有一个判断标准，就是以不伤害女孩子的身体为根本的标准。

二、学校邻里性骚扰

犯罪学理论：隐案公式——1∶7。

英国警察认为，性侵害案件的隐案率特别高，大概是1∶7，也就是说，每发现一起案件，背后可能隐藏着六起，这就叫性侵害的隐案公式。

学校里也有性骚扰，邻里间也有。对一些女孩子的性侵害决非一起二起，但被发现的很少。为什么？

第一是这种事情发生之后，我们不知道，就是可能小女孩、小男孩，他们遇到这种性骚扰、这种猥亵，他不知道这是坏事。

第二是知道了也不说，所以大量的这类事情都成了隐案，就是没有人知道。警察不知道，父母不知道，老师也不知道，所以说一定要提高警惕。极个别老师在课堂上非常不检点，孩子回家以后，就跟爷爷奶奶说，我们老师上课怎样、怎么样，结果爷爷奶奶说，别胡说，你们老师怎么能那样，爷爷奶奶爸爸妈妈都不相信孩子说的话。

邻里之间，在小区内部，有的时候也会有性骚扰。比如说，有的叔叔哥哥给你点小恩小惠，然后搂搂抱抱。还有一种泼皮无赖，有的女孩子上楼的时候，穿得漂亮一点儿，他就在旁边吹个口号。女孩上楼了以后，看楼道是黑的，这是坏孩子在前面挡她一下或推她一下。

有这么几招，对付小恩小惠要告诉父母，对于搂搂抱抱要大声地斥责,对于那些泼皮无赖,要赶快地去报警。这些泼皮无赖就不是一般的问题了,你就要跟警察叔叔去说了。

有这么一个女孩子,她小时候去看电影,邻居的一个大哥哥,经常抱着她看电影,那个时候她也不懂,等到现在大了,她就想起来了,说邻居大哥哥在看的过程中,就有这些搂抱、偷摸这些猥亵的行为,只是到现在大了才知道,而当时就不知道。这些事情要早一点告诉孩子们,让他们知道这都是严重的犯罪,是要受到刑法惩罚的。另一方面,让所有的女孩子及早都有自护的意识。

三、应对策略

犯罪学理论:警惕"半熟脸"。所谓半熟脸儿就是你周围,经常注意你的人,但是你并没有注意他。他和你可能有一面之交,大家都认识,可又不熟悉。这样的人,可能熟悉你的环境,熟悉你上班下班的路线。我们通过大量案件分析,性侵害案件中半熟脸儿占的比例较高。

远期防范。警惕"教师犯罪人"。2003 年我在博士毕业论文《中小学生被害人研究》中首次提出了教师犯罪人。即在教师队伍中混杂着极少数的犯罪人。由于身份特殊,他们的犯罪具有隐蔽性、长期性,与极大的危害性。

1. 要告诉女孩子:性侵害案件中,熟人作案要多于陌生人。日本的被害人学统计过:60% 的性侵害案件为熟人所为。你对一个人越熟悉,你对一个环境越熟悉,你的防范意识就越低。

2. 要谨防半熟脸儿,就是和你有一面之交的人。

3. 上学放学的路上有人给你冰棍儿吃、羊肉串吃时,有人对你特别好时,都要适当的提高警惕,假如他把你引入帐篷工棚或黑暗的通道,是千万不能去的。

4. 邻居的大哥哥带你去看电影,带你去到外面游玩,也要适当提高警惕。

5. 告诉女孩子,大人和小孩之间的"爱情"是不太可能结婚的,所以不要把坏人对你的小恩小惠误认为是为爱情,甚至要和对方结婚。

6. 如果有人触碰你背心裤衩覆盖的地方,要坚决的说不,并且果断的告诉爸爸妈妈。

7. 老师中也可能有极个别的害群之马。

防范方法:

第一,当别人要让你脱下内衣的时候,一定要坚决说不。

第二，避免和陌生男人独处一室时间过长。

第三，永远不打黑滴，慎坐顺风车。

第四，美酒鲜花浪漫，身处五星级宾馆，身边都是帅哥美女，这时都要提高警惕。

四、被性侵害后怎么办?

犯罪学理论：被害人救助。

被害人救助是西方被害人学的一个理论和实践的典范。在我国现阶段，我们更偏重于对犯罪的打击与破案，而西方更偏重的是对被害人的救助。包括生理、心理、法律与经济的救助。

第一个叫生理救助。所谓生理救助，就是要找一个医生帮你取证，需要取证的方面有什么呢？就是毛发、精斑、体液、抓痕、现场遗留物，要把它保护好。

第二个叫法律救助。法律救助就是说要有专门的人给你法律帮助，指导你怎么报案。在整个审理过程中，特别是中小学生，是有严格的保密规定的，也就是说你的姓名，你过去的有关历史，包括你的真实身份是不允许向外界透露的。

第三个叫心理救助，心理救助就包括家庭的关怀，心理的救助和志愿者的交谈。

案例：香香的证据

香香是一个 14 岁的女孩子，邻居是一个 58 岁的坏老头，有一天，坏老头看香香家里没有人，就下楼把香香强奸了。强奸了一次，没有被发现，坏老头又二次强奸了香香。不久香香怀孕了，当她怀孕到六个月的时候告诉了爸爸，爸爸领着她到派出所去报案。值班民警说："你说那个老头强奸你，你有什么证据吗？"大家知道强奸案需要五大证据，就是：毛发、精斑、体液、抓痕、现场遗留物，有这五大证据就可以破案，没有就没法破案。香香说我没有证据，那个值班民警就让他们先回家，当香香爸爸领着香香走到门口的时候，民警一拍桌子说："回来，我知道有一个检测手段叫 DNA 检测，你把孩子生下来，我们做一个 DNA 检查。"香香把孩子生下来，真的做了一个 DNA 检测，发现果然是那个老头的孩子，就把那个坏老头判了 14 年徒刑。可是，生下来的这个小孩怎么办？这是一个小女孩，她到人世间只有一个目的，就是来做 DNA 来的，那么，她做完 DNA 就没有用了。当我们去调查的时候，这个女孩子已经两岁了，小女孩不会站立，也不会说话，放到农村，饿的时候给她一口饭吃，没有人关心她的生长和发展。这是很多年以前，我做《今日说法》所点评的一个真实的案例，这个案例告诉我们，被害人救助在我们国家是一件非常迫切的事情。

（教案提示：此段授课要慎重严肃）

性侵害案件是非常严重的一种暴力犯罪，法律对它的惩罚打击的力度是非常大的，任何一个女性，如果遭到性侵害，要坚决挺身而出和犯罪分子做斗争，绝不能手软。

五、防范技能：儿童怎样辨别性侵害

1. 什么是性侵

对于儿童的性侵害，包括性骚扰、猥亵和强奸。如果说，强奸犯是恶魔的话，那么，强制猥亵的就是色狼，而性骚扰那帮家伙，充其量也不过是一群癞皮狗。

《应对性侵》

强奸要有性关系，
严重犯罪很打击。
强制猥亵是犯罪，
骚扰拘留赔名誉。

强奸罪、猥亵罪和骚扰违法行为，三者是有区别的。强奸罪是违背妇女意志，强行与其发生性关系，是严重的刑事犯罪；猥亵罪是强制猥亵或者是侮辱男性或女性情节严重的也是犯罪；而骚扰就是一种违法行为，公民有权要求停止侵害，恢复名誉，并且给予赔偿。性骚扰要治安处罚，而猥亵要用刑法严厉打击。

性骚扰和猥亵这两词一般人听得都不多，而且总觉得什么是骚扰，什么是猥亵，谁也说不太清楚，但是现实生活中，确实你能亲身感受到。比如说在公车上，女孩子在前面站着，后面有的时候会有人在女孩子面前来回拉他那个裤带，或在女孩后面来回地蹭。还有握有实权的企业老总，他会把女秘书、女下级叫到办公室里来，用不安分的手和女下属"谈工作"，并且暗示你要是服从，他会给什么好处，倘若不服从就必然会有什么样的后果。

首先我们要告诉小女孩，包括上幼儿园和上中小学的孩子们一些最基本的，识别和防范的技巧。儿童的性安全教育要从三岁就开始。

2. 男孩女孩十大安全教育

防范技能：男孩女孩十大安全教育。

要告诉幼儿园小学低年级的女孩子：

（1）世界上不仅有鲜花，也有大灰狼。

（2）小裤衩儿，小背心儿，不许别人摸。

（3）自己的身体是不允许别人随便亲吻和触摸的。

（4）不吃陌生人的东西，不玩陌生人给的 iPad。

（5）坚决不单独坐别人的车。

（6）不对家人保守秘密，有小秘密要告诉妈妈。

（7）不要告诉陌生人自己的名字、家庭住址和个人的小隐私。

（8）不和非家庭男性独处一室。

（9）孩子要有一本平安小教材。

（10）儿童的性安全教育要从三岁就开始。

防范技能：小熊贴纸小游戏。

平时家里父母，可以和女孩子玩儿一个给小熊贴纸小游戏。给女孩子两种纸：一种是红色的，一种是绿色的。

要问女孩子，哪些地方是不可以触摸的？就贴上红纸，哪些地方是可以摸的？就贴上绿纸，两三岁的孩子还没有性安全的意识，可能会把红纸贴在眼睛上和鞋上，认为这些很重要，而五六岁的女孩子，就会认识到小屁股、前胸是不能摸的。

3. 平安童谣

> 小熊小熊好宝宝，
> 背心裤衩都穿好，
> 里边不许别人摸，
> 男孩女孩都知道。

4. 平安童话

平安童谣再往前发展，就发展成了平安童话。有的时候，我们到幼儿园和小学去讲案例，一讲到小女孩被性侵害，一讲到小男孩被坏蛋劫走，很多小孩马上就说："我不听啊，我不听啊。"他们有点儿害怕。现在我们把现实生活中血淋淋的案例变成童话，让小朋友听着口水狼和鼻涕熊的斗争，哈哈一笑，又学了平安知识，又讲了欢乐故事。王大伟儿童安全百科绘本有三种：（1）小石头、电饭煲与汽车警察。（2）四季平安歌：小石头与屁屁狼在那难忘的一年里。（3）鼻涕熊猫与口水狼。

举例：

背心裤衩不许别人摸（童话故事）

第一页。景山东侧，有一条东西走向的街，别看它只有三百多米，可名气却不小，一处院落曾是清朝的公主府：和硕公主府。爷爷说，过去旗人贵族女孩叫格格，端庄贤淑，笑不露齿，规矩可多了。

第二页。花狐狸到小桐桐家找小桐桐玩，可是，小桐桐和姥姥出去买东西了，电饭煲就跟花狐狸两个人玩起了游戏。正在这时，门口有敲门的声音，说是来查电表的，电饭煲就把门给开了。

第三页。查电表的叔叔看到屋里只有花狐狸一个小女孩，就对花狐狸说，我们一块玩个游戏好不好？这个游戏就是先要把背心裤衩脱下来。

第四页。查电表的叔叔刚想玩这个游戏，一块积木从玩具箱里飞了出来，正好砸在叔叔的头上，叔叔一回头，又一辆小汽车飞了过来砸在叔叔的鼻子上。叔叔觉得很难受，一边哭，一边跑了。积木和汽车一定都是汽车警察扔的。

平安警语：背心裤衩覆盖的地方不许别人摸。

第四讲　去痴防骗（Anti cheating）

一、常用骗术

现在最流行的诈骗形式有三种：

第一种，街头诈骗，街头诈骗的是一种常见的古老的形式

《街头诈骗》

爷爷好，奶奶好，

出门捡个大元宝，

钻石链，金手表，

街头骗术真不少。

像什么古董诈骗、"丢地捡"，黄雀叼签儿……这都属于街头诈骗的范畴。

第二种，电信诈骗。

第三种，各种各样的庞氏骗局。像非法集资，非法吸收公众存款，传销等等。

下面我着重谈谈电信诈骗，也许我们每个人的都收到过电信诈骗的短信。今年春节我收到过一条短信，大家听听很有意思，短信是这样说的："王大伟警察，我们现在正在录电视节目，录完电视节目请你吃饭，点击下面的链接找到吃饭的地址。"我知道这种链接是不能点的，可是我又好奇，真的对方请我吃饭怎么办？于是我就把电话拨回，对方是一个中年女性，她说："王老师，十分钟以前我收到了这个短信，没想到我一点链接，在我手机中的通讯录中 200 个人都同时收到了这封短信"。这就叫几何复制，我在她的通讯录标注的就是王大伟警察。

电信诈骗并不是大陆产生的，而是产生于海峡的对岸，电信诈骗后从福建、广东登陆。

电信诈骗有六个部门，俗称狼窝六大部。

电信诈骗也好，普通诈骗也好，为什么会得逞呢？有的老太太到派出所去报案说："我一定是被坏人用蒙汗药蒙翻了，为什么我把坏人带到家里去掀开褥子，把家里仅有的 6 万块钱给了他，当他走出 50 米以后，我就突然醒了？犯罪分子一定用的是蒙汗药！"可是警察去调查，发现根本就没有蒙汗药。那么，这个蒙汗药是什么呢？就是痴心，病字头底下一个痴子。

（教案提示：此段授课要有表演）

防骗的总原则就是："内去痴心，外防老千。"

内去痴心。痴心主要的有三种，在座的女孩子什么痴心多呢？花痴，是想找个好对象；在座的男孩子有什么痴新？钱痴，想挣大钱。你看我是当老师的，我是什么痴呢？就是名痴。有一年我收到泰山管理处给我寄了一封信，信是这样写的："王大伟，你已经被评为 21 世纪中华名人，我们准备在泰山上给你立碑，一千块钱立一米，你想立几米？速寄钱来。"

外防老千。一个人是托，两个人是双簧，三个人是局，那就叫天外飞仙。我给大家讲一个我亲身经历的设局故事。

大家知道，北京有一个潘家园旧货市场，一到周末有十万人在那里边买卖东西。

有一个礼拜六我去逛潘家园，一个老太太蹲在地上，旁边有一个篮子，篮子里有一个五彩的明朝万历年的大花瓶，大家要知道，这样的花瓶值一百多万呢。我往前一探头，就觉得身后面被别人拽了一下，我回头一看，一个退休老工人模样的人，慈眉善目的、胖胖的，他对我说："先生，千万别买假的。"他说完这句话，停顿了一会儿，又跟我说："虽然是假的，也是清朝仿的，大概能值个万把块钱。"注意，这是第一个托儿。

第二个人来了，他是一个"局长"，他打电话给"司机"说："哎，我看到了一个明朝万历年的花瓶，你给我送 1500 块钱来。"过一会儿，"司机"把钱给他送过来，他数出 1300 抛在地上问蹲着的大妈说："老太太，够不够？"老太太说："1500 少一个子儿不行。""局长"又走了，注意，这是第二个托儿。

突然远处有一辆红摩托车开过来，驾驶摩托车的是个小伙子，他摘下头盔，是个帅小伙，他问老太太："你知道我是干什么的吗？我就是古董行的老板，我是开店的。"大家知道开古董店的老板都是火眼金睛，小伙子也取出 1300 块钱，扔在地上，说："老太太，这 1300 够不够？"老太太还是连眼都不抬，说："1500。"小伙子又走了，注意这是第三个托儿。

三个托儿都走了，这就该轮到我了，我买还是不买呢，大概值 1 万多块钱的花瓶 1500 就能买下来，这在古玩行就是捡漏。但是我想，我天天教别人防骗，万一我自己被骗了怎么办？我就对自己说：我往前走一百米，如果走一百米老太太还在，我回来就买。哎，这是自己安慰自己。可是我只往前走了 50 米，就看到一个小女孩蹲在那儿，她前面摆着三个和老太太那个一模一样的明朝万历年花瓶。小女孩一看见我就说："哎，你是不是看到那群骗子了？这叫空手套白狼，每个礼拜六他们到我这来借一个瓶子，能蒙出去就给我一百块钱（这个花瓶只值一百块钱），蒙不出去，他们晚上会把这个花瓶退给我。"大家看，我没有被骗的主要原因，就是我往前走了 50 米，这就是我跟大家说的防骗的撒手锏。

（教案提示：此段授课要站立走动。有表演，渲染细节）

二、防骗公式 (Theory/Anti - cheating formulas)

怎么防骗呢？教大家三句话：

第一句：推迟支付，推迟决断。

什么叫推迟支付，推迟决断呢？第一个是我不做决断，就说前面提到的那五个骗子在我面前演戏，如果当时掏钱了，就上当了，我不掏钱，我再往前走，不用走多远，走 50 米就真相大白了。另外，他是不是骗子很好识别，就是他急着要让你掏钱，你不掏钱他着急，这时候你着什么急，回家好好待一天。或者像潘家园的那种旧货市场，它是一个礼拜开一次，我这个礼拜买不上，我下个礼拜再去。这叫推迟决断，还有一个就是推迟支付。我真想买了，也不要紧，说大妈你这瓶子真好，我先给你 100 块钱行不行，我没带那么多钱，下个礼拜我再给你，这个时候你就能看出他是不是真骗子，他绝对不会让你拿走 100 块钱。所以，我们总结出这句话：推迟支付、推迟决断。这是防骗的很有效的方法。

不决断，晚交钱，睡一觉，过一天，再和亲人谈一谈。

（No decision，late paying. Sleeping，and wait until tomorrow morning. Try to make a friend talking. ）

第二句：不懂不做。

不懂千万不要做，比如，有一个人突然拿一块金表在你面前说："哎，劳力士，卖 35 万，要不要，1000 块钱卖给你。"因为你不懂这个表，那么你就说："哎呀，我不懂，我不买。"不做，不懂不做。再者，你找人去长个眼，如果这真是 35 万的劳力士不要紧，走，咱们上瑞士表店，到那儿看看，人家自然就能看出真假。这招就是不懂不做。

第三句话：不要轻动一个月的工资。

多少钱可以自己做决定，多少钱必须要谨慎，必须要和爱人商量，这是一个小诀窍，就是一个月的工资。什么叫立案标准？立案标准就是一个月的平均工资，如果你被别人偷了骗了一个月的工资，这就是我们制定的立案标准。

所以你记住了，如果你一个月挣 5000 块钱，你要是花一两千块钱自己可以做主，但是如果你看好的东西是 6000 块钱，你绝对不能当天买，你必须得回来，仔细和家人商量，开家庭会讨论决定。

第五讲　人生平安三大智慧

人生平安需要有三大智慧。

现在的年轻人学过数学、物理和化学，可是很多人并没有学过警察学、犯罪学和被害人学。下面我就给大家普及一下这三门科学，而且这三门科学对青年人非常重要。

一、警之于先，察之于后（警察学）

警察是什么？叫："警之于先，察之于后"。好的警察不光是打击罪犯，更要预防犯罪。大家知道裁缝是什么，叫："裁之于先，缝之于后"。好裁缝不是会缝，而是会裁，给他一块布料，他能给你裁出一件美丽的旗袍，那才是好裁缝。

案例：奇怪的短信

有一个妈妈在深圳打工，女儿很聪明，在北京某所有名的大学里学习。有一天晚上，妈妈收到女儿的手机短信，说："妈妈，我现在在安全部找了一份工作，为了保密就不能给你打电话了，我每天晚上给你发短信。"三个月过去了，这位妈妈觉得有些蹊跷，就从深圳来到北京，这时候她才发现，早在三个月以前，女儿就被一个学校的"师哥"杀害了，他贪图女孩身上的 2 万块钱学费。这个"师哥"杀害了她女儿后，把尸体肢解，用一个旅行袋寄到内蒙古大草原去了。

"师哥"被抓住了，判了死刑，缓期两年执行。这个妈妈现在经常到电视台门口举个牌子，要求马上把这个"师哥"执行死刑。大家都很同情他，我就跟这个妈妈说："我们都恨不得把那个色狼杀了，但是你想没想，即使是色狼今天晚上就枪毙了，女儿也不可能死而复生了。"因此，我们在悲痛同情之余，更要知道教女孩子安全防范知识和技能的重要性。

1. "杯子定律"

我这一生在电视台点评了几千个案例，我总结出一个理论，那就叫"杯子定律"。桌子边上放一个杯子，人们路过时不小心把杯子碰下。从杯子离开桌面，到摔到地上最多只有一两秒钟。人们想用手接住杯子，是非常困难的，杯子掉在地上摔碎后，人们想用胶把它粘起来，也是非常困难的事情。可是大家想过没有，只要我们把杯子往桌子中间放一放，这个杯子就不会掉下来，这就是防范为主的道理。

（教案提示：此段授课展示教具：杯子）

一旦发生了恶性的刑事案件，大家都会把注意力集中在怎么破案，怎么打击上，这种心情是非常可以理解的。就好像我们想用手接住这个杯子，可是在这一两秒钟真的很难接住。比如现在大家都在研究，一个女孩被歹徒截在了顺风车里了，怎么和歹徒斗智斗勇？这就好比杯子已经从桌子上掉下来，我们想办法去接住它，真的有很多的难处。

但是换一种思路，我们把杯子往桌子里边放一放，这杯子就永远掉不下来了。对每个女孩子都要说：不管多黑，不管多困难，也不搭顺风车，如果我们知道这句话的话，这个杯子就不会从桌子上掉下来，这就是我们说的"杯子定律"。

2. 什么是警察学？

警察学在我们国家叫公安学，是解释警察若干现象，揭示警察规律的科学。警察学是一门很深的学问，其中大概有 200 多个概念和理论。

警察学理论：社区警务的理论。

第三次警务革命叫警察现代化。警察从头到脚武装到牙齿，披挂整齐，头上是反转的头盔，肩膀上带着对讲机，身上穿着防弹背心儿，腰里有七件宝，脚底下穿的是防地雷的皮鞋，旁边有巡逻车，巡逻车里有笔记本电脑，笔记本电脑里有全套犯罪信息，西方把这种现代化的警察叫机器人。

我们都以为机器人能够包打天下，可以彻底消灭犯罪，这就是第三次警务革命，叫警察现代化，可是第三次警务革命出现了一些弊病：

第一，警民关系恶化了，警察坐在巡逻车上，自以为老子天下第一，所以老百姓说你这个车轮子开得越快，离我们老百姓越远。

第二，快速反应也产生了问题。

第三，警察装备迅速的提高，警力迅速的提高，也并没有抑制犯罪上升的态势。所以西方警察在对第三次警务革命进行总结的时候，提出的第四次警务革命，就叫社区警务运动的。

警察学理论：四次警务革命论，四次警务革命论是由中国人提出的。

第一次警务革命（1829 年），以 1829 年伦敦大都市警察机构的建立为标志。

第二次警务革命（20 世纪初），以美国警察专业化为标志。

第三次警务革命（29 世纪 70 年代），以欧美各国警察专业化为标志。

第四次警务革命（近代），第四次警务革命是现代化后欧美各国的"新警察模式改革"。

四次警务革命的历程告诉我们：警察不仅仅是打击犯罪的战士，更是忠实于人民的公仆和人民的服务员。

社区警务理论认为：产生犯罪的根源在社会，抑制犯罪的主力军是人民群众。人民群众不光是警察保护的对象，人民群众也是打击犯罪，维护社会的治安力量。这就是我们所说的西城群众，朝阳大妈的力量。我们每一个人都要学会自救自护的知识和技能，每个人都是自己的小警察。

二、主动自救心防模式（犯罪学）

从被动他救技防模式，到主动自救心防模式。我们习惯的自救模式是被动他救技防模式，遇到事情马上拨打 110，等待警察来救助，过分依赖技术防范。而新的自救模式是：每个人都要积极主动，要学会防范意识，要学会自己救自己，要做自己的小警察，而不是等待警察救助。

世界最快的快速反应机制产生于警察现代化，据说日本警视厅曾经承诺：4分20秒到现场，但是当犯罪侵害到你头上的时候，即使是4分20秒，恐怕警察到来的时候，犯罪侵害已经是事实了。所以，我们必须要把自警自助自救和警察的快速反应结合起来，警察在的时候依靠警察，如果警察不在的时候，就要自己救自己。

三、给小偷一个不偷你的理由（被害人学）

犯罪学原理：情境预防（给小偷一个不偷你的理由）

犯罪学里有一个理论叫情境预防。其含义是：犯罪分子在作案的时候，要寻找一个最容易下手的目标；或者说案件即遂一定有一个最容易作案的条件。这就好比狮子潜伏在草丛里，要吃路过的羚羊，一定要找一只脱离了队伍的老羚羊，或者小羚羊，找一个最容易下手的被害对象。

情景预防，翻译成中文很难，我们大概翻了十种，然后挂在网上让网友自己来选择，最后，网友选择的那句话是：给小偷一个不偷你的理由。

比如说，一个女孩子，站在火车站，旁边拿着一个大包。这个时候旁边来了一个帅小伙，很有礼貌，给女孩一鞠躬说，"对不起，小姐，我能帮你拿行李吗？"女孩子一看小伙子这么漂亮，这么有礼貌，她说什么呢？

答案A："好啊，咱俩是不是老乡啊，一块儿走吧。"

答案B："对不起，不用了，谢谢。"

答案C："对不起，我男朋友上厕所去了，马上就回来。"这叫不给小偷偷你的理由。我们最怕的是小偷惦记着你，你这么一说他就不会惦记着你。

（教案提示：此段授课要有提问，有对话）

第六讲　酒色财气

人生不犯错误不可能，我20多岁时分到公安部工作，当时我师傅就问我："你知道人一生不犯错的秘密吗？"

酒、色、财、气、烟。

一、酒

不能喝酒。现在我们的交通法规是酒驾入刑。凡是穿制服喝酒开车，制服就要脱掉。

二、色

多少人因嫖娼把一生的前途毁了。当警察的都知道，每发一百件杀人案件，七十五件和色有关（婚恋纠纷），婚恋纠纷是杀人案件的首位原因。

三、财

财包括两个方面，一个是千万不能赌博，"十赌九诈，久赌成精"。第二个就是不能贪污受贿。"多求不若慎守，惟俭可以养廉。"

四、气

人一辈子生气是你最大的敌人。

五、烟

这里说的烟是毒品，现在说的新型毒品不上瘾，新型毒品可以减肥，都是骗人的。我曾经讯问过一位在基层工作的缉毒警，他说吸使新型毒品的人没有活过 5 年的，现在好多的群体都在吸食新型毒品，且都以吸毒为时髦。

《新型毒品》

冰毒甲基苯丙胺，
好像冰糖可不甜，
k 粉外貌好似盐，
像奶片是摇头丸。

在歌厅舞厅中，如果有人给你东西吃，务必要留心，像冰糖的是冰毒；像盐粒的是 K 粉；像奶片的就是摇头丸，一般的女孩子吸毒了就会卖淫，因为她需要很多的钱。

所以我们要尽可能的"少酒、远色、尚俭、制怒，戒毒、慎言。"

我现在每年有博士、硕士、本科生毕业。他们毕业的时候，我就是给他们这三句话的嘱托："与人忠，执事敬，居处恭。"

1. 与人忠。永远不要说自己祖国的坏话，记住你是中国人。

2. 执事敬。每个小伙子、小姑娘到这个单位，领导交给你的工作都要做好。

3. 居处恭。到了自己的宿舍里一定要收拾得干干净净的，大家看我们公安大学的宿舍，男孩的宿舍都特别的干净，地下一个烟头都没有，一点脏东西都没有，被子都跟豆腐块一样，这样的孩子才是一个好孩子。

结束语：什么是幸福？

一、吉庆平安

据说幸福学，将是未来人们最关心的问题。那么什么是幸福呢？不同的人有不同的解释，先看看中国古代人是怎么定义幸福的？

这是一个老的青花瓷花瓶，我把这个图案放大了以后大家看一看，这个图案很有意思，过去清朝人说："有图必有意，有意必吉祥。"最上边儿带尖儿的三个兵器叫戟，方天画戟；下面那个黄色的倒三角的叫磬，是古代的一个乐器；再往下是一个小瓶子，再往下是一个小桌子。这是什么意思呢？我们从上往下念，就叫：吉庆平安（戟磬瓶案）。这是清朝人的世界观。人活在世界上，不是为了当大官，也不是为了挣大钱，人们就要活的吉庆平安，所谓吉庆，就是心理健康，没事儿偷着乐；所谓平安，就是不被犯罪侵害，不违法乱纪。你看古代人是不是活得很明白？

二、全福

还有一个叫全福。清朝有一个人叫张潮，他写过一本书叫《幽梦影》，在《幽梦影》里他把幸福归纳为五种。人们有这五种幸福，那就叫全福，就是全面的幸福。

生太平世，

居湖山郡，

家道充裕，

官长廉静，

娶妇贤淑，

生子聪慧。

人生如此，

可谓全福。

1. 生太平世。我们这辈子没有赶上战争，父母都赶上战争了，我们生在一个太平盛世，就是幸福。

2. 居湖山郡。我们家的旁边有山有水，风景很优美，这是第二个幸福。

3. 家道充裕。改革开放以后，我们的生活水平都提高了，都是小康水平了，这是第三个幸福。

4. 官长廉静。自从打击贪腐以后，领导越来越廉洁，这就是第四个幸福。

5. 娶妻贤淑，生子聪慧。我娶了一个贤淑的妻子，还生了一个聪明的孩子，这就是第五个幸福。

你看，如果我们能够有这五个幸福，就叫全福，就是全面的幸福。幸福实际上是很平凡的，很容易得来的，好就讲到这里，谢谢大家。

社会震荡与个人失衡的犯罪理论模式

(The Criminal Pattern of Taiji and Criminal Eight Diagrams)

(附参考译文)

(王大伟著)

Abstract

This paper attempts to apply the principles of Chinese philosophy to criminological theory and to patterns of crime in China. The paper first suggests that thereareparallels between certain dominant conceptions in criminological theory and the assumptions contained within the philosophical distinction between Yin and Yang. It goes on to argue that a four part unity can be constructed from the Yin and Yang. The further division of which produces a pattern of three – line "Eight Diagrams". The combination of any two of these three – line "Criminal Eight Diagrams" generates sixty – four possible combinations. Each one of these six – line cornbinationscorrelates with a given "personal" or "social" determinant of crime. In the upper half of the "Criminal Eriminal Eight Diagram", line 6 represents biological and psychological factors; line 5 opportunity; line 4 the small group environment. In the lower half, line 3 represents moral norms; line2 social ecology and line 1 structural factors. Thepaper goes on to apply this theoretical model to crime waves in China between 1950 – 1990. The same pattern of six – line combination provides a system for studying criminal causes, eachline corresponding to a school of crimino logical thought: line 6 biological, psychological and genetic perspectives; line5 situational perspectives; line 4 labeling and Chicago School; line 3 subcultural approaches; line 2 social disorganization and anomie; line 1 economic models of crime, radical criminology and theories relatingcrime to natural disasters.

Ⅰ. Introduction

The ancient pattern of Taiji and Eight Diagrams are studied afresh by modern scientists. The pattern of Taiji is a source of enlightened thinking. All causes and factors relative to crime can be divided into two principles by Taiji, One is Evil Atmosphere – producing crime; the other is Healthy atmosphere – curbing crime. EvilandHealthy Atmosphere are two basic principles in nature. They are u-nited and opposed; they exist and influence each other; they contain and ex-change each other. In order to creat a new theory: Criminal Eight Diagrams – a system of criminal causes, I try to use the Pattern of Taiji to reveal the secrets of relatively constantcrime rate, to combine some modern schools of criminology such as sociological theories of criminality, social psychological theories of crimi-nality and biological theories of criminality.

I was a research fellow in the key researchprogramme of China's 7thnational plan – Studies of Present Criminal Situation in China. In my research, I summed up my studies into two theoretical models: socialquakes and personal disorganization. I was surprised to find that there was a wonderful correspondence between my studies and the principle of Taiji which enlightened me to understand the regulation of crime. Criminal Eight Diagrams uses ancient theory of Taiji ex-pressing the model of social quakes and crime waves and the model of personal disorganization. Conclusion were drawn from more than 20, 000 criminal cases; statistics of crime survey in China (1950 – 1990) and interviews. Although Tai-jigave me some enlightenment of thinking, I abandoned strained interpretations and tried to avoid drawing farther analogies.

In this paper, I would like to introduce:

1. Criminal pattern of Taiji and relative constant of crime rate.

2. Two basic powers—Yin and Yang, in criminal pattern of Taiji.

3. Criminal Eight Diagrams.

4. The theoretical model of crime waves and social quakes.

5. The theoretical model of criminality and personal disorganization.

6. 64 combinations of Criminal Eight Diagrams.

Ⅱ. Criminal Pattern of Taiji and Relative Constant of Crime Rate

The Pattern of Taiji is called the best pattern in the world. It was created in China 5,000 BC. It uses a simple, symmetric and moving pattern to express the abstract, wonderful and abstruse wisdom of human beings. The originalforms of

Taiji was found in primitive paint such as (Figure 1) . Some of these were found on surface of painted pottery or in scriptions on bones or tortoise shells.

The pattern of Taiji contains two basicparts: Yin and Yang. They are two basic principles in nature. They are united and opposed at the same time. They exist and influence each other. On the other hand, they contain and exchange each other. Yin and Yang become a unity in continuous movement. lf the equilibrium of Yin and Yang is damaged, the whole unity will be broken. If one part becomes stronger, this part will soon mature and die. Then, the unity will become confused and look for a new equilibrium.

Cenerally speaking, the sun is Yangand the moon is Yin. Day is Yang and night is Yin. Positive is Yang and negative is Yin. Justice is Yang and evil is Yin.

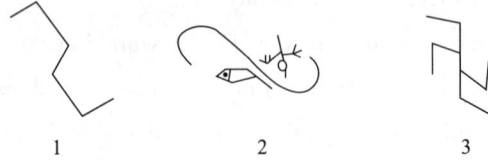

1   2   3

Figure 1   the original pattern of Taiji

Everything is developing and changing. When the sun rises, the moon will drop. When the moon comes, the sun will leave. The light is sent in this cyclical movement. In worm' s movement, bending is for stretching. The snake and dragon hibernate in winter to fly next spring. In nature, everything changes according to time and conditions including human beings.

In criminal pattern of Taiji, Yin expresses all causes and factors relative to crime and Yang relative to justice. Yin is called as an evilatmosphere, Yang is called a healthy atmosphere. Crime is Yin and justice is Yang. Criminals are Yin and the police are Yang. Criminal subculture is Yin and social morality is Yang (Figure 2) .

Crime and law are not only opposed but also coexist. Crime andlawwere born at the same time and will die together. In primitive society, there was no crime before the birth of law. The power of producing crime and the power of controlling crime form an equilibrium in a moving pattern. Policemen in all countries try to wipe out crime. Undoubtedly, this wish is positive, but there is a regulation of the movement of crime, which does not move according to the aspiration of police. There were three national police operations in cracking down crimes in China in1980' s. Although these operations hit crimes a heavy blow, it could notchange rising crime rate.

At a certain historical stage, the relative equilibrium of evil and healthy atmosphere keeps a certain crime rate which can be borne bythewhole society. The mark of a stable public order is the equilibrium of twopowers. Every country in a certain historic stage has her own relatively stable crime rate—Relatively Stable Crime Rate. Although all countries in the world are facing a rising crime rate, some of them could keep a relatively constant rate at a certain historical stage. For example:

The CriminalValley (1962 – 1966)

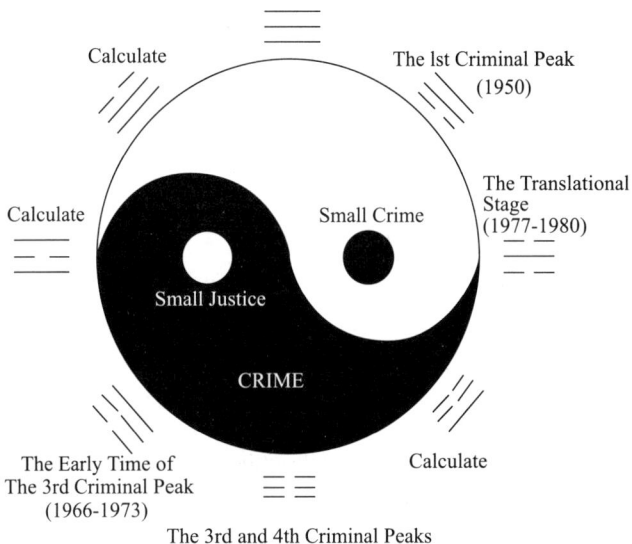

Figure 2　Criminal Taiji andCriminal ED

- USA, crime rate was 500 – 600/10,000 from 1975 to 1985 (10 years).
- Japan, crime rate was 110 – 160/10,000 from 1955 to 1987 (22 years).
- USSR, crime rate was 65 – 80/10,000 from 1984 to 1988 (4 years).
- China, crime rate was 3 – 9/10,000 from 1950 to 1976 (26 years).

Crime rate has not only the attribute of movement, but also the attribute of relatively stability. When Yin and Yang are united, crime rate keeps moving up and down within a relative stable range. When social quakes lead to the damage of equilibrium of Yin and Yang, crime rate will rise up sharply. There were three crime waves in the stage of closed door policy inChina (1950 – 1977):

- lst wave, crime rate was 9/10,000 (1950);
- 2nd wave, 6/10,000 (1961);

· 3rd wave, 5/10,000 (1977).

Although there were three crime waves, the average crime rate was kept a-bout 5/10,000from 1950 to 1977. It was in an unnatural low level. Since the re-formation in 1978, China has speeded up into a stage of socialistmodernizational construction. Social quake duake damaged the original

Stability of public order. Healthy atmosphere and evil atmosphere left their stable position inside the pattern of Taiji and needed a new adjustment. Crime rate therefore rose up sharply. The stable equilibrium of Yin and Yang in the criminal pattern of Taiji is not isolated. It keepscorrespondence with the system of social pattern of Taiji. For example, the crime rate in some Asia countries was lower:

· Japan, 15/10,000 (1990);

· Taiwan, 50/000 (1990);

· Hongkong, 150/10,000 (1990).

Althoughthesecountries or areas were capitalist, the crime rate was much lower than the average level in capitalist countries (600/10,000, 1990). The stable equilibrium of social ecology such as the special oriental civilization and culture of Confucianism play an important role in controlling crime. Certain char-acteristics maintains the equilibrium of Yin and Yang in these countries:

A. They all used Chinese characters. Most elderly people believed the thought of Confucius which ruled personal actions. Personalrelationswere closed.

B. Taoism and Buddhism were the main religions in ancient time. Many eld-erly people were affected deeply by some dogma of these religions such as "The highest mercy like water. Water gives life to ten thousands things but does not strive." "No fight, no blame." (Taoism).

C. On the way to modernization, most countries in this area couldretain their characteristics of ancient morals. Oriental civilization still existed when west civili-zation was coming. People love their roots and try to preserve them.

Ⅲ. The studies of Yin and Yang in criminal pattern of Taiji

There is a small element of Yin in Yang, and a small element of Yang in Yin. There is small amount of crime in justice and small amount of justice in crime. There is small criminal amount of subculture in social dominant idea of vir-tue and there is some criminalcriminal thought in the head of normal persons.

In the theory of Differential Association, Edwin H. Sutherland (1883 – 1950) and his followers thought there are two groups in society—conventional and criminal groups (Yin and Yang) . Individuals are presented with conventional and criminal patterns of behavior. Individualsmay choose conventional or criminal behaviors according to the frequency, duration and intensity or associational pattern. Sutherland concluded that a theory of criminal behavior should be developed around the processes of learning, interaction and communication. Differential association provides an example of the mutual exchange of Yin and Yang.

In the theory of Delinquency and Drift, DavidMatza suggests that ourculture is composed of both conventional and less publicly acknowledged unconventional traditions (Yin and Yang) . These deviant traditions are familiar and tolerated within limits by large segments of the adult population. Agreat deal of unconventional behavior is tolerated at conventions and conferences that is not acceptable under normal conditions. It sounds like that there is a small Yin in a great Yang. The process of drift into delinquency also looks like the change of Yin and Yang in the criminal pattern of Taiji.

In the theory of Psycholoanalysis. Sigmund Freud postulated that personality is governed by three dynamic systems, to which he gave thename: id, ego, and superego. The id consists of instinctual sexual and aggressive drives (Yin). The ego develops as a control system which seeks to derive satisfaction through contact with reality. The ego functions to control the impulsiveness of id in order satisfaction canbe obtained (the combination of Yin and Yang) . The superego is the moralelement of personality. It represents the totality of internalized dements of parents and of society as a whole (Yang) . There is an inner danger of crime in every person, but the ego can control the superego and the id generally operates in opposition to one another. The equilibrium of Yin and Yang keeps actions normal although there are criminal factors inside the body. Disequilibrium creiminality. Crime is an attempt recreate the psychological equilibrium which has been destroyed. The inner relation between Taiji and the perspectives of criminology has been found. The dialectical rules of Taiji such as unity and opposite, influence and exchange, struggle and harmony are useful ideas andmethods in the studies of criminal regulation. Cenerally speaking, Taiji enlightens us paying attention to both the tendency of moving and the relative constant. We should notice not only struggle and opposite but also the contain and exchange under a certain condition when we study the two powers which create or control crime.

IV. Criminal Eight Diagrams

In remote antiquity, according to our old legend, Fuxi was the king of China. He was interested in the change of the sun, the moonand the conshellations. He observed shapes and forms of hills, rivers, and lakes. One day, a strange beast called Dragon – horse jumped from Liao River. Fuxi king painted down the pattern on back of the beast. Combining the results of studies and experiences, he created Eight Diagrams (Figure3) .

Thepattem of Liao River is a square pattern of number. When we add the three numbers in vertical, horixontal, or diagonal line, the results.

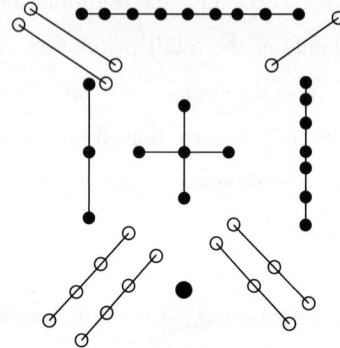

Figure 3   The Pattern of Liao River

After combining thepattem of Liao River and ED, a new picture called JUGANC ED appears.

011	101	000
four	nine	two
100	center	110
three	five	seven
001	010	111
eight	one	six

ED (Eight Diagrams) reflects the law of change in nature for it was abstracted from ten thousand things between heaven and earth. Chinese knew how to predict the future and how to make decision with the enlightenment of ED.

Laotsu said, the tao that could be said is not the eternal Tao. Thename that could be named is not the eternal name. The nameless is the beginning of heaven and earth. Confucius said, Words could not express all language, language could not express all ideas. So, what Fuxi king thought could not be expressed well by language only, ancient sages created an abstract symbolic system. People who studied the meaning and the relations among 64 combinations could achieve a better understanding of the original idea of ancient sages. Modern scientists gained enlightenment from ED. A Cermany mathematician created the binay computer after studying ED. Another scientist found that there was a correspondence between the genetic code in heredity and 64 combinations of ED. In a sense, ED is universally applicable.

Yin and Yang is the mother of ten thousand things. The borderless universe is a great Taiji of space and unity of past, today and future is a great Taiji of time. Taiji can be divided into Yin and Yang. Yincanbe divided into a new system of Yin and Yang; Yang also can be dividedinto a new Yin and Yang. After being cut twice, Taiji become a unity with four parts:

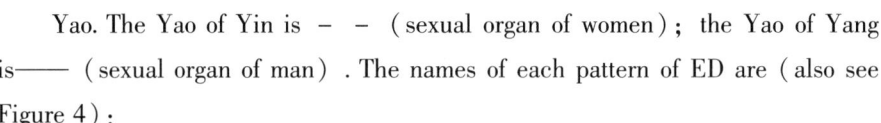

Yang in Yang = great Yang.

Yin in Yin = great Yin.

Yang in Yin = small Yang.

Yin in Yang = small Yin.

Four – part unity can be divided into

eight parts called ED. Yin and Yang are

expressed by two abstract symbols called

Yao. The Yao of Yin is − − (sexual organ of women); the Yao of Yang is—— (sexual organ of man) . The names of each pattern of ED are (also see Figure 4):

Qian (111):

Duei (110):

Li (101);

Zhen (100):

Zhuan (011):

Kan (010):

Gen (001):

Kuen (000);

These patterns above are called three – line ED. Ancient Chinese did not satisfied the combination of three lines. They put two three – line ED together, then, six line ED appeared. Six – line ED can be transformed into 64 combinations. Each pattern of ED has six lines. The order of line is from the bottom to the top. If you want to use ED to representonething, you should find out which is Yin and which is Yang. For example, in body size, the tallest is Yang and the shortest is Yin. The pattern of 64combinations is formed by proportion of Yin and Yang in Taiji.

Criminal Ed consists twoparts: basic (lower) half and upper half.

· upper half (the model of criminality and personal disorganization):

—6 th (biological and psychological factors)

TaiJi	0
Twoparts: Yin and Yang	2^1
FourPartFs: SHIXIANC	2^2
EightParts: ED	2^3

Number	1	2	3	4	5	6	7	8
Name	Qian	Duei	Li	Zhen	Zhuan	Kan	Cen	Kuen
Pattern	111	110	101	100	011	010	001	000

(—means 1 and – – means 0)

Figure 4　Three Line ED

—5th (natural condition of activating crime)

—4th (small social environment)

· Lower half (the model of criminal peaks and social quakes):

—3rd (social dominant moral)

—2nd (social ecology)

—1st (sources of social quake).

Lower half represents the model of criminal peaks and social quakes. The upper half represents the model of criminality and personal disorganization.

Inbasic (lower) half:

· 1st line represents sources of social quakes;

· 2nd line is the equilibrium or damage of social ecology (the stability of social basic unities such as families, schools and etc, and the healthy condition of the police or other departments inside criminal justice system);

· 3rd line represents the equilibrium or damage of social dominantmoral and idea.

In upper half:

· 4th line represents the equilibrium or damage of the small social environment where individual lives;

· 5th line is the equilibrium or damage of natural condition of activating personal criminality such as suitable time or place for criminals, socalled "Easy Opportunity";

· 6th line represents the equilibrium or damage of biological and psychological factors of crime inside each person's body.

Ⅴ. The Theoretical Model of Criminal Peaks and Social Quakes

This Model is concluded from the studies of the tendency of criminal cases inChina (1950 – 1990). There is widespread concerned about present criminal situation and the tendency of crime in P. R. China. Thecrime rate has risen alarmingly during the last ten years according to official recorded crime figures. Recollecting the criminal history from1949, criminal situation is lways in a condition of change and imbalance. The characteristics of change are summerised into TWO STACES and FOURPEAKS.

1. The stage before The Open Door policy (1950 – 1977, beforesmashing the Gang of Four). The situation of China was relatively stable although there were three Cao Fong – Peaks of statistics chart (crime wave) in 1950, 1961, and 1978.

2. The stage after OpenDpen policy (1978 – 1990). Criminal situation went to a stage of "storm" when 4th peak, the highest crime waveoccurred.

The pattern of statistic chart from 1950 – 1991 looks like a "mushroom shape cloud after the explosion of an atom bomb" which has a long trunk and a huge head. According to analysis of four criminal peaks, it appears that there is close correspondence between social quakes (likehuge natural disasters, political changes…) and crime. At the same time, the patterns of criminal peaks reflect the nature of social quakes. The theoretical model which tries to disclose the relationship between social quakes and criminal peaks is expressed as a circle as below:

A. Natural or social factors cause social quakes. For example, natural disasters, class struggles, industrialization and modernization, population immigration, increase of theproup of young people, population problem, etc.

B. Social quakes activate the damage of social ecology. Social ecology means the stability of basic social unities.

C. Social quakes lead to the damage in the equilibrium of socially dominant morals and pluralism of the rules of morality.

D. Damage to the social ecology and confusion of moral normscauseincrease of crime rate.

There were four crime waves in China (1950 – 1990) . The curve of crime-curvey was at its trough when society was stable, social ecology kept balance and the rules of morality were relatively unified. On the contrary, when society lacked dominant ideas and the stability of socialecology, the curve would always be at the peak (Figure5) .

Six patterns of criminal ED are as follows:

Lst pattern Zhuan, (011)

This pattern represents thelst criminal peak in China in 1950. 1stcriminal peak occurred when old class—the class of landlords and capitalists, represented by KMD party and now class—Chinese Communists and workers struggled for existence. In 1949, Communist party led by Mao liberated whole China after 28 years' revolutionary armed struggle. The stage from1950 to 1956 was the lst chapter of new history in China.

Some important political incidents in this stage were:

A. The establishment of new China;

B. lst five – year plan of economic development of China;

C. KoreaWar (1951 – 1953);

D. Police operations in reducing crime in China (1950 – 1952) .

Old government collapsed immediately when new government was developing step by step. Thelst criminal peak appeared during the sharp fight between two classes. There were 510,000 criminal cases in 1950, with a crime rate of 9/ 10,000. Old China was a semi – feudal, semi – colonial country. We inherited a country riddled with gaping wounds and afflicted with all ills. In large and medium sized cities such as Shanghai, Beijing, cases of political sabotage occurred in an endless stream at that time. In addition, hooligans and bandits ran a-muck. Opium dens, brothels and gambling houses stood in great numbers. Criminal offences were on a rampage and social order was rather chaotic. The nature of crime in 1950 was a combination of criminal offences and political struggle.

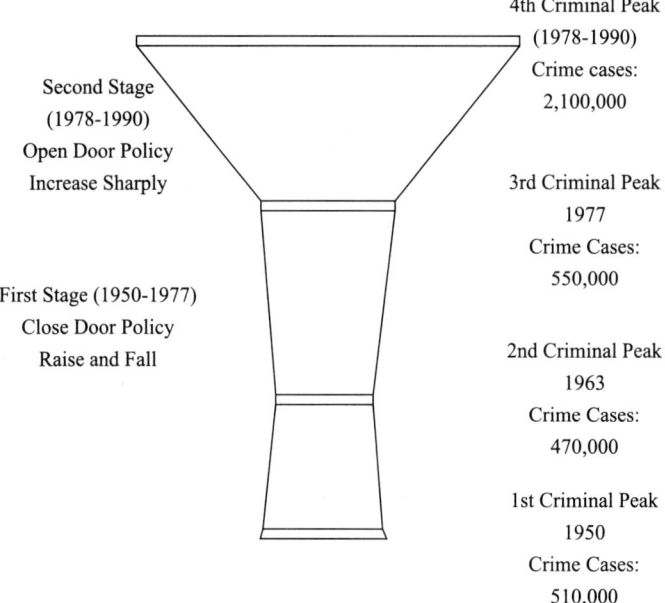

Figure 5   Tendency of Crime（1950 – 1990）

When the collapse of KMD party, there were 2,000,000 armed soldiers and 600,000 armed secret services in mainland（KMD was forcedtomove into Taiwan after 1949）. All of them were fighting continuously against new government. They engaged in different activities of criminal damage and vandalism such as killing communist cadres, street robbery, anti – government turmoil ect. Nearly 40,000 cadres of new government was killed in revenge. In all offenders, hardened bandits and hardened thefts were more than first offenders. Old offenders were more than juvenile offenders and local bandits were more than offenders from other area.

In criminal category, there were two characteristics:

A. Most criminal cases anti – government damages such asturmoils, arson, explosion and homicide.

B. Some of offences were crime which were inherited from from old society such as prostitution, gambling, abduction and selling women.

1st crime wave was coming alarmingly and going back rapidly. In order to consolidate the newly established government, to ensure people's safety, new China, by fully mobilizing and relying on the public, launched a series of national police operations to reduce crime. Consequently, a numbers of bandits and other criminals who had caused great harm to the state were punished according to the law. Brothels were banned, gambling houses were ordered to close down and opium smoking and trafficking were totally prohibited. Criminal offences fell by a big margin after police operations. Social order soon became stabilized. The Chinese people were thus able to live and work in a peace and contentment and China society took a new look. Crime rate was only 2. 9/10 ,000. This peaceful situation of low crime rate lasted for 8 years (1952 – 1960) . The decline of the lst crime wave laid a foundation of lower crime rate in China.

InZhuan, 1st broken line represents social quake. The source of social quake was class struggle. The remaining powers of old government fought with the powers of now government. Most criminal criminal cases were anti – revolutionary violence. 2nd line is completed. It represents the equilibrium of social ecology. Although class struggle was sharp, there was no heavy damage in social ecology. The powers of social control were strengthened progressively. Different unities of Communist Party were set up in basic levels.

3rd completed line means equilibrium of social dominant moral.

Zhuan showed that: Although the social quake was acute, the 2nd and 3rd line were stable. The feature of statistics curve of this peak wasrising and falling sharply. It fell down at the average line used only one year then, fell down at the valley used two years. The relation between social quake and criminal peak was synchronized. When quake was sharp, the curve rose up at the top; when quake stopped, the curve fell down at once. The damage of social ecology was weak because there was only one source activated social quake.

2nd, QIAN, (111):

This pattern represents the criminal valley in 1962 – 1966. The average crime rate was only 2 – 5/10 ,000. After the social quake which led to 2nd criminal peak in 1961 (natural disasters), Communist party readjusted her policy then, the situation of economy took aturm for the better. The government control unities had been set up in many places from provincial, municipal and regional levels down to grass – roots. All three lines in the pattern were completed. Social ecology and social dominant moral were stable. The curve of criminal statistics fell down and stayed at a trough for a long time.

3rd, KUEN, (000):

This pattern represents the 3rd criminal peak in "the Cultural Revolution" (1966 – 1977) . During the "Cultural Revolution", a ten – year catastrophe,

Lin Biao clique and "the Gang of Four" caused grave damage to China's polit-ical, economic, cultural and educational undertakings as well as her social code and ethics. In criminal cases, the masses of young people called Red Guard were being seriously affected. The totalcriminal cases were 550,000 and crime rate was 6/10,000 in 1977. The statistics did not reflect actual condition because crime survey system and organs were all smashed by Bed Guard. On the other hand, most statistics included only "political crime" (crime committed by law – break-ing landlords or capitalists). In this special historical stage, millions of people were sent to prison, were injured or even were killed. Some kinds of crimes could be renamed as "revolutionary activities" which did not include in crime survey. "All revolutionary activities are not guilty and all rebellions are revolutionay. Therefore, some experts estimated that, actually, crime rate of these years might be as high as that in the 1stcrime wave. All three lines are broken in this pat-tern. Three kinds of equilibrium were damaged seriously.

The pattern of the 4th criminal peak was the same as that in the 3rd peak. After the open door policy in 1978, there were more and more sources of social quake in society such as industrialization, modernization, population im-migration andpopulational bomb, etc. The equilibrium of social ecology was dam-aged critically. The crime rate was 20/10,000 and there were 2,210,000 crimi-nal cases in 1989. The 4th criminal peak was called as a "criminal bomb" or "criminal storm".

4 th GEN (001):

It represents the early time of thethe 3rd criminal peak. Although social qua-maged the equilibrium of social in "the Culture Revolution", the traditional morals inside people's head did not change at once. Crime rate would increase, but very slowly at the beginning of "the Culture Revolution".

5 th KAN (010):

It represents the translational stage in 1977 – 1980. After smashing "the Gang of Four", the focus of China's work has been shifted to socialist moderni-zation. The 1st line and the 3rd line were broken but the 2nd line was still com-pleted. Crime rate would increase, but more slowly than that of KUEN (000).

6th ZHEN (100):

(the pattern of 6th, 7th and 8th are prediction). The 2nd line and the 3rd line are broken. When the process of reform continuously go forward, the social quake may stop progressively. But the social ecology and the social dominant moral moral need more time to adapt the sccial change. Crime rate may still keep rising up in the future.

7 th LI (101): and 8th DUEI (110): will be two pos – sible patterns in the future.

In conclusion, there are inner relationships between social quakes and crimewave . The content of relationships is concluded as follows:

A. In China, social quakes are main cause of determining of increase of crime rate. Different sources activate social quakes, social quakes lead to imbalance of social ecology. The whole process causes the increase of crime rate.

B. Social quakes are caused by many kinds of sources. Some of sources came from nature, some exist inside society.

C. Social ecology (such as social control, moral norms) is a key in predicting rise and fall of crime rate. As long as social ecology is stable, sometimes, even social quakes are violent, crime rate is still in a condition of stability.

Ⅵ. The Theoretical Model of Criminality and Personal Disorganization

In the six – line pattern of criminal ED, the 4th line is the symbol of equilibrium or damage of small social environment which influences certain person is thekay factor of causing personal criminality. Small social environment means a certain area where individual lives and special relations which a person connects with. For example, Chicago school constructed the concentric zone model—ecological diagram of Chicago. According to this schema, the city was divided into five circles or zones. In their investigation of relationship between crime and conditions of social disorganization, Shaw found that crime rate declined in a "gradient pattern" from the centre of the city out ward. Associated with high crimewas high rates of school trancy, infant mortality and tuberculosis.

The 5th line is the natural condition. It is an important factor of activating personal criminality such as time, season, location, etc. For example, the peak of rape was in August when the temperature rose up at the hottest point. The valley of rape was in February when the temperature fell down at the lowest point according to China crime survey.

The 6th line is the symbol of biological and psychological factors of crime inside person's body such as genetics, epilepsy, physiological factors and the antisocial personality, episodicdiscontrol syndrome and orthomolecular psychiatry. It is potential danger.

Ⅶ. The 64 Combinations of ED

After combining two models, we can find a six – line criminal ED which is used to explain the complicated and mixed feature of criminal causes. Why do some individuals become criminals and others are normal from the same social background? Why do some people commit crime and others do not with the same biological or psychological factors? Criminal ED can be transformed into 64 combinations which help us to look for the answer (Figure6) .

The basic principles in understanding the 64 patterns are as follows:

A. We must think over not only the lowerhalf (line 1 – 3) , but al – so upper half (line 4 – 6) , when we are studying the causes of crime.

B. The more theYang (completed line) , the more stable the pattern will be. The more the completed lines, the less possible of crime the pattern will get. On the contrary, the more the Yin (broken line) , the more weak the pattern will be. The more the broken line, the morepossible of crime the pattern will get. For example, the possibility of crime in pattern B (000000) is much bigger than that of A (111111) .

C. According to the old saying in Tao Ching, things will develop in the opposite direction when they become extreme. Pattern A is the most stable pattern in the 64 combinations. There will be the new confusion inside it when it continuously develops. There will be the possibility of damage of equilibrium of pattern A. Pattern B is the most weak one, There will be a new possibility for the equilibrium to become strong when B continuously develops. The explanation shows us why in upper class, some individuals became criminals and why most persons in lower class did not committed crime. The sun will decline after the moon. The climber will go down after arriving the top of a mountain. The new moon will appear after full moon. Things will develop in the opposite direction when they become extreme.

D. There are eight combinations of the model of social quake and criminal peak. There are eight combinations of the model of personaldis – organization. So, 64 combinations can e found in criminal ED. The certical column represents the model of society and the horizontal columnrepresents the model of person. For example, in the pattern of 1 + a (111111) , social and personal ecology are stable. The possibility of crime is cery little. The equilibrium may be damaged when it continuously develops. In the pattern of 1 + b (111110), society is stable. The control of biological and psychological factors of crime is damaged. The possibility of crime in 1 + a is less than that of 1 + b. In the pattern of 1 + c (111101), the possibility of crime is a little bit bigger than that of 1 + b. Therefore, the order of the possibility of crime is as follows: 1 + a < 1 + b < 1 + c < 1 + d < 1 + e < 1 + f < 1 + g. Pattern 1 + a (111111) and 8 + h (000000) may be exchanged when they continu – ously develop.

E. The order of six – line is from bottom to top. So, when we try toanalyse the criminal ED, the line in bottom is much more important than the line in top.

Personal		a	b	C	d	e	f	g	h
Social		111	110	101	100	011	010	001	000
1	111	111	110	101	100	011	010	001	000
		111	111	11	111	111	111	111	111
2	110	111	110	101	100	011	010	001	000
		110	110	110	110	110	110	110	110
3	101	111	110	101	100	011	010	001	000
		101	101	101	101	101	101	101	101
4	100	111	110	101	100	011	010	001	000
		100	100	100	100	100	100	100	100
5	011	111	110	101	100	011	010	001	000
		011	011	011	011	011	011	011	011
6	010	111	110	101	100	011	010	001	000
		010	010	010	010	010	010	010	010
7	001	111	110	101	100	011	010	001	000
		001	001	001	001	001	001	001	001
8	000	111	110	101	100	011	010	001	000
		000	000	000	000	000	000	000	000

Frigure 6   64 combinations of ED

VIII. Conclusion

The aim of the pattern of Taiji and criminal ED is to set up a new system of explaining the causes of crime. There are many schools of criminology such as sociological theories of criminology, social psychological theories of criminology, economic conditions and criminality, etc. All these studies made positive researchfind the causes of crime. With these theories, criminologists could go near the final truth. There are also some insufficient explanation and one sided approachs which cause criticisms and dispute among criminologists. Criminal pattern of Taiji and criminal ED believe that all criminological schools are the branches in the whole Taiji of criminology. Each school occupies her position and each school plays her role, like the order which has been shown in ED. What should be represented by each line? How many lines are suitable to contain all branches in this system? All these issues need further studies. Ancient civilization enlightens us to create a system of criminology — a Taiji of criminology, which make us understand the rules of change . Each criminologist works at his or her special field for the common aim. If we stay at our own position, research will die because there is no opposite Yin, only Yang in the Taiji of criminology.

社会震荡与个人失衡的犯罪理论模式

——中国传统哲学思想对现代犯罪论的启迪

一、导言

东方古老的太极图和八卦正在引起现代自然科学和社会科学的重新认识，成为启迪思维的源泉。犯罪太极图把产生犯罪与遏制犯罪的两种力量分为"邪气"与"正气"，并认为在阶级社会中两者相互对立、相互影响，同时又相互渗透和转化，从而揭示了"犯罪率恒定值"的概念，它把现代犯罪学流派中的社会学、心理学、生物学理论进行综合，提出犯罪成因综合分析。此外，运用八卦图表示社会震荡与个人失衡理论。下三爻表示社会震荡与刑事发案高峰的理论模式（三爻为社会震荡、社会生态失衡与道德规范多元化），上三爻表示个人失衡理论模式（三爻为社会震荡对个人的冲击、自然条件对犯罪的触发与生理、心理因素对犯罪的潜在危险）。上下三爻形成 64 种不同组合，试图揭示形形色色犯罪个体的内在奥秘。

社会震荡与个人失衡两个理论模式是在中国社科"七五"项目"中国现阶段犯罪问题研究"中总结与归纳的。这些初步认识与《周易》有不可思议的重合，太极与八卦的合理内核有助于启发对犯罪规律的认识。本文是以大量犯罪数据的调查研究为出发点，不是照搬"两仪、四象、八卦"，也坚决抛弃了深奥莫测的卦辞与望文生义的纯理论思辨。

二、犯罪太极理论

太极图被称为"天下第一图"，产生于 5000 年前的中国。它以科学、对称、形象、旋转的图形表达了复杂、深奥、抽象、基本的人类智慧。

太极图和八卦是《易经》的核心。现代科学正在从中汲取智慧。现代微积分、计算机二进位制或源于八卦的启示。诺贝尔物理学奖获得者内尔斯（Niels Bohy）在《易经》和现代物理学之间发现了它们的平行关系。中国人王红新提出了社会太极图模式。

我们在远古的符号与绘画中可寻得太极图的原形。例如"卐"（万字符）产生于7000年前，象征太阳和星系旋涡。太极图由阴阳两部分组成，反映阴与阳的相互对立、渗透、依存与影响，在积极的运动中体现变化与统计，呈动态稳定。如果两种力量失衡，整体将处于分裂、僵硬的危险之中；如果一种力量吞并另一种力量，该体系将处于极度兴奋状态并迅速成熟而腐败，重新陷入混沌。

1. 犯罪太极图

笔者于1991年在英国埃克塞特大学警察研究所提出了"犯罪太极图"的理论，并出版了英文单行本《犯罪太极和犯罪八卦》。太极图中的"阴"表示产生犯罪的诸因素；"阳"表示遏制犯罪的诸因素。此外，阴阳可表示犯罪与法律的对立；犯罪集团与群众的对立；罪犯与警察的对立；犯罪意识与社会公德的对立；等等。

2. "犯罪率恒定值"

"太极生两仪、两仪生四象、四象生八卦、八卦生万物。"在原始社会，在阶级和法律产生之前没有犯罪。犯罪一旦产生，犯罪与法律不仅对立而且共生共存。现代社会中，犯罪存在的规模与数量是社会产生犯罪与遏制犯罪诸因素彼此作用，形成动态相对恒定的结果。各国的警察部门无不在力图消灭犯罪，以遏制犯罪的力量去消灭犯罪。这种努力无疑是积极的，但是犯罪的产生、发展和运动有其自身的规律性与法则。中国20世纪80年代初期的几次"严打"，虽然大大打击了犯罪气焰，但未能抑制犯罪快速上升的势头。一定社会的一定历史阶段中，两种力量相对稳定，达到所能承受的发案数量，"正气"压"邪气"，就是社会治安稳定的标志。这种在一定历史时期相对恒定的发案率幅度就叫做"犯罪率恒定值"。

尽管世界发案趋势直线上升，绝大多数国家均在上涨中保持一段相对恒定。如美国1975—1985年发案率相对恒定在500～600件/万人（10年）；日本从1965—1987年恒定在110～160件/万人（22年）；苏联从1984—1988年相对恒定在65～80件/万人（4年）。犯罪既有其运动性，也具有一定历史阶段的恒定性。当社会震荡引起"正气"与"邪气"失衡，发案率就上升；当社会稳定，阴阳调和时，发案率就在稳定中起伏。中国在1950—1977年属于封闭式传统政治经济阶段。尽管其间1950年、1961年和"文化大革命"中社会震荡引起三次发案高峰，但这28年中发案率均恒定在一个超低水平上，每万人 5 件以下。20 世纪 80 年代以来中国步入开放式社会主义现代化建设阶段，社会震荡打乱了原有的社会稳定。犯罪太极图中"正气"与"邪气"原有的位置与稳定失衡，需要新的调整与适应，发案率就一度上升。

3. "带犯罪发展论"

受"犯罪率恒定值"的启发，笔者提出了"带犯罪发展论"。即与一定社会相伴生的犯罪，不可能在一夜之中消灭掉，犯罪并不可怕，尽管社会有犯罪，但整个社会还要发展，不可能等消灭了犯罪再发展，只能"带着犯罪发展"。1977 年英国警务改革的旗手约翰·安德逊提出了"犯罪不可避免论"，认为犯罪（在阶级社会中）是必然的，要使整个社会与犯罪达成平衡，就必须"有条件容忍犯罪"。1995 年日本医生近藤诚提出了"带癌生存论"，他认为癌症通过手术、化疗后效果都不明显。人们应当不太在意癌症，要学会在患癌症以后适当运动，培养体内的"正气"，带癌生存。"带犯罪发展论"，实际是太极中阴与阳两种努力的对立统一。只要阳气压倒邪气，就可以生存于一个统一体（社会）之中。现代西方警察评价体系，已从单纯的发案率、破案率转向公众安全感、警民关系等多种指标评价体系，正反映了"带犯罪发展"的大趋势。

4. 儒教文化与低犯罪圈

犯罪太极图中阴阳两种势力的稳定不是孤立的，它与整个社会太极图的稳定相一致，与道德规范的太极图的稳定相一致。亚洲远东地区是世界上发案率最低、犯罪趋势长期恒定的地区之一。如日本的犯罪率为 130 件/万人，我国台湾地区为 45 件/万人、香港地区为 150 件/万人。这些国家或地区虽然是资本主义制度，但犯罪率大大低于 20 世纪 90 年代资本主义国家 600 件/万人的平均值。社会生态的稳定（如重家庭、重学校教育）与东方特有文明与儒教文化起着决定作用是分不开的。

5. 对犯罪太极图中阴阳两种力量的认识

正气与邪气是相互独立与相互渗透的。太极图中阴阳是两条界线分明彼此独立的鱼，人称"阴阳鱼"。但两者又互相包容，太阳的鱼眼为少阴，太阴的鱼眼为少阳。你中有我，我中有你。这一点对犯罪学的启示颇多。

萨特尔林德（Edwin H. Suther Land）在不同接触论（Differential Association）中提出社会存在两个集团——常规与犯罪。（阴与阳）这两个集团既独立又渗透，犯罪行为是在与他人的交往中学会的（阴阳的独立与渗透）。

大卫·马扎（Matza）在少年罪错与漂移论（Relinquency & Drift）中认为正常成年人群中隐藏着许多越轨思想与行为，如在家庭舞会中的饮酒寻欢和伤风败俗。青少年为寻求"刺激"而冒险（太阳中有少阴）。

弗洛伊德（Freud）在精神分析学（Psychoaralysis）中认为，正常人个性动力系统中都存在着本我（id）（即性本能和攻击驱力所组成的原始部分），自我（the ego，控制系统）和超自我（the Superego，道德化的自我）。每个正常人都存在犯罪的内在条件，而由抑制系统的平衡制约（太阳中有少阴，阴阳均衡为正常人，失衡产生犯罪。即犯罪行为是一种保持或重振心理平衡的尝试，这种心理平衡已经被破坏）。

迪福尔（Defleur）的亚文化论（Subcultural theories）把亚文化定义为："一种准则模式，信仰、态度、价值存在于社会某些特别集团中，但与整个社会的普遍特性相违背。"犯罪是置身、漂移或创造亚文化的结果（社会的太阳中有少阴，常态文化中有亚文化）。

上述四种有代表性的现代犯罪学流派在阐述犯罪成因时与犯罪太极图中的基本原则多有重合与接近。反之，太极图中阴阳相互独立、相互影响、相互渗透、相互协调、相互包容、相互转化的辩证法准则是我们研究犯罪规律性的有效法则。总之，犯罪太极图启示我们在研究刑事发案动态变化中不仅要重视动态，也要强调相对恒定。在研究产生犯罪与遏制犯罪的两大力量时，不仅要看到两者的截然对立与斗争，也要注意在一定条件下的互相包容与转化。

三、犯罪八卦图理论

八卦是由──（阳，用"1"表示）和──（阴，用"2"表示）两种线所组合而成。每三条线成为一种组合，共有八种组合，它们是：

乾（111）表示：天、君、父、红色、马等

兑（110）表示：泽、少女、羊等

离（101）表示：火、中女等

震（100）表示：雷、龙、长男等

巽（011）表示：风、百禽、长女等

坎（010）表示：水、月等

艮（001）表示：山虎等

坤（000）表示：地、母、黄、黑色等

──代表阳（1），──代表阴（0）。有人把它们的起源归于男女生殖器。八卦三线组合产生于古天文学的测器影标尺"圭"。远古人并没有满足三条线的组合，而把八卦两两相重，一跃形成64卦（64种组合）。犯罪八卦借用八卦形式，试图以八卦解释社会震荡与刑事发案高峰的理论模式。

1. 社会震荡影响犯罪的理论模式

笔者根据国家"七五"计划项目"中国现阶段犯罪问题研究"对新中国成立 40 年刑事发案动态趋势的分析，归纳为下列模式：

（1）社会震荡源引起社会震荡。震荡源部分存在于自然界与人类社会：如自然灾害、阶级斗争、大的政策变动；部分存在于人本身，如人口问题。

（2）社会震荡引起社会生态失衡。社会生态指：基层党组织、政府、家庭、学校、工厂等单位的社会机能的健全与否；社会公、检、法机关的职能健全与否。

（3）文化道德规范的统一与失衡。社会安定，社会生态平衡，道德规范相对统一，犯罪就少。反之，群体缺乏相对统一的道德与信仰，行为准则多元化，犯罪就上升。新中国成立 50 年刑事发案的波形变化，就是上述模式三个部分互相影响作用的正向与逆向的统一。每个部分都是一个太极图。平衡以阳表示，失衡以阴表示。

社会震荡的理论模式：

—— （——）3 道德规范的平衡（失衡）

—— （——）2 社会生态平衡（失衡）

—— （——）1 社会震荡源导致社会平衡（震荡）

试举例"巽"（011）。这个组合以发生在 1950 年的第一次犯罪高峰为代表。社会震荡以阶级斗争为主要震荡源触发。旧政权的残余势力向新政权猖狂进攻。下三爻中的第一爻断裂。新政权的社会生态迅速建立，社会道德规范空前统一。这次高峰发案虽然很多，但由于第二、三爻稳定，高峰仅一年就开始回落，两年达到波谷，以后出现了一个长达八九年之久的发案低潮。

根据"物极必反"的原理，（111111）乾，存在着最大的平衡与稳定，同时由于平衡占据了全部空间，存在一种新的"混沌"，也存在产生失衡的可能；（000000）坤，存在着最大的震荡与失衡，也存在着走向平衡的可能。这就解释了在现实生活中许多生在新社会"根红苗正"的人走向犯罪的奥秘；从大乱走向大治的奥秘。

64 种卦象表中的纵栏均代表社会震荡，分为 8 栏，每栏表示一种社会震荡的形式。横栏代表个人失衡，也分为 8 栏，表示每一栏有不同的个人失衡形式。

以横栏第一行为例，社会条件均一样，三线都稳定，但个人因素各异。

2. 个人失衡与犯罪的理论模式，其中不包含本意预测内容（"——"代表平衡，"－－"代表失衡）

在国家"七五"计划项目"中国现阶段犯罪问题研究"中，我们采用电子计算机分析了 2 万个犯罪个案。在这 2 万个犯罪个案中，个体走上犯罪道路的原因是错综复杂、千变万化的。笔者认为，除去社会因素外，个体犯罪包括：①个人小社会环境的平衡与失衡；②触发犯罪行为的自然条件的平衡与失衡（情景）；③个人的内部生理心理潜在危机的平衡与失衡。如果将上述三个因素统一考虑，而不是独立、静止地对待，则可以解释错综复杂的个体犯罪成因。

个人失衡的理论模式：

—— （－－） 3 个人内部生理、心理潜在危机的平衡（失衡）

—— （－－） 2 触发犯罪行为的自然条件的平衡（失衡）（情景）

—— （－－） 1 个人小社会环境的平衡（失衡）

以一名青少年强奸杀人犯为例。①个人小社会的环境失衡。父母离异，逃学，没有家庭的亲情与父母的监护机制。②黄色录像的引诱，不能自己控制。③个人生理发育，缺乏必要的适当的性教育；家庭有暴力倾向的遗传基因。三个因素同时起作用，才会导致该青年走上犯罪的道路。而其中任何一个因素的平衡，都会降低犯罪的可能性。

3. "社会震荡"与"个人失衡"两个理论模式的统一体

如果我们把"社会震荡"理论模式中的三条线作为一个完整的"六爻八卦"中的下三爻，把个人失衡理论模式中的三条线作为上三爻，那么一个"犯罪六爻八卦"就产生了（见表1）：

表 1　犯罪八卦

上三爻	个人失衡	——6 个人内部生理、心理潜在危险的平衡与失衡
		——5 触发犯罪行为的自然条件平衡与失衡
		——4 个人小社会环境的平衡与失衡
下三爻	社会震荡	——3 道德规范的平衡与失衡
		——2 社会生态平衡与失衡
		——1 社会震荡源导致社会震荡与平衡

4. 64 种卦象的组合

把社会震荡和个人失衡两个模式组合，即上三爻和下三爻组合，可演变为64种组合，试图揭示犯罪成因的复杂性与多变性。

解释：

（1）为什么在同种社会条件下会产生罪与非罪；

（2）为什么在相同的生理与心理因素制约的个体会产生罪与非罪。

64卦的判定原则如下：

a. 下三爻与上三爻在产生犯罪时必须同时参考。在研究犯罪时必须同时考虑。

b. 阳爻（——）越多，表示该体系的稳定性高，产生犯罪的可能性就小。阴爻（— —）越多，表示失衡现象普遍，产生犯罪的可能性大。例如：

第一行，社会稳定，社会生态平衡，道德规范稳定。

如1+a，社会稳定，个人平衡。首先，犯罪的可能性很小；其次，过分平衡也可能导致"混沌"，（111111）向不平衡转化。

如1+b，社会稳定，个人失衡。其中个人小社会环境和触发犯罪行为的自然条件处于平衡状态，个人内部生理、心理处于失衡状态。（111110）产生犯罪的可能性很小，但大于（111111）。

如1+c，社会稳定，个人失衡。其中个人小社会环境和个人内部生理、心理处于平衡状态，触发犯罪行为的自然条件处于失衡状态。（111101）产生犯罪的可能性小。

如1+d，社会稳定，个人失衡。其中个人小社会环境处于平衡状态，触发犯罪行为的自然条件和个人内部生理、心理处于失衡状态。（111100）产生犯罪的可能性大于（111111）、（111101）、（111110）。

如1+e，社会稳定，个人失衡。其中触发犯罪行为的自然条件和个人内部生理、心理处于平衡状态，个人小社会环境处于失衡状态。（111011）犯罪可能性小。

如1+f，社会稳定，个人失衡。其中触发犯罪行为的自然条件处于平衡状态，个人小社会环境和个人内部生理、心理处于失衡状态。（111010）犯罪存在一定的潜在危险。

如1+g，社会稳定，个人失衡。其中个人内部生理、心理处于平衡状态，个人小社会环境和触发犯罪行为的自然条件处于失衡状态。（111001）犯罪可能性较大。

如1+h，社会稳定，个人三爻全部失衡，犯罪的可能性在第一行中最大。但由于社会稳定，（111000）犯罪的可能性仍在被遏制之中。

四、结论

犯罪太极图和八卦图为揭示犯罪成因建立了新的理论体系。

在现代犯罪学研究中，各种学派林立，研究领域各异。如犯罪社会学、犯罪心理学、精神病学、犯罪生物学。各领域中又派生出七八十种学派。所有这些研究都为最后揭示犯罪成因作积极探索，向真理逐步逼近。同时在各派研究中又存在着若干不足与片面，成为互相批判的把柄。

犯罪太极图与八卦图，承认每个犯罪学派都是罪因体系中的子系统，都占据一个层次，起着一分作用，这就是卦爻的排列级数。当然，六条线是否可涵盖全部子系统？每条线应当代表些什么最为合理？这些尚待探讨，但古老的《易经》给予我们无限的启迪。这个罪因体系不是一个犯罪学派，而是在古老文明启迪下的一种顿悟。它将把全世界的犯罪学研究凝聚在一起，在完整的体系中进行各自深入的研究。如果单纯停留在《易经》的思辨中，这个体系将会灭亡。